올댓보카
신약헬라어

김한원 편저

* 올댓보카 신약헬라어 동영상 강의는 YouTube 캐논스터디 채널을 통해 무료로 보실 수 있습니다. 자세한 내용은 링크나 QR코드를 참고해주세요. (http://bit.ly/2yiUd3o).

김한원
올댓보카 신약헬라어

초판1쇄 2020.04.29.
편저자 김한원
편 집 이영욱
발행인 이영욱

발행처 감은사
전 화 070-8614-2206
팩 스 050-7091-2206
주 소 서울시 강동구 암사동 아리수로 66, 401호
이메일 editor@gameun.co.kr

ISBN 9791190389068
정 가 14,000원

이 도서의 국립중앙도서관 출판예정도서목록(CIP)은 서지정보유통지원시스템 홈페이지(httP//seoji.nl.go.kr)와 국가자료종합목록시스템(httP//www.nl.go.kr/kolisnet)에서 이용하실 수 있습니다. (CIP제어번호 : CIP2020015461).

편저자 서문

이 책은 무엇보다 신약 헬라어 학습자와 헬라어로 성경을 읽고자 하는 이들에게 초점을 맞추어 정리하고 편집되었습니다. 강의 현장에서 겪은 수많은 시행착오를 개선하려고 가장 효율적인 어휘 학습법이 무엇인지 여러 해 동안 고민한 결과를 반영하였습니다. 학자들의 호기심을 자극할 뿐인 단어가 아니라 실제로 성경에 많이 나오고 먼저 익히면 큰 도움을 주는 단어 목록이라는 말씀입니다.

단어는 특별한 언급이 없는 한 많이 나오는 빈도수 순으로 정리하였습니다. 단 유의할 것은 구체적인 빈도수는 학습을 위한 것이지, 정밀하게 학술적인 목적으로 사용할 때에는 그에 해당하는 본문에서 다시 점검하는 과정을 거쳐야 합니다. 여기에 나오는 단어 빈도수가 틀렸다는 뜻이 아니라, 정확히 어떤 본문에서 나온 통계인지 그리고 사본에 나오는 이문(異文, variants)은 어떻게 헤아렸는지에 따라 다를 수 있고, 또 각 변화형의 기본

형에 대해서도 견해가 다를 수 있습니다. 그러므로 여기서 언급하는 빈도수는 학습의 효율성을 위해서만 사용하시기 바랍니다. 이것은 다른 어휘 자료나 프로그램에서도 마찬가지입니다. 특히 예전에 나온 어휘 관련 자료는 2020년 현재 널리 사용하는 네스틀레-알란트 28판이나 UBS 5판이 아니라, 그 한참 이전의 본문을 사용한 경우가 대부분이며, 국내에 나온 자료들은 그 서적을 바탕으로 빈도수를 그냥 옮겨온 경우가 많습니다. 이 책의 통계는 다른 자료를 아무런 가공 과정 없이 그대로 사용한 것이 아니며, 주로 NA28이나 SBLGNT를 표본으로 삼아, LOGOS 성경 소프트웨어 8, Bibleworks 10, Accordance 13을 이용하여 추출한 후, 마이크로소프트 엑셀(Microsoft Excel)로 통계를 내서 정리한 것입니다.

그리고 이 책의 특징은 단순 빈도수가 아니라, 다양한 기준에 따라 품사별로, 그리고 책 별로 먼저 살펴보아야 할 단어 목록을 제시한 데 있습니다. 이런 주제에 따른 단어 목록은 헬라어 학습자들의 수고를 크게 덜어줄 수 있을 것입니다. 이 단어들을 먼저 익히고 성경 본문을 강독한다면, 바로 본문에 들어갈 때보다 훨씬 수월하리라 예상합니다.

무엇보다 이 책은 각 단어에 예문을 많이 수록해서 표현을 익히도록 도움을 줍니다. 빈도수를 다루는 1부에서는 짧은 문장과 해석까지 제시하였고, 뒤에 다른 주제 목록에서도 성경 장절을 제시하였습니다. 처음 단어를 익힐 때에 꼭 성경 구절을 같이 확인하여, 살아있는 단어의 의미를 파악하시기 바랍니다. 각 구절을 제시한 목적도 '학습'을 돕기 위한 것이기에, 독자가 파악하기 수월하도록 복잡한 문장이나 절은 임의로 변경하지는 않았지만, 단순한 표현으로 끊었습니다. 따라서 옆에 제시되는 해석도 이에 따른 것으로 정확한 신학적 견해를 정리하기 위한 목적이 아님을 기억해 주시기 바랍니다.

　　과거에 나온 어휘 정리 자료는 천재적인 학자들의 각고의 노력으로 나왔지만, 컴퓨터가 없거나 발달되지 않은 시절에 나와서 꼭 들어가야 할 단어가 누락되거나, 다양한 기준으로 단어 목록을 제시하지 못하였습니다. 그리고 아무리 첨단의 프로그램을 사용하더라도, 무엇을 어떻게 찾아 연구해야 할지는 사람의 경험이 있어야 가능합니다. 그런 면에서 현존하는 가장 첨단의 도구에 30년 가까운 헬라어 강의 경험에서 태어난 이 학습서는 여러분에게 많은 도움이 될 것입니다. 꼭 원어 성경 읽기의 꿈을 이루시기 바랍니다.

2020년 3월

편저자 김한원

제1부 빈도수별 단어

신약성경에 20회 이상 나타나는 단어를 빈도수별로 정리했습니다. 33일에 걸쳐 약 640개의 단어를 외웁니다. 기초 헬라어 문법이나 강독을 위해 요구되는 단어는 400개 정도인데, 그 이상의 단어를 익힐 수 있습니다. 단어 옆에는 실제 용례를 살펴볼 수 있어서 문장을 함께 읽고 익히면 기계적인 암기보다 훨씬 효율적인 학습이 될 것입니다.

예문의 경우는 대부분 가장 기본적인 문장을 제시했으며, 내용 파악이 수월하도록 복문이나 복잡한 구문을 피하고, 의미 파악이 수월하도록 짧게 끊었습니다. 예문의 해석은 그 구절 전체의 해석이 아님을 유의하시기 바랍니다.

그리고 각 단어 아래에는 전체 빈도수와 아울러, 약어로 신약 분류에 따른 빈도수를 함께 표시하고 있습니다. S는 공관복음, L은 누가행전, J는 요한문헌, P는 바울서신, E는 기타 서신입니다. 이 정보를 살피면 특정 분류에 많이 사용되는 단어를 파악할 수 있습니다.

ὁ, ἡ, τό

19861
S6948 L5355 J4495 P4402 E1727

[관사] (그)
Ἀβραὰμ ἐγέννησεν τὸν Ἰσαάκ ▮ 마 1:2, 아브라함이 이삭을 낳았다.

καί

9018
S3738 L2579 J2110 P1538 E681

그리고, 또한; 그래서, 그리하면
Ἡ μήτηρ σου καὶ οἱ ἀδελφοί σου ▮ 눅 8:20, 당신의 어머니와 당신의 형제들

αὐτός, -ή, -ό

5596
S2768 L1789 J1322 P548 E367

(바로) 그
λέγουσιν αὐτῷ οἱ μαθηταὶ αὐτοῦ ▮ 막 14:12, 그에게 그의 제자들이 말한다.

σύ

2907
S1067 L709 J543 P841 E245

너, 당신
Μαρίαν τὴν γυναῖκά σου· ▮ 마 1:20, 너의 아내 마리아를

δέ

2791
S1199 L1096 J232 P636 E182

그러나, 또한, 이제
εἶπεν δὲ ὁ Πέτρος· ▮ 행 5:3, 그리고 베드로가 말했다.

ἐν

2752
S789 L640 J474 P1006 E294

[+여격] ~안에, ~으로
ζῇ δὲ ἐν ἐμοὶ Χριστός ▮ 갈 2:20, 내 안에 그리스도께서 사신다.

ἐγώ

2589
S673 L592 J685 P801 E189

나, 우리(복수)
Ἐγώ εἰμι ὁ ποιμὴν ὁ καλός ▮ 요 10:11, 나는 선한 목자이다.

εἰμί

2462
S842 L639 J662 P563 E224

~이다, 존재하다
οὗτος γάρ ἐστιν ὁ νόμος καὶ οἱ προφῆται. ▮ 마 7:12, 실로 이것이 율법이요 선지자들이다.

εἰς

1767
S612 L528 J280 P425 E161

[+대격] ~안으로, ~안에; 위하여
ὁ πιστεύων εἰς τὸν υἱὸν τοῦ θεοῦ ἔχει τὴν μαρτυρίαν ἐν αὐτῷ ▮ 요 15:10, 하나님의 아들을 믿는 자는 자신 안에 증거가 있다.

οὐ, οὐκ, οὐχ

1624
S494 L285 J406 P492 E178

아니, 아닌

οὐκ ἔστιν μου ἄξιος. ▌마 10:38, 게 합당하지 않다.

ὅς, ἥ, ὅ

1407
S403 L415 J266 P376 E175

[관계대명사] ~하는 바, ~하는 것

ὅς ἔχει πέντε ἄρτους ▌요 6:9, 다섯을 가진

οὗτος, αὕτη, τοῦτο

1387
S455 L465 J336 P267 E141

이것, 이

οὗτος ἦλθεν εἰς μαρτυρίαν ▌요 1:7, 이 사람은 증거를 위하여 왔다.

λέγω

1329
S716 L321 J369 P100 E48

말하다, 이야기하다

Διὰ τοῦτο **λέγω** ὑμῖν· ▌마 6:25, 이 때문에 내가 너희에게 말한다.

θεός, -οῦ, ὁ

1317
S222 L289 J246 P548 E201

하나님, 신

καὶ **θεὸς** ἦν ὁ λόγος. ▌요 1:1, 그리고 그 말씀은 하나님이셨다.

ὅτι

1294
S416 L297 J414 P284 E136

~한 바, 왜냐하면

Πᾶς ὁ πιστεύων **ὅτι** Ἰησοῦς ἐστιν ὁ Χριστός ▌요일 5:1, 예수께서 그리스도이심을 믿는 자마다

πᾶς, πᾶσα, πᾶν

1243
S355 L329 J155 P464 E129

모든, ~마다, 각각

πᾶν οὖν δένδρον μὴ ποιοῦν καρπὸν καλὸν ἐκκόπτεται ▌마 3:10, 그러므로 좋은 열매 맺지 않는 나무마다 찍혀 진다.

μή

1042
S345 L204 J194 P352 E114

아니, 아닌 [+대부분 직설법 외 다른 법 동반]

μὴ πλανᾶσθε ▌고전 15:33, 속지 마라.

γάρ

1041
S287 L177 J86 P456 E138

왜냐하면, 실제로, 진실로, 과연

οἶδεν **γὰρ** ὁ πατὴρ ὑμῶν ὧν χρείαν ἔχετε ▌마 6:8, 너희가 있는 필요를 너희 아버지께서 아시기 때문이다.

εἶπον

1024
S612 L446 J226 P35 E23

말하다
καὶ εἶπεν αὐτοῖς | 눅 24:46, 그리고 그들에게 말씀하셨다.

Ἰησοῦς, -οῦ, ὁ

917
S322 L157 J272 P213 E55

예수, 여호수아
ἐκάλεσεν τὸ ὄνομα αὐτοῦ Ἰησοῦν | 마 1:25, 그의 이름을 예수라고 불렀다.

ἐκ, ἐξ

914
S236 L171 J337 P208 E86

~에서, 로부터, 중에서
οἰκοδομὴν ἐκ θεοῦ ἔχομεν | 고후 5:1, 우리가 하나님께로부터 집을 가진다.

ἐπί

890
S355 L330 J182 P134 E52

[+속격/여격/대격] ~위에, ~에
ἐπὶ τὸ ὄρος Σιών | 계 14:1, 시온 산 위에

κύριος, -ου, ὁ

716
S202 L211 J75 P274 E58

주인, 주님
Ἐλέησον ἡμᾶς, κύριε, υἱὸς Δαυίδ. | 마 20:31, 우리를 불쌍히 여기소서, 주, 다윗의 자손이여.

ἔχω

708
S221 L121 J221 P161 E95

가지다, 잉태하다, 얻다
ὑμεῖς ἔχετε κύριον ἐν οὐρανῷ | 골 4:1, 너희도 하늘에 주님이 있다.

πρός

700
S273 L299 J122 P146 E38

[+대격] ~을 향하여
σὺ ἔρχῃ πρός με; | 마 3:14, 당신이 내게로 오십니까?

γίνομαι

669
S261 L256 J92 P141 E53

~이다, 되다, 일어나다, 발생하다
καὶ ἐγένετο φωνὴ ἐκ τῆς νεφέλης | 막 9:7, 그리고, 구름에서 소리가 있었다.

διά

667
S131 L113 J86 P291 E94

[+속격] 통하여; [+대격] 때문에
οὕτως γὰρ γέγραπται διὰ τοῦ προ-φήτου· | 마 2:5, 왜냐하면 이와 같이 선지자를 통하여 기록되었다.

ἵνα

663
S149 L61 J213 P247 E65

~하기 위하여; ~때문에; ~하도록 [+가정법 동반]
ἵνα πᾶς ὁ πιστεύων εἰς αὐτὸν μὴ ἀπόληται
ἀλλ᾽ ἔχῃ ζωὴν αἰώνιον. | 요 3:16, 그를 믿는 자마다
멸망하지 않고 영원한 생명을 갖도록 하기 위하여

ἀπό

646
S288 L239 J100 P105 E61

~로부터
ἀπὸ δόξης εἰς δόξαν | 고후 3:18, 영광에서 영광으로

ἀλλά

638
S117 L65 J135 P311 E65

그러나, 오직, 도리어
ἐν λόγῳ μόνον ἀλλὰ καὶ ἐν δυνάμει καὶ ἐν
πνεύματι ἁγίῳ | 살전 1:5, 말씀만 아니라 능력과 성령
으로

ἔρχομαι

632
S300 L151 J201 P74 E15

가다, 오다, 이르다
Ἔρχου, καὶ ἔρχεται | 마 8:9, 오라, 그러면 옵니다.

ποιέω

568
S221 L156 J156 P83 E56

행하다, 만들다
Ἐν ποίᾳ ἐξουσίᾳ ταῦτα ποιεῖς; | 막 11:28, 무슨 권
위로 당신이 이것들을 행합니까?

τίς, τί

552
S277 L166 J100 P105 E22

[의문] 누가, 왜, 어떤 것
Τίνος ἡ εἰκὼν αὕτη καὶ ἡ ἐπιγραφή; | 마 22:20,
이 형상과 글이 누구의 것이냐?

ἄνθρωπος, -ου, ὁ

550
S266 L141 J85 P126 E28

사람, 남, 인간
καὶ ὁ υἱὸς τοῦ ἀνθρώπου ὁμολογήσει ἐν
αὐτῷ ἔμπροσθεν τῶν ἀγγέλων τοῦ θεοῦ· | 눅
12:8, 사람의 아들(인자)도 그를 하나님의 천사들 앞에서
시인할 것이다.

τὶς, τὶ

537
S136 L200 J75 P161 E54

[부정] 어떤 사람, 어떤 것
Εἴ τις θέλει πρῶτος εἶναι | 막 9:35, 어떤 이가 첫째
가 되고자 하면

Χριστός, -οῦ, ὁ

529
S35 L37 J37 P382 E61

그리스도
καὶ ἡ ἐξουσία τοῦ **Χριστοῦ** αὐτοῦ Ⅰ 계 12:10, 그리고 그의 그리스도의 권세

ὡς

504
S113 L114 J105 P157 E69

~같이, 처럼; ~로서
Ἔσεσθε οὖν ὑμεῖς τέλειοι **ὡς** ὁ πατὴρ ὑμῶν ὁ οὐράνιος τέλειός ἐστιν. Ⅰ 마 5:48, 그러므로 너희도 하늘에 계신 너희 아버지께서 완전하신 것과 같이 완전하라.

εἰ

502
S143 L88 J73 P208 E51

만일, ~인지
εἰ δὲ ἐκ θεοῦ ἐστιν, οὐ δυνήσεσθε καταλῦσαι αὐτούς· Ⅰ 행 5:39, 그러나 만일 하나님께로부터 났으면, 너희가 그들을 무너뜨릴 수 없다.

οὖν

498
S95 L94 J207 P111 E25

그러므로, 그래서, 따라서
Οὕτως **οὖν** προσεύχεσθε ὑμεῖς· Ⅰ 마 6:9, 그러므로 이와 같이 너희는 기도하라.

κατά

473
S103 L133 J22 P194 E67

아래로, 밑에; ~에 따라서; ~에 맞서
καὶ τῆς **κατὰ** πίστιν δικαιοσύνης ἐγένετο κληρονόμος. Ⅰ 히 11:7, 그리고 믿음을 따르는 의의 상속자가 되었다.

μετά

469
S190 L128 J115 P73 E35

[+속격] 함께; [+대격] 후에,다음에
ὅ ἐστιν μεθερμηνευόμενον Μεθ⬚ ἡμῶν ὁ θεός· Ⅰ 마 1:23, 그것은 번역하니 "하나님께서 우리와 함께⏐ 계시다"이다.

ἀκούω

428
S172 L154 J121 P34 E28

듣다, 귀기울이다
πῶς δὲ **ἀκούσωσιν** χωρὶς κηρύσσοντος; Ⅰ 롬 10:14, 전하는 자 없이, 어떻게 들으리요?

πολύς, πολλή, πολύ

416
S181 L125 J61 P93 E21

많은, 큰, 위대한
ὁ μισθὸς ὑμῶν **πολὺς** ἐν τοῖς οὐρανοῖς· Ⅰ 마 5:12, 하늘에서 너희 상이 크다.

δίδωμι

415
S155 L95 J140 P72 E20

주다, 선사하다, 바치다
τὸν υἱὸν τὸν μονογενῆ ἔδωκεν ❙ 요 3:16, 독생 아
들을 주셨다.

πατήρ,πατρός, ὁ

413
S137 L91 J159 P63 E37

아버지, 조상
Πάτερ ἡμῶν ὁ ἐν τοῖς οὐρανοῖς ❙ 마 6:9, 하늘에
계신 우리 아버지

ἡμέρα,-ας ,ἡ

389
S155 L177 J53 P51 E37

낮, 하루, 날
Οὐὰ ὁ καταλύων τὸν ναὸν καὶ οἰκοδομῶν ἐν
τρισὶν ἡμέραις ❙ 막 15:29, 아하, 성전을 허물고 3일
안에 짓는 자여!

πνεῦμα, -τος, τό

379
S78 L106 J60 P146 E37

성령, 영혼
καὶ λήμψεσθε τὴν δωρεὰν τοῦ ἁγίου
πνεύματος ❙ 행 2:38, 그러면 너희가 거룩한 영의 성
령의, 선물을 받을 것이다.

υἱός, -οῦ, ὁ

377
S201 L98 J87 P41 E51

아들,성자
Σὺ εἶ ὁ υἱός μου ὁ ἀγαπητός ❙ 눅 3:22, 너는 내 사
랑하는 아들이다.

εἷς, μία, ἕν

345
S153 L64 J66 P94 E12

하나(1)
εἷς κύριος, μία πίστις, ἓν βάπτισμα, ❙ 엡 4:5, 주
님도 한 분이시요, 믿음도 하나요, 세례도 하나다.

ἀδελφός, -οῦ, ὁ

343
S83 L81 J37 P133 E51

형제
Μὴ πλανᾶσθε, ἀδελφοί μου ἀγαπητοί. ❙ 약 1:16,
내 사랑하는 형제들아, 속지 말라.

ἤ

343
S146 L80 J18 P123 E22

또는
δῶμεν ἢ μὴ δῶμεν; ❙ 막 12:14, 우리가 줄까요, 아니
면 주지 말까요?

εἶδον

341
S169 L117 J96 P19 E10

보다, 알다
καὶ τὴν πόλιν τὴν ἁγίαν Ἰερουσαλὴμ καινὴν
εἶδον ❙ 계 21:2, 그리고 거룩한 성 새 예루살렘을 내가
보았다.

ἐάν

333
S123 L38 J92 P95 E37

만일 ~인지 [+가정법 동반]
ἐὰν θέλωσιν μαρτυρεῖν ▎ 행 26:5, 그들이 증언하기를 원하면,

περί

333
S96 L117 J79 P51 E46

[+속격] 관하여, 대하여; [+대격] 더불어, 주위에
ὅτι μεμαρτύρηκεν περὶ τοῦ υἱοῦ αὐτοῦ ▎ 요일 5:9, 그의 아들에 대하여 증언하신 바

λόγος, -ου, ὁ

330
S89 L97 J65 P84 E34

말하기, 하나님의 말씀, 계산, 로고스
Ἐν ἀρχῇ ἦν ὁ λόγος ▎ 요 1:1, 태초에 말씀이 계셨다.

ἑαυτοῦ, -ῆς, -οῦ

320
S113 L77 J41 P116 E36

그 자신, 그 자체, 스스로
οὐκ ἐστὲ ἑαυτῶν ▎ 고전 6:19, 너희는 자신의 것이 아니다.

οἶδα

318
S70 L44 J112 P103 E30

알다, 깨닫다
Οὐκ οἴδατε τὴν παραβολὴν ταύτην ▎ 막 4:13, 너희가 이 비유를 알지 못한다.

λαλέω

296
S78 L90 J74 P60 E28

말하다, 이르다, 소리나다
κἀγὼ ἃ ἤκουσα παρ' αὐτοῦ ταῦτα λαλῶ εἰς τὸν κόσμον. ▎ 요 8:26, 나도 그에게서 들은 이것들을 세상에 말한다.

οὐρανός, -οῦ, ὁ

273
S135 L61 J70 P21 E21

하늘
ἤγγικεν γὰρ ἡ βασιλεία τῶν οὐρανῶν ▎ 마 3:2, 하늘들의 나라(천국)가 가까이 와있다.

μαθητής, -οῦ, ὁ

261 S155 L65
J78 P0 E0

제자
ἔλεγον αὐτῷ οἱ μαθηταὶ αὐτοῦ· ▎ 막 5:31, 그의 제자들이 그에게 말씀드렸다.

λαμβάνω

258
S94 L50 J75 P34 E32

취하다, 얻다, 받다, 영접하다
οὐ γὰρ ἐλάβετε πνεῦμα δουλείας πάλιν εἰς φόβον ▎ 롬 8:15, 너희가 다시 두려워하는 종됨의 영을 받지 않았기 때문에.

γῆ, γῆς, ἡ

250
S87 L58 J95 P14 E21

땅, 세상, 지구
Καὶ σὺ Βηθλέεμ, γῆ Ἰούδα ▎마 2:6, 또 너 베들레헴,
유대 땅이여

ἐκεῖνος, -η, -ο

243
S110 L55 J79 P21 E18

저것, 저사람
μακάριοί εἰσιν ἐκεῖνοι. ▎눅 12:28, 그들은(저들은)
복이 있다.

μέγας, μεγάλη, μέγα

243
S81 L64 J102 P13 E20

위대한, 커다란, 큰
μείζων δὲ τούτων ἡ ἀγάπη. ▎고전 13:13, 이 중에
더 큰 것은 사랑이다.

πίστις, -εως, ἡ

243
S24 L26 J5 P142 E58

믿음, 충성, 신앙, 신실함
ἰδὼν ὁ Ἰησοῦς τὴν πίστιν αὐτῶν εἶπεν τῷ
παραλυτικῷ· ▎마 9:2, 예수께서 그들의 믿음을 보시
고서 중풍병자에게 말씀하셨다.

πιστεύω

241
S34 L46 J107 P54 E18

믿다, 맡기다
ὁ πιστεύων εἰς αὐτὸν οὐ κρίνεται· ▎요 3:18, 그
를 믿는 자는 심판 받지 않는다.

ἅγιος, -α, -ον

233
S37 L73 J31 P76 E37

거룩한, 거룩한 자
Ἅγιοι ἔσεσθε, ὅτι ἐγὼ ἅγιός ▎벧전 1:16, 너희는 거
룩하여라, 내가 거룩하기 때문이다.

ἀποκρίνομαι

231
S131 L66 J79 P1 E0

대답하다, 응답하다
ἀποκριθεὶς δὲ ὁ Ἰησοῦς εἶπεν πρὸς αὐτόν· ▎마
3:15, 예수께서 대답하여 그에게 말씀하셨다.

ὄνομα,-τος ,τό

229
S71 L94 J68 P22 E13

이름, 명칭
Τί ὄνομά σοι; ▎막 5:9, 네 이름이 무엇이냐?

οὐδείς, οὐδεμία, οὐδέν

227
S78 L58 J67 P49 E10

누구도, 어느 것도, 하나도 ~아닌
οὐ χωρὶς οὐδεὶς ὄψεται τὸν κύριον, ▎히 12:14,
그것이 없이는 아무도 주님을 보지 못한다.

γινώσκω

222
S60 L44 J87 P50 E35

알다, 깨닫다
Κατὰ τί γνώσομαι τοῦτο; ┃ 눅 1:18, 무엇으로 내가 이것을 알겠습니까?

ὑπό

220
S71 L72 J6 P76 E28

[+속격] ~에 의하여, ~아래; [+대격] 인접하여
γινωσκομένη καὶ ἀναγινωσκομένη ὑπὸ πάντων ἀνθρώπων ┃ 고후 3:2, 모든 사람이 알고 읽는 바다.

ἐξέρχομαι

218
S126 L74 J48 P8 E10

나가다, 퍼지다
εὐθὺς ἄρας τὸν κράβαττον ἐξῆλθεν ┃ 막 2:12, 곧 그 침상을 들고 나갔다.

ἀνήρ, ἀνδρός, ὁ

216
S39 L127 J9 P59 E9

남편, 사람, (성인)남성
Ἰακὼβ δὲ ἐγέννησεν τὸν Ἰωσὴφ τὸν ἄνδρα Μαρίας ┃ 마 1:16, 야곱은 마리아의 남편 요셉을 낳았다.

γυνή,-αικός ,ἡ

215
S87 L60 J41 P64 E4

여인, 아내
μὴ φοβηθῇς παραλαβεῖν Μαρίαν τὴν γυναῖκά σου ┃ 마 1:20, 너의 아내 마리아 데려오기를 두려워하지 말아라.

τέ

215
S12 L160 J4 P25 E23

그리고, 또, ~와
Τίς εἶ, κύριε; εἶπέν τε πρός με· ┃ 행 22:8, 주님, 누구십니까? 그리고 그가 나에게 말씀하셨다.

δύναμαι

210
S86 L47 J49 P38 E18

할 수 있다, 가능하다
μὴ δύναται ἡ πίστις σῶσαι αὐτόν; ┃ 약 2:14, 그 믿음이 그를 구원할 수 있겠느냐?

θέλω

208
S95 L42 J29 P61 E10

원하다, 바라다
Θέλω, καθαρίσθητι· ┃ 마 8:3, 내가 원한다. 깨끗하게 되어라.

οὕτως

208
S63 L48 J23 P74 E23

이렇게, 이와 같이, 그렇게
Οὕτως μοι πεποίηκεν ┃ 눅 1:25, 이렇게 나에게 그가 행하셨다.

ἰδού

200
S126 L80 J30 P9 E12

보라, 보다

Ἰδοὺ ἔρχομαι ταχύ ▎계 22:12, 보라, 내가 속히 오리
라.

Ἰουδαῖος, -αία, -αῖον

195
S17 L84 J73 P26 E0

유대인, 유대의

Σὺ εἶ ὁ βασιλεὺς τῶν Ἰουδαίων; ▎마 27:11, 네가
유대인들의 왕이냐?

εἰσέρχομαι

194
S116 L84 J20 P4 E20

들어가다, 진입하다

ἀναστάντες προσεύχεσθε, ἵνα μὴ εἰσέλθητε
εἰς πειρασμόν. ▎눅 22:46, 너희는 시험에 들지 않도록
일어나 기도해라.

νόμος, -ου, ὁ

194
S17 L26 J15 P121 E24

율법, 법

εἰς νόμον οὐκ ἔφθασεν. ▎롬 9:31, 율법에 이르지 못
하였다.

παρά

194
S64 L58 J41 P41 E22

[+속격] ~에서; [+여격] 함께; [+대격] ~옆에

Καὶ παράγων παρὰ τὴν θάλασσαν τῆς
Γαλιλαίας εἶδεν Σίμωνα ▎막 1:16, 그리고 갈릴리 호
수 곁을 지나가시며, 시몬을 보셨다.

γράφω

191
S40 L32 J69 P63 E25

쓰다, 기록하다

Ὃ γέγραφα, γέγραφα. ▎요 19:22, 내가 쓴 것은, 내
가 써 놓았다.

κόσμος, -ου, ὁ

186
S15 L4 J105 P47 E42

세상, 장식

Ὑμεῖς ἐστε τὸ φῶς τοῦ κόσμου. ▎마 5:14, 너희들
은 세상의 빛이다.

καθώς

182
S28 L28 J44 P88 E24

~같이, ~처럼, ~따라

ὁ δὲ θεὸς δίδωσιν αὐτῷ σῶμα καθὼς
ἠθέλησεν ▎고전 15:38,. 그리고 하나님께서 그에게 원
하시는 대로 몸을 주신다.

μέν

179
S36 L58 J8 P60 E27

~한 반면에, ~하기도 하고, 그리하여

Ἐγὼ μὲν ὕδατι βαπτίζω ὑμᾶς· ▎눅 3:16, 나는 물로
너희를 세례 주지만,

DAY 6

χείρ, χειρός, ἡ

177
S76 L71 J32 P17 E8

손
Ὅτι οὐκ εἰμὶ χείρ, ┃ 고전 12:15, 나는 손이 아니니,

εὑρίσκω

176
S83 L80 J33 P17 E9

찾다, 만나다
ἔσω οὐδένα εὕρομεν. ┃ 행 5:23, 안에서는 우리가
아무 것도 찾지 못했다.

ἄγγελος, -ου, ὁ

175
S51 L46 J70 P14 E19

사자, 천사
ὤφθη ἀγγέλοις ┃ 딤전 3:16, 천사들에게 보이셨다.

ὄχλος, -ου, ὁ

175
S129 L63 J24 P0 E0

무리, 군중
Ἰδὼν δὲ τοὺς ὄχλους ἀνέβη εἰς τὸ ὄρος ┃ 마 5:1,
그리고 무리들을 보시고 산에 오르셨다.

ἁμαρτία, -ας, ἡ

173
S24 L19 J37 P64 E57

죄, 불법, 죄악
ὥσπερ ἐβασίλευσεν ἡ ἁμαρτία ἐν τῷ θανάτῳ
┃ 롬 5:21, 사망 안에서 죄가 다스린 것처럼

ἔργον, -ου, τό

169
S10 L12 J52 P68 E34

행위, 행실, 일
οἵτινες ἐνδείκνυνται τὸ ἔργον τοῦ νόμου ┃ 롬
2:15, 이들은 율법의 행위를 내보인다.

ἄν

166
S94 L47 J30 P21 E9

(번역 안됨)
ὃς δ' ἂν τηρῇ αὐτοῦ τὸν λόγον ┃ 요일 2:5, 그의
말씀은 지키는 자라면

δόξα, -ης, ἡ

166
S23 L17 J36 P77 E26

영광, 영예
μετὰ δυνάμεως καὶ δόξης πολλῆς ┃ 눅 21:27, 능
력과 큰 영광으로

πόλις, -εως, ἡ

163
S74 L82 J35 P4 E7

도시, 마을
Βαβυλὼν ἡ πόλις ἡ ἰσχυρά ┃ 계 18:10, 견고한 성
바벨론이여

βασιλεία, -ας, ἡ

162
S121 L54 J14 P14 E5

나라, 왕권, 왕위
Πῶς ὁμοιώσωμεν τὴν βασιλείαν τοῦ θεοῦ ǀ 막 4:30, 하나님의 나라를 어떻게 우리가 비교할까?

ἔθνος, -ους, τό

162
S34 L56 J28 P54 E3

이방인, 민족, 족속, 열방
ἀγαπᾷ γὰρ τὸ ἔθνος ἡμῶν ǀ 눅 7:5, 왜냐하면 그가 우리 민족을 사랑한다.

τότε

160
S111 L36 J10 P14 E4

이때에, 그때에
τότε καὶ ὑμεῖς σὺν αὐτῷ φανερωθήσεσθε ἐν δόξῃ. ǀ 골 3:4, 그때에 너희도 그와 함께 영광 중에 나타나리라.

ἐσθίω

158
S84 L40 J21 P43 E3

먹다, 소비하다
τὸν καρπὸν αὐτοῦ οὐκ ἐσθίει; ǀ 고전 9:7, 그 열매를 먹지 않겠느냐?

Παῦλος,-ου ,ὁ

158
S0 L128 J0 P29 E1

바울, 바울로
Παῦλος ἀπόστολος Χριστοῦ Ἰησοῦ ǀ 엡 1:1, 그리스도 예수의 사도 바울

καρδία,-ας ,ἡ

156
S49 L42 J14 P52 E25

중심, 마음, 심장
ἐπαχύνθη γὰρ ἡ καρδία τοῦ λαοῦ τούτου ǀ 행 28:27, 이 백성의 마음이 둔해졌기 때문이다.

Πέτρος,-ου ,ὁ

156
S62 L75 J34 P2 E2

베드로, 바위
πρῶτος Σίμων ὁ λεγόμενος Πέτρος ǀ 마 10:2, 먼저 베드로라 하는 시몬

ἄλλος

155
S62 L19 J51 P31 E3

다른
καὶ ἐξῆλθεν ἄλλος ἵππος πυρρός ǀ 계 6:4, 그리고 다른 붉은 말이 나왔다.

ἵστημι

155
S57 L61 J41 P16 E6

서다, 서 있다
Ὁ δὲ Ἰησοῦς ἐστάθη ἔμπροσθεν τοῦ ἡγεμόνος ǀ 마 27:11, 그리고 예수께서 총독 앞에 섰다.

πρῶτος, -ή, -όν

155
S62 L36 J33 P29 E16

첫째, 으뜸되는, 먼저

οἱ νεκροὶ ἐν Χριστῷ ἀναστήσονται **πρῶτον** ┃ 살전 4:16, 죽은 자들이 그리스도 안에서 먼저 다시 일어날 것이다.

χάρις,-ιτος ,ή

155
S8 L25 J7 P100 E24

은혜

ἡ **χάρις** καὶ ἡ ἀλήθεια διὰ Ἰησοῦ Χριστοῦ ἐγένετο ┃ 요 1:17, 은혜와 진리는 예수 그리스도를 통하여 생겼다.

πορεύομαι

153
S83 L88 J16 P8 E9

가다, 나가다, 떠나다

εἰ ἠγαπᾶτέ με ἐχάρητε ἂν ὅτι **πορεύομαι** πρὸς τὸν πατέρα ┃ 요 14:28, 너희가 나를 사랑하였다면, 내가 아버지께로 감을 기뻐하였을 것이다.

ὑπέρ

150
S12 L12 J16 P101 E17

[+속격] 위하여, 대신에

Χριστὸς ἀπέθανεν **ὑπὲρ** τῶν ἁμαρτιῶν ἡμῶν κατὰ τὰς γραφάς ┃ 고전 15:3, 그리스도께서 성경대로 우리 죄를 위하여 죽으셨다.

καλέω

148
S73 L61 J10 P33 E15

부르다, 이름하다, 청하다, 칭하다

πιστὸς ὁ **καλῶν** ὑμᾶς ┃ 살전 5:24, 너희를 부르시는 분은 신실하시다.

νῦν

147
S21 L39 J34 P51 E21

지금, 방금, 이제

καὶ **νῦν** ἐρωτῶ σε ┃ 요이 5, 그리고 이제 내가 너에게 구한다.

σάρξ,σαρκός ,ή

147
S11 L5 J23 P91 E22

몸, 육체

ἔσονται οἱ δύο εἰς **σάρκα** μίαν ┃ 마 19:5, 둘이 한 몸이 될 것이다.

ἕως

146
S92 L50 J13 P13 E7

~까지, ~도록

ἀπὸ τῆς Γαλιλαίας **ἕως** ὧδε ┃ 눅 23:5, 갈릴리에서 여기까지

ἐγείρω

144
S73 L31 J14 P41 E3

일어나다, 깨우다, 살리다
ἠγέρθη γὰρ καθὼς εἶπεν· ▎마 28:6, 그가 말씀하신 것처럼 일으킴 받으셨기(부활하셨기) 때문이다.

ὅστις, ἥτις, ὅτι

144
S54 L43 J13 P40 E15

~한 모든 사람, 누구든지
ὁ γὰρ ναὸς τοῦ θεοῦ ἅγιός ἐστιν, οἵτινές ἐστε ὑμεῖς. ▎고전 3:17, 사실 하나님의 성전은 거룩하며, 너희도 누구든지 그렇다.

προφήτης,-ου ,ὁ

144
S72 L59 J22 P14 E6

선지자, 예언자
προφήτης ὡς εἷς τῶν προφητῶν. ▎막 6:15, 선지자들 중 하나같은 선지자.

ἀγαπάω

143
S26 L13 J72 P34 E42

사랑하다, 사모하다, 아끼다
Σίμων Ἰωάννου, ἀγαπᾷς με; ▎요 21:16, 요한의 아들, 시몬아, 네가 나를 사랑하느냐?

ἀφίημι

143
S112 L34 J20 P5 E5

떠나다, 용서하다, 허락하다
ἀφέωνταί σοι αἱ ἁμαρτίαι σου ▎눅 5:20, 너의 죄들이 (너에게) 용서함 받았다.

οὐδέ

143
S58 L33 J30 P35 E10

~도 아니고, ~도 역시 아니
Οὐδὲ ἐγώ σε κατακρίνω· ▎요 8:11, 나도 너를 정죄하지 않는다.

λαός, -οῦ, ὁ

142
S52 L84 J12 P12 E18

무리, 백성들, 사람들
Λαλούντων δὲ αὐτῶν πρὸς τὸν λαὸν ▎행 4:1, 그들이 백성에게 말할 때에

σῶμα, -τος, τό

142
S31 L14 J7 P91 E12

몸, 시체
αὐτός ἐστιν ἡ κεφαλὴ τοῦ σώματος τῆς ἐκκλησίας· ▎골 1:18, 그는 몸 된 교회의 머리이시다.

πάλιν

141
S48 L8 J48 P28 E13

또, 다시
εἰσελθὼν πάλιν εἰς Καφαρναοὺμ ▎막 2:1, 다시 가버나움으로 들어 가시니

ζάω

140
S18 L21 J31 P59 E21

살다, 살아나다

Τί ζητεῖτε τὸν ζῶντα μετὰ τῶν νεκρῶν; ┃눅 24:5, 어찌하여 살아 계신 분을 죽은 자들 가운데서 찾느냐?

φωνή, -ῆς, ἡ

139
S28 L41 J70 P6 E8

소리, 음성

Φωνὴ βοῶντος ἐν τῇ ἐρήμῳ· ┃마 3:3, 광야에서 외치는 자의 소리.

δύο

135
S87 L42 J23 P10 E2

둘(2)

ἀποστέλλει δύο τῶν μαθητῶν αὐτοῦ ┃막 11:1, 그의 제자들 중 둘을 보내신다

ζωή, -ῆς, ἡ

135 ·
S16 L13 J66 P37 E21

생명

Ἐγώ εἰμι ἡ ἀνάστασις καὶ ἡ ζωή· ┃요 11:25, 나는 부활이요 생명이다.

Ἰωάννης, -ου, ὁ

135
S83 L55 J27 P1 E0

요한

ἔλεγεν γὰρ ὁ Ἰωάννης τῷ Ἡρῴδῃ ┃막 6:18, 요한이 헤롯에게 말하였기 때문이다.

ἀποστέλλω

132
S68 L50 J34 P4 E5

보내다, 통지하다, 파송하다

οὐ γὰρ ἀπέστειλέν με Χριστὸς βαπτίζειν ┃고전 1:17, 왜냐하면 그리스도께서 나를 세례주라고 보내지 않으셨다.

βλέπω

132
S51 L29 J31 P28 E10

보다, 삼가다, (눈이) 밝아지다

Εἴ τι βλέπεις; ┃막 8:23, 네가 무엇이 보이느냐?

ἀμήν

128
S51 L6 J58 P15 E4

진실로, 아멘

ἀμὴν λέγω σοι ┃마 5:26, 진실로 내가 너에게 말한다.

νεκρός, -ά, -όν

128
S33 L31 J21 P43 E14

죽은

πῶς λέγουσιν ἐν ὑμῖν τινες ὅτι ἀνάστασις νεκρῶν οὐκ ἔστιν; ┃고전 15:12, 어찌하여 너희 중에 어떤 이들은 죽은 자들로부터 부활이 없다고 하느냐?

σύν

128
S33 L74 J3 P39 E2

[+여격] 함께, ~와 더불어

τῷ πνεύματι σὺν ὑμῖν εἰμι | 골 2:5, 영으로는 내가 너희와 함께 있다.

δοῦλος, -η, -ον

126
S61 L29 J25 P32 E5

종, 노예

Παῦλος καὶ Τιμόθεος δοῦλοι Χριστοῦ Ἰησοῦ | 빌 1:1, 예수 그리스도의 종들인 바울과 디모데

ὅταν

123
S69 L31 J27 P23 E3

~때마다, ~때에 [+가정법 동반]

ὅταν τὸν θεὸν ἀγαπῶμεν καὶ τὰς ἐντολὰς αὐτοῦ ποιῶμεν. | 요일 5:2, 우리가 하나님을 사랑하고 그의 계명들을 행할 때에,

αἰών, -ῶνος, ὁ

122
S19 L9 J41 P37 E25

세대

ἡ μέριμνα τοῦ αἰῶνος | 마 13:22, 세대(세상)의 염려

ἀρχιερεύς, -έως, ὁ

122
S62 L37 J21 P0 E17

대제사장, 제사장

ἐπὶ ἀρχιερέως Ἄννα καὶ Καϊάφα | 눅 3:2, 안나와 가야바 대제사장 때에

βάλλω

122
S70 L23 J46 P0 E2

던지다, 두다, 놓다

εἰς πῦρ βάλλεται. | 눅 3:9, 불 속으로 던져진다.

θάνατος, -ου, ὁ

120
S20 L15 J33 P47 E18

죽음, 사망, 사형

μεταβέβηκεν ἐκ τοῦ θανάτου εἰς τὴν ζωήν. | 요 5:24, 그는 사망에서 생명으로 옮겼다.

δύναμις, -εως, ἡ

119
S37 L25 J12 P49 E11

힘, 권능, 능력

τοῖς δὲ σῳζομένοις ἡμῖν δύναμις θεοῦ ἐστιν. | 고전 1:18, 구원받는 우리에게는 하나님의 능력이다.

παραδίδωμι

119
S68 L30 J15 P19 E4

배반하다, 내어주다, 전하다

τὸν δὲ Ἰησοῦν παρέδωκεν τῷ θελήματι αὐτῶν. | 눅 23:25, 그러나 그들의 뜻으로 예수를 넘겨주었다.

μένω

118
S12 L20 J68 P17 E35

남아있다, 머물다, 거하다
ὁ δὲ ποιῶν τὸ θέλημα τοῦ θεοῦ μένει εἰς τὸν
αἰῶνα. ㅣ 요일 2:17, 그러나 하나님의 뜻을 행하는 자는
영원히 머문다.

ἀπέρχομαι

117
S78 L26 J29 P2 E2

가버리다, 가다, 떠나다
Ἐκεῖθεν δὲ ἀναστὰς ἀπῆλθεν εἰς τὰ ὅρια
Τύρου. ㅣ 막 7:24, 그리고 거기에서 일어 나셔서 두로 지
방으로 떠나셨다.

ζητέω

117
S49 L35 J35 P20 E3

찾다, 구하다, 바라다
ζητεῖτε καὶ εὑρήσετε ㅣ 마 7:7, 찾으라 그러면 발견하
리라.

ἀγάπη, -ης, ἡ

116
S2 L1 J30 P75 E30

사랑, 애찬
Ὁ θεὸς ἀγάπη ἐστίν ㅣ 요일 4:16, 하나님은 사랑이시
다.

βασιλεύς, -έως, ὁ

115
S45 L31 J37 P4 E9

왕, 임금
Χαῖρε, βασιλεῦ τῶν Ἰουδαίων ㅣ 막 15:18, 평안할
지어다, 유대인들의 왕이여.

ἐκκλησία, -ας, ἡ

114
S3 L23 J23 P62 E6

회중, 교회, 민회
τῇ ἐκκλησίᾳ Θεσσαλονικέων ἐν θεῷ πατρὶ
ἡμῶν καὶ κυρίῳ Ἰησοῦ Χριστῷ ㅣ 살후 1:1, 하나님
우리 아버지와 주 예수 그리스도 안에서 데살로니가 인들
의 교회에게

ἴδιος, -ια, -ον

114
S24 L22 J15 P44 E15

자기, 개인, 따로
εἰς τὰ ἴδια ἦλθεν, καὶ οἱ ἴδιοι αὐτὸν οὐ
παρέλαβον. ㅣ 요 1:11, 자기 소유에 왔는데, 그런데 자기
백성들이 그를 깨닫지 못했다.

κρίνω

114
S12 L27 J28 P41 E12

판단하다, 비판하다, 판결내리다
Μὴ κρίνετε, ἵνα μὴ κριθῆτε· ㅣ 마 7:1, ㅣ 너희는, 비
판하지 말라, 비판받지 않으려 거든

μόνος, -ή, -όν

114
S30 L18 J19 P49 E11

다만, 홀로, 오직
Μὴ φοβοῦ, **μόνον** πίστευε. ▎막 5:36, 두려워하지
말라, 믿기만 하라.

οἶκος, -ου, ὁ

114
S56 L58 J5 P15 E13

집, 가정
ἔσται ὁ **οἶκός** μου οἶκος προσευχῆς ▎눅 19:46,
내 집은 기도하는 집이 되리라

ὁράω

113
S34 L30 J45 P10 E16

보다, 보이다, 나타나다, 주의하다
Ὁρᾶτε μηδεὶς γινωσκέτω. ▎마 9:30, 주의하여라,
아무에게도 알리지 않도록.

ἀποθνήσκω

111
S23 L14 J34 P42 E8

죽다
ὕστερον καὶ ἡ γυνὴ ἀπέθανεν. ▎눅 20:32, 그 후
에 여인도 죽었다.

ὅσος, -ή, -όν

110
S39 L27 J17 P25 E12

무엇이든지, ~만큼 많은
Τὸ λοιπόν, ἀδελφοί, **ὅσα** ἐστὶν ἀληθῆ ▎빌 4:8,
끝으로, 형제들이여, 무엇에든지 참되고

ἀλήθεια, -ας, ἡ

109
S7 L6 J45 P47 E27

참, 사실, 진리
καὶ γνώσεσθε τὴν **ἀλήθειαν**, καὶ ἡ **ἀλήθεια**
ἐλευθερώσει ὑμᾶς. ▎요 8:32, 그리고 진리를 알아라.
그러면 그 진리가 너희를 자유롭게 하리라.

μέλλω

109
S23 L46 J25 P14 E13

~하려고 한다, 할 것이다
μέλλω σε ἐμέσαι ἐκ τοῦ στόματός μου ▎계 3:16,
내가 너를 내 입에서 토해 낼 것이다.

ὅλος, -η, -ον

109
S57 L36 J13 P14 E8

모든, 온, 전체
ἀγαπήσεις κύριον τὸν θεόν σου ἐξ **ὅλης** τῆς
καρδίας σου ▎막 12:30, 너의 주 하나님을 네 온 마음
으로 사랑하여라(사랑할 것이다).

παρακαλέω

109
S25 L29 J0 P54 E8

위로하다, 간구하다, 촉구하다, 격려하다
Παρακαλῶ οὖν ὑμᾶς, ἀδελφοί ▎롬 12:1, 그러므
로 형제들이여, 내가 여러분을 권합니다.

ἀνίστημι

108
S48 L72 J8 P5 E2

일으켜 세우다, 일어나다, 깨어나다
Ταβιθά, ἀνάστηθι ǀ 행 9:40, 다비다야, 일어나라.

σῴζω

106
S47 L30 J6 P29 E11

구원하다, 구하다
Ἡ πίστις σου σέσωκέν σε· ǀ 눅 7:50, 너의 믿음이
너를 구원하였다.

ὥρα, -ας, ἡ

106
S50 L28 J38 P7 E2

시간, 때, 날
αὕτη ἐστὶν ὑμῶν ἡ ὥρα ǀ 눅 22:53, 이제는 너희의
시간이다.

πῶς

105
S44 L25 J22 P29 E2

어떻게
πῶς ἡμεῖς ἀκούομεν ἕκαστος τῇ ἰδίᾳ
διαλέκτῳ ἡμῶν ἐν ᾗ ἐγεννήθημεν; ǀ 행 2:8, 어떻
게 우리가 각자 태어난 우리 자신의 언어로 듣고 있는가?

ὅτε

103
S36 L22 J34 P19 E4

~때
οὕτως καὶ ἡμεῖς, ὅτε ἦμεν νήπιοι ǀ 갈 4:3, 이와
같이 우리도 어렸을 때에,

ψυχή, -ῆς, ἡ

103
S38 L29
J20 P13 E20

목숨, 영혼, 생명
τοῦτ☒ ἔστιν ὀκτὼ ψυχαί ǀ 벧전 3:20, 이것이 여덟
명이다.

ἀγαθός, -ή, -όν

102
S36 L19 J4 P47 E13

선한, 착한, 좋은
δοῦλε ἀγαθὲ καὶ πιστέ ǀ 마 25:21, 착하고 충성된 종
아.

ἐξουσία, -ας, ἡ

102
S36 L23 J29 P27 E3

권한, 권리, 능력
Ἐδόθη μοι πᾶσα ἐξουσία ἐν οὐρανῷ καὶ ἐπὶ
τῆς γῆς. ǀ 마 28:18, 하늘과 땅의 모든 권세를 내게 주셨
으니

αἴρω

101
S59 L29 J29 P4 E1

치워버리다, 짊어지다, 들어올리다
ἔγειρε καὶ ἄρας τὸ κλινίδιόν σου πορεύου εἰς
τὸν οἶκόν σου. ǀ 눅 5:24, 일어나서 너의 침상을 들고,
너의 집으로 가라.

δεῖ

101
S32 L40 J17 P25 E5

(반드시) ~해야 한다; 합당하다
Ἠλίαν δεῖ ἐλθεῖν πρῶτον ▮ 마 17:10, 엘리야가 먼저
와야 한다.

καλός

101
S41 L10 J7 P41 E11

좋은, 아름다운, 착한
Ἐγώ εἰμι ὁ ποιμὴν ὁ καλός. ▮ 요 10:11, 나는 선한
목자이다.

ὁδός, -οῦ, ἡ

101
S58 L40 J6 P6 E11

길, 노선, 대로
Ἑτοιμάσατε τὴν ὁδὸν κυρίου. ▮ 마 3:3, 주의 길을
예비하라.

ἀλλήλων

100
S19 L19 J24 P40 E16

서로, 피차, 각각
ἐὰν ἀγαπῶμεν ἀλλήλους, ▮ 요일 4:12, 서로 사랑하
면,

ὀφθαλμός, -οῦ, ὁ

100
S48 L24 J31 P11 E6

눈
Ὀφθαλμὸν ἀντὶ ὀφθαλμοῦ ▮ 마 5:38, 눈에는 눈
으로

τίθημι

100
S32 L39 J23 P16 E8

두다, 놓다
ἔθηκεν τὴν δεξιὰν αὐτοῦ ἐπ☒ ἐμὲ ▮ 계 1:17, 그의
오른(손)을 내게 얹었다.

τέκνον, -ου, τό

99
S37 L19 J15 P39 E12

아이, 자손
εἰ δὲ τέκνα, καὶ κληρονόμοι· ▮ 롬 8:17, 만일 자녀
들이면, 상속자들이기도 하다.

ἕτερος, -α, -ον

98
S43 L49 J1 P30 E7

다른, 또 하나의
πάλιν ἑτέρα γραφὴ λέγει· ▮ 요 19:37, 다시 다른 성
경이 말씀하신다.

Φαρισαῖος, -ου, ὁ

98
S68 L36 J20 P1 E0

바리새인
τινὲς δὲ τῶν Φαρισαίων εἶπαν· ▮ 눅 6:2, 바리새
인들 중의 어떤 이들이 말하였다.

αἷμα, -τος, τό

97
S22 L19 J29 P12 E27

피, 혈(육)
γυνὴ οὖσα ἐν ῥύσει **αἵματος** δώδεκα ἔτη ┃ 막 5:25, 열두 해 혈루증 앓던 여인

ἄρτος, -ου, ὁ

97
S57 L20 J24 P10 E1

빵, 떡, 덩어리
Πόσους ἔχετε **ἄρτους**; ┃ 막 8:5, 빵이 얼마나 있느냐?

γεννάω

97
S50 L11 J28 P7 E15

낳다, 아버지가 되다
Ἀβραὰμ **ἐγέννησεν** τὸν Ἰσαάκ ┃ 마 1:2, 아브라함이 이삭을 낳았다.

ἐκεῖ

95
S55 L22 J27 P3 E4

그곳에서, 거기서, 그 장소에서
ἐκεῖ γὰρ κέκρικα παραχειμάσαι. ┃ 딛 3:12, 왜냐하면 거기서 겨울 나기로 결정했다.

διδάσκω

97
S48 L33 J15 P16 E5

가르치다, 지도하다
αὐτὸς ἦν **διδάσκων** ┃ 눅 5:17, 그가 가르치고 계셨다.

περιπατέω

95
S21 L13 J32 P32 E12

걷다, 행하다
μετὰ ταῦτα **περιεπάτει** ὁ Ἰησοῦς ἐν τῇ Γαλιλαίᾳ· ┃ 요 7:1, 이 일 후에, 예수께서 갈릴리에 다니신다.

φοβέω

95
S53 L37 J12 P9 E8

무서워하다, 두려워하다
Ἐγώ εἰμι· μὴ **φοβεῖσθε**. ┃ 요 6:20, 나다. 두려워하지 말거라.

ἐνώπιον

94
S22 L35 J38 P17 E6

앞에서; ~의 생각에
σὺ οὖν ἐὰν προσκυνήσῃς **ἐνώπιον** ἐμοῦ, ἔσται σοῦ πᾶσα. ┃ 눅 4:7, 그러므로 네가 내 앞에서 절하면, 모두 것이 네 것이 되리라.

τόπος, -ου, ὁ

94
S39 L37 J24 P9 E4

장소, 위치
Δεῦτε ὑμεῖς αὐτοὶ κατ' ἰδίαν εἰς ἔρημον **τόπον** ┃ 막 6:31, 너희는 따로 한적한 장소로 가거라.

ἔτι

93
S29 L21 J30 P16 E13

아직, 여전히, 그대로

ἐγὼ δέ, ἀδελφοί, εἰ περιτομὴν ἔτι κηρύσσω ǀ
갈 5:11, 그러나, 형제들아 내가 여전히 할례를 전한다면

οἰκία, -ας, ἡ

93
S67 L36 J6 P8 E1

집

πότε ὁ κύριος τῆς οἰκίας ἔρχεται ǀ 막 13:35, 그
집의 주인이 언제 오시는지

πούς, ποδός, ὁ

93
S35 L38 J25 P10 E4

발

κατεφίλει τοὺς πόδας αὐτοῦ ǀ 눅 7:38, 그의 (두)
발에 입맞춘다.

δικαιοσύνη, -ης, ἡ

92
S8 L5 J7 P58 E18

의, 올바름

περὶ δικαιοσύνης δέ, ǀ 요 16:10, 의에 대해서는

εἰρήνη, -ης, ἡ

92
S19 L21 J10 P43 E15

평화, 화평, 평안

πορεύου εἰς εἰρήνην. ǀ 눅 7:50, 평안히 가라.

θάλασσα, -ης, ἡ

91
S38 L13 J35 P4 E4

바다, 호수

ἡ θάλασσα ὑπακούει αὐτῷ; ǀ 막 4:41, 바다가 그에
게 순종하는가?

κάθημαι

91
S43 L19 J37 P2 E3

앉다, 자리잡다, 주저앉다

Κάθου ἐκ δεξιῶν μου, ǀ 눅 20:42, 내 오른쪽에 앉으
라.

ἀκολουθέω

90
S60 L21 J25 P1 E0

따르다, 뒤좇다

Ἀκολούθει μοι. ǀ 막 2:14, 나를 따르라.

ἀπόλλυμι

90
S56 L29 J12 P12 E9

파괴하다, 파멸시키다, 잃어버리다

τοὺς μὴ πιστεύσαντας ἀπώλεσεν ǀ 유 5, 그가 믿
지 않는 자들을 멸하셨다.

DAY 12

μηδείς, μηδεμία, μηδέν 어느 누구도, 아무것도 아닌

90
S23 L31 J4 P36 E7

Ὅρα **μηδενὶ μηδὲν** εἴπῃς ▎막 1:44, 너는 아무에게 무엇도 말하지 않도록 주의하라.

πίπτω 넘어지다, 떨어지다, 엎드리다

90
S44 L26 J26 P7 E4

ἕτερον **ἔπεσεν** εἰς τὴν γῆν τὴν ἀγαθὴν ▎눅 8:8, 다른 것은 좋은 땅에 떨어졌다.

ἑπτά 일곱

88
S24 L14 J55 P0 E1

Ἑπτὰ καὶ ὀλίγα ἰχθύδια. ▎마 15:34, 일곱 개와 작은 생선들입니다.

οὔτε 그리고 ~아니다, 또 ~아니

87
S14 L18 J25 P33 E2

οὐδὲ γὰρ ἐγὼ παρὰ ἀνθρώπου παρέλαβον αὐτὸ **οὔτε** ἐδιδάχθην ▎갈 1:12, 왜냐하면 내가 사람에게서 받지도 않았고, 그것을 배우지도 않았다.

ἄρχω 시작하다, 주관하다, 다스리다

86
S71 L41 J2 P2 E1

Ἀπὸ τότε **ἤρξατο** ὁ Ἰησοῦς κηρύσσειν καὶ λέγειν· ▎마 4:17, 그 때로부터 예수께서 선포하고 말씀하시기 시작하셨다.

πληρόω 이루어지다, 성취하다, 채우다

86
S27 L25 J19 P23 E3

ὁ γὰρ ἀγαπῶν τὸν ἕτερον νόμον **πεπλή-ρωκεν.** ▎롬 13:8, 왜냐하면 남을 사랑하는 자는 다른 율법을 성취하였다.

προσέρχομαι 나아오다, 오다, 다가오다

86
S66 L20 J1 P1 E8

προσερχώμεθα μετὰ ἀληθινῆς καρδίας ▎히 10:22, 참된 마음으로 나아가자.

καιρός, -οῦ, ὁ 때, 시절, 기회

85
S28 L22 J10 P30 E8

ὁ **καιρὸς** συνεσταλμένος ἐστίν· ▎고전 7:29, 그 때가 단축되었다.

προσεύχομαι 기도하다, 간구하다

85
S44 L35 J0 P19 E6

τοῦτο **προσεύχομαι** ▎빌 1:9, 이것을 내가 기도한다.

κἀγώ

84
S15 L10 J35 P27 E3

나도, 나 역시(καὶ ἐγώ)
κἀγὼ ἀναπαύσω ὑμᾶς. ▎마 11:28, 그러면, 내가 너희를 쉬게 하리라.

μήτηρ, -τρος, ἡ

83
S60 L21 J12 P7 E0

어머니
Τίς ἐστιν ἡ μήτηρ μου καὶ οἱ ἀδελφοί μου; ▎막 3:33, 누가 내 어머니이며, 내 형제들이냐?

ὥστε

83
S32 L12 J1 P39 E3

이런 이유로, 그러므로, 그래서
Οὕτως γὰρ ἠγάπησεν ὁ θεὸς τὸν κόσμον, ὥστε τὸν υἱὸν τὸν μονογενῆ ἔδωκεν ▎요 3:16, 이처럼 하나님께서 세상을 사랑하셨다. 그래서 독생자를 주셨다.

ἀναβαίνω

82
S27 L28 J29 P7 E0

오르다, 올라가다
ἀνέβη οὖν Σίμων Πέτρος ▎요 21:11, 그러므로 시몬 베드로가 올랐다.

ἕκαστος, -η, -ον

82
S10 L16 J11 P42 E8

각각, 각기, 일일이
κρίνοντα κατὰ τὸ ἑκάστου ἔργον ▎벧전 1:17, 각자의 행위를 따라 심판하시는 분을

ὅπου

82 S33 L7
J38 P3 E6

~한 곳에서는, 어디에나
ἦλθον εἰς Θεσσαλονίκην ὅπου ἦν συναγωγὴ τῶν Ἰουδαίων. ▎행 17:1, 그들이 유대인들의 회당이 있는 데살로니가로 갔다.

ἐκβάλλω

81
S66 L25 J8 P1 E2

내쫓다, 모욕하다, 몰아내다
Ἰδοὺ ἐκβάλλω δαιμόνια ▎눅 13:32, 보라 내가 귀신들을 쫓아낸다.

καταβαίνω

81
S30 L32 J27 P4 E1

내리다, 내려오다, 강림하다
εἰ μὴ ὁ ἐκ τοῦ οὐρανοῦ καταβάς, ὁ υἱὸς τοῦ ἀνθρώπου ▎요 3:13, 하늘에 내려온 자, 사람의 아들(인자)이 아니면

μᾶλλον
81
S19 L12 J4 P44 E7

더욱, 오히려, 대신에

ἐγὼ μᾶλλον· | 빌 3:4, 나는 더욱 그렇다.

ἀπόστολος, -ου, ὁ
80
S9 L34 J4 P34 E5

사도, 사자(使者)

εἶπαν οἱ ἀπόστολοι τῷ κυρίῳ· | 눅 17:5, 사도들이
주님께 말씀드렸다.

Μωϋσῆς, -έως, ὁ
80
S25 L29 J14 P10 E12

모세

Διδάσκαλε, Μωϋσῆς ἔγραψεν ἡμῖν | 눅 20:28,
선생님, 모세가 우리에게 써주었습니다.

δίκαιος, -α, -ον
79
S30 L17 J14 P17 E18

의로운, 옳은, 정직한

Οὐκ ἔστιν δίκαιος οὐδὲ εἷς | 롬 3:10, 의로운 자는
없으며, 하나도 없다.

πέμπω
79
S15 L21 J37 P15 E1

보내다

ἔστιν ἀληθινὸς ὁ πέμψας με | 요 7:28, 나를 보내
신 분은 참되시다.

ὑπάγω
79
S39 L5 J39 P0 E2

떠나다, 가다

Ὑπάγετε ἐν εἰρήνῃ | 약 2:16, 평안히 가라.

πονηρός, -ά, -όν
78
S41 L21 J12 P13 E12

악한, 나쁜

τὰ ἔργα αὐτοῦ πονηρά ἐστιν. | 요 7:7, 그 행위들은
악하다.

στόμα, -τος, τό
78
S20 L21 J27 P13 E10

입

Τὸ στόμα ἡμῶν ἀνέῳγεν πρὸς ὑμᾶς | 고후 6:11,
우리 입이 너희에게 열렸다.

ἀνοίγω
77
S18 L22 J38 P5 E0

열다, 열리다

οὕτως οὐκ ἀνοίγει τὸ στόμα αὐτοῦ. | 행 8:32,
이렇게 그의 입을 열지 않는다.

DAY 13

βαπτίζω

77
S30 L31 J13 P13 E0

세례를 주다, 씻다

ἐγὼ ἐβάπτισα ὑμᾶς ὕδατι, αὐτὸς δὲ βαπτίσει ὑμᾶς ἐν πνεύματι ἁγίῳ. ▎ 막 1:8, 나는 너희를 물로 세례 주었지만, 그는 너희를 성령으로 세례 주실 것이다.

Ἰερουσαλήμ

77
S29 L64 J3 P7 E1

예루살렘

Ἰερουσαλὴμ Ἰερουσαλήμ ▎ 마 23:37, 예루살렘아 예루살렘아

σημεῖον, -ου, τό

77
S31 L24 J24 P8 E1

표, 징조, 이적

ἔσονται σημεῖα ἐν ἡλίῳ ▎ 눅 21:25, 태양에는 징조 가 있으리라.

εὐαγγέλιον, -ου, τό

76
S12 L2 J1 P60 E1

좋은 소식, 복음

Οὐ γὰρ ἐπαισχύνομαι τὸ εὐαγγέλιον ▎ 롬 1:16, 내가 복음을 부끄러워하지 않는다.

μαρτυρέω

76
S2 L12 J47 P8 E18

증언하다, 증명하다

μαρτυρῶ γὰρ αὐτοῖς ὅτι ζῆλον θεοῦ ἔχουσιν ἀλλ’ οὐ κατ’ ἐπίγνωσιν· ▎ 롬 10:2, 내가 증언하노 니, 그들이 하나님께 열심이 있지만 지식을 따르지 않았 다.

πρόσωπον, -ου, τό

76
S26 L25 J10 P23 E5

얼굴, 외모

τότε δὲ πρόσωπον πρὸς πρόσωπον· ▎ 고전 13:12, 그러나 그 때에는 얼굴이 얼굴을 대할 것이다.

ὕδωρ, ὕδατος, τό

76
S18 L13 J43 P1 E11

물

ἡ φωνὴ αὐτοῦ ὡς φωνὴ ὑδάτων πολλῶν ▎ 계 1:15, 그 소리는 많은 물들의 소리와 같다.

δώδεκα

75
S40 L16 J29 P1 E1

열두 번째

προσελθόντες δὲ οἱ δώδεκα εἶπαν αὐτῷ· ▎ 눅 9:2, 그리고 열둘이 나아와 그에게 말씀드렸다

κεφαλή, -ῆς, ἡ

75
S27 L12 J24 P18 E1

머리

οἱ παραπορευόμενοι ἐβλασφήμουν αὐτὸν κινοῦντες τὰς **κεφαλὰς** αὐτῶν ⏐ 막 15:29, 지나가는 자들이 자기 머리들을 흔들며 그를 모욕했다.

Σίμων, -ωνος, ὁ

75
S37 L30 J25 P0 E0

시몬

Σίμων, καθεύδεις; ⏐ 막 14:37, 시몬아, 자느냐?

ἀποκτείνω

74
S36 L18 J27 P5 E0

죽이다

καὶ ἐξ αὐτῶν **ἀποκτενοῦσιν** καὶ διώξουσιν ⏐ 눅 11:49, 그들 중에 죽일 것이며, 박해할 것이다.

χαίρω

74
S20 L19 J15 P29 E7

기뻐하다, 즐거워 하다

χαίρετε καὶ ἀγαλλιᾶσθε ⏐ 마 5:12, **기뻐하고** 즐거워하라.

Ἀβραάμ, ὁ

73
S23 L22 J11 P19 E13

아브라함, 많은 무리의 아버지

Πατέρα ἔχομεν τὸν **Ἀβραάμ**. ⏐ 눅 3:8, 우리가 조상으로 **아브라함**이 있다.

πίνω

73
S40 L20 J14 P15 E1

마시다

Τὸ ποτήριον ὃ ἐγὼ **πίνω** πίεσθε ⏐ 막 10:39, 내가 **마시는** 잔을 너희가 마시리라.

φῶς, φωτός, τό

73
S15 L17 J33 P13 E8

빛

Ἐγώ εἰμι τὸ **φῶς** τοῦ κόσμου· ⏐ 요 8:12, 나는 세상의 **빛**이다.

ἱερόν, -οῦ, τό

72
S35 L39 J11 P1 E0

성전

Πέτρος δὲ καὶ Ἰωάννης ἀνέβαινον εἰς τὸ **ἱερὸν** ⏐ 행 3:1, 그리고 베드로와 요한이 **성전**으로 올라갔다.

αἰώνιος

71
S14 L6 J24 P21 E16

영원한

Διδάσκαλε, τί ποιήσας ζωὴν **αἰώνιον** κληρονομήσω; ⏐ 눅 10:25, 선생님, 무엇을 해야 영원한 **생명**을 상속받겠습니까?

DAY 14

πῦρ, -ός, τό

71
S23 L11 J27 P5 E12

불, 불꽃

πᾶν οὖν δένδρον μὴ ποιοῦν καρπὸν καλὸν ἐκκόπτεται καὶ εἰς πῦρ βάλλεται. ▮ 눅 3:9, 그러므로 좋은 열매 맺지 않는 나무마다 잘라지고 불에 던져진다.

αἰτέω

70
S34 L21 J16 P4 E11

구하다, 요청하다, 묻다

Αἰτεῖτε καὶ δοθήσεται ὑμῖν ▮ 마 7:7, 구하라, 그러면 너희에게 주어지리라.

τηρέω

70
S6 L8 J36 P8 E19

지키다, 보전하다, 간직하다

ἐν παντὶ ἀβαρῆ ἐμαυτὸν ὑμῖν ἐτήρησα καὶ τηρήσω. ▮ 고후 11:9, 모든 일에 내가 여러분에게 짐이 되지 않도록 지켰고(조심하였고) 지킬 것이다.

ἄγω

69
S20 L39 J13 P7 E3

이끌다, 데리고 가다, 인도하다

λύσαντες ἀγάγετέ μοι. ▮ 마 21:2, 풀어서 내게 끌고 오너라.

τρεῖς, -τρία

69
S29 L24 J17 P7 E4

셋(3)

σὺ ἐν τρισὶν ἡμέραις ἐγερεῖς αὐτόν; ▮ 요 2:20, 네가 삼 일에 세우겠느냐?

ἐμός, -ή, -όν

68
S9 L3 J37 P21 E2

나의, 나의 것

ἡ κρίσις ἡ ἐμὴ δικαία ἐστίν ▮ 요 5:30, 나의 심판은 의롭다.

Ἰσραήλ, ὁ

68
S26 L27 J7 P17 E3

이스라엘

πορεύου εἰς γῆν Ἰσραήλ· ▮ 마 2:20, 이스라엘 땅으로 가라.

ῥῆμα, -τος, τό

68
S26 L33 J12 P8 E8

말씀, 말

τὸ δὲ ῥῆμα κυρίου μένει εἰς τὸν αἰῶνα. ▮ 벧전 1:25, 주의 말씀은 영원토록 있도다.

DAY 15

σάββατον, -ου, τό
68
S43 L30 J13 P2 E0

안식일
Κύριός ἐστιν τοῦ σαββάτου ὁ υἱὸς τοῦ ἀνθρώπου ‖ 눅 6:5, 사람의 아들(인자)은 **안식일**의 주인이다.

ἐντολή, -ῆς, ἡ
67
S16 L5 J30 P14 E24

계명
αὕτη ἐστὶν ἡ ἐντολὴ ἡ ἐμή, ‖ 요 15:12, 이것이 내 **계명**이다.

πιστός, -ή, -όν
67
S11 L10 J11 P33 E10

충성된, 진실한, 신실한
τοῖς ἐν Κολοσσαῖς ἁγίοις καὶ πιστοῖς ἀδελφοῖς ἐν Χριστῷ ‖ 골 1:2, 그리스도 안에서 골로새에 있는 거룩하고 **신실한** 형제들에게

πλοῖον, -ου, τό
67
S38 L27 J9 P0 E1

배, 선박
ἀπῆλθον ἐν τῷ πλοίῳ εἰς ἔρημον τόπον κατ᾽ ἰδίαν. ‖ 막 6:32, **배**를 타고 따로 한적한 곳으로 떠났다.

ἀπολύω
66
S45 L29 J5 P0 E1

풀어주다, 구하다, 해방시키다
ταῦτα εἰπὼν ἀπέλυσεν τὴν ἐκκλησίαν. ‖ 행 19:41, 이것들을 말하고, 그 모임을 **해산하였다**.

καρπός, -οῦ, ὁ
66
S36 L13 J12 P11 E6

열매, 결실, 소출, 곡식
ἀπὸ τῶν καρπῶν αὐτῶν ἐπιγνώσεσθε αὐτούς. ‖ 마 7:16, 그들의 **열매**들로부터 그들을 알리라.

πρεσβύτερος, -α, -ον
66
S24 L23 J15 P5 E6

장로, 어른, 늙은이
προσκαλεσάσθω τοὺς πρεσβυτέρους τῆς ἐκκλησίας ‖ 약 5:14, 교회의 **장로**들을 청하라.

φέρω
66
S23 L14 J20 P2 E12

지다, 운반하다; 참다
ἤνεγκα τὸν υἱόν μου πρὸς σέ ‖ 막 9:17, 내 아들을 당신께 **데려왔습니다**.

φημί
66
S30 L33 J3 P7 E1

말하다, 이르다
ὁ δὲ Παῦλος ἔφη πρὸς αὐτούς· ‖ 행 16:37, 그리고 바울이 그들에게 **말하였다**.

εἴτε

65
S0 L0 J0 P63 E2

또는, 만약 ~이라면, ~이거나

εἴτε οὖν ἐσθίετε εἴτε πίνετε εἴτε τι ποιεῖτε ‖ 고
전 10:31, 그러므로 너희가 먹든지 마시든지, 무엇을 행하
든지.

γραμματεύς, -έως, ὁ

63
S57 L18 J1 P1 E0

서기관, 선비

συνέρχονται πάντες οἱ ἀρχιερεῖς καὶ οἱ
πρεσβύτεροι καὶ οἱ γραμματεῖς. ‖ 막 14:53, 대제
사장들과 장로들과 서기관들이 모인다.

δαιμόνιον, -ου, τό

63
S47 L24 J9 P5 E1

귀신, 악령

καὶ τὰ δαιμόνια πιστεύουσιν καὶ φρίσσουσιν.
‖ 약 2:19, 귀신들도 믿고 떠든다.

ἔξω

63
S29 L20 J16 P5 E4

밖으로, 바깥

ἐξέβαλον αὐτὸν ἔξω. ‖ 요 9:34, 그를 밖으로 내쫓았
다.

ἐρωτάω

63
S22 L22 J30 P4 E2

청하다, 묻다

ναὶ ἐρωτῶ καὶ σέ ‖ 빌 4:3, 참으로 내가 너에게도 구
한다.

ὄρος, -ους, τό

63
S39 L15 J13 P3 E5

산, 산악, 언덕

Καὶ ὑμνήσαντες ἐξῆλθον εἰς τὸ Ὄρος τῶν
Ἐλαιῶν. ‖ 막 14:26, 그리고 찬양하고서 올리브 산(감람
산)으로 나갔다.

δοκέω

62
S22 L18 J8 P18 E6

생각하다, 의견을 밝히다, 여기다

Τί ὑμῖν δοκεῖ; ‖ 마 18:12, 너희에게는 어떤 생각이 드
느냐?

θέλημα, -τος, τό

62
S11 L7 J14 P24 E12

뜻, 의지

γενηθήτω τὸ θέλημά σου. ‖ 마 26:42, 당신의 뜻이
이루어지소서.

Ἱεροσόλυμα, τό

62
S25 L26 J12 P3 E0

예루살렘

ἐγγίζουσιν εἰς Ἱεροσόλυμα ‖ 막 11:1, 그들이 예루
살렘에 가까이 이른다.

θρόνος, -ου, ὁ

62
S8 L5 J47 P1 E4

왕좌, 보좌
ὁ **θρόνος** τοῦ θεοῦ καὶ τοῦ ἀρνίου ἐν αὐτῇ ἔσται ǀ 계 22:3, 하나님과 어린 양의 **보좌**가 그 안에 있을 것이다.

ἀγαπητός

61
S8 L3 J10 P27 E25

사랑하는, 사랑을 입은, 사랑받는
Ἀγαπητέ, μὴ μιμοῦ τὸ κακὸν ǀ 요삼 11, 사랑하는 자여, 악한 것을 본받지 말라.

Γαλιλαία, -ας, ἡ

61
S41 L16 J17 P0 E0

갈릴리
γάμος ἐγένετο ἐν Κανὰ τῆς Γαλιλαίας ǀ 요 2:1, 갈릴리 가나에서 혼인이 있었다.

δοξάζω

61
S14 L14 J25 P12 E5

영광 돌리다, 찬양하다
τούτους καὶ ἐδόξασεν ǀ 롬 8:30, 이들을 또한 영화롭게 하셨다.

ἤδη

61
S25 L13 J18 P14 E3

이제, 이미, 마침내
ἡ ὥρα ἤδη παρῆλθεν ǀ 마 14:15, 시간이 이미 지났다.

κηρύσσω

61
S32 L17 J1 P19 E1

선포하다, 설교하다, 가르치다
εὐθέως ἐν ταῖς συναγωγαῖς ἐκήρυσσεν τὸν Ἰησοῦν ǀ 행 9:20, 곧 회당에서 예수를 선포하였다.

νύξ, νυκτός, ἡ

61
S20 L23 J14 P11 E0

밤, 밤에
οὐκ ἐσμὲν νυκτὸς οὐδὲ σκότους ǀ 살전 5:5, 우리가 밤이나 어둠에 속하지 않았다.

ὧδε

61
S43 L17 J11 P2 E3

여기, 이리, 이곳으로
ἰδοὺ πλεῖον Σολομῶνος ὧδε. ǀ 눅 11:31, 보라 솔로몬보다 더 큰 이가 여기 있다.

ἱμάτιον, -ου, τό

60
S35 L18 J13 P0 E4

겉옷, 옷
ἔλαβον τὰ ἱμάτια αὐτοῦ ǀ 요 19:23, 그의 옷가지를 취하였다.

DAY 16

προσκυνέω

60
S18 L7 J35 P1 E2

경배하다, 절하다, 예배하다
τῷ θεῷ προσκύνησον. ▎계 22:9, 하나님께 경배하라.

ὑπάρχω

60
S18 L40 J0 P12 E5

실재하다, 있다
κἂν ψωμίσω πάντα τὰ ὑπάρχοντά μου ▎고전 13:3, 내 있는 모든 것들로 구제하여도

ἀσπάζομαι

59
S6 L7 J3 P40 E8

문안하다, 평안을 빌다, 안부를 묻다
Ἀσπάσασθε Πρίσκαν καὶ Ἀκύλαν ▎롬 16:3, 너희는 브리스가와 아굴라에게 문안하라.

Δαυίδ, ὁ

59
S37 L24 J5 P4 E2

다윗
Ἰεσσαὶ δὲ ἐγέννησεν τὸν Δαυὶδ τὸν βασιλέα. ▎마 1:6, 이새는 다윗 왕을 낳았다.

διδάσκαλος, -ου, ὁ

59
S41 L18 J8 P7 E2

선생님, 교사, 스승
Διδάσκαλε, ἀκολουθήσω σοι ▎마 8:19, 선생님, 제가 당신을 따를 것입니다.

εὐθύς

59
S51 L7 J3 P0 E1

즉시, 바로
εὐθὺς ἔρχεται ὁ Σατανᾶς ▎막 4:15, 곧 사탄이 온다.

λίθος, -ου, ὁ

59
S33 L16 J15 P4 E5

돌
οὐ μὴ ἀφεθῇ ὧδε λίθος ἐπὶ λίθον ὃς οὐ καταλυθήσεται. ▎마 24:2, 여기에 돌 위에 돌이 결코 남지 않고 무너지게 되리라.

συνάγω

59
S35 L17 J12 P1 E0

모으다, 모이다
ἐκεῖ συναχθήσονται οἱ ἀετοί. ▎마 24:28, 거기에 독수리들이 모여들 것이다.

χαρά, -ᾶς, ἡ

59
S15 L12 J12 P21 E10

기쁨, 즐거움
γίνεται χαρὰ ἐνώπιον τῶν ἀγγέλων τοῦ θεοῦ ▎눅 15:10, 하나님의 사자들 앞에 기쁨이 된다.

θεωρέω

58
S16 L21 J27 P0 E2

응시하다, 관찰하다, 생각하다, 인식하다
ὁ θεωρῶν ἐμὲ θεωρεῖ τὸν πέμψαντά με. ▎요 12:45, 나를 보는 자는 나를 보내신 분을 본다.

μέσος

58
S26 L24 J14 P7 E1

가운데, ~중에서, 속에
Ἔγειρε εἰς τὸ μέσον. ▎막 3:3, 가운데로 일어서라.

τοιοῦτος, αὕτη, οὗτον 이처럼, 그렇게

57
S11 L6 J4 P32 E7

Αἶρε ἀπὸ τῆς γῆς τὸν τοιοῦτον ▎행 22:22, 이러한 자는 세상에서 없애 버려라.

δέχομαι

56
S32 L24 J1 P13 E2

영접하다, 받다, 맞이하다
τὴν περικεφαλαίαν τοῦ σωτηρίου δέξασθε ▎엡 6:17, 구원의 투구를 받으라.

ἐπερωτάω

56
S50 L19 J2 P2 E0

간구하다, 물어보다, 질문하다
Ἡλικίαν ἔχει, αὐτὸν ἐπερωτήσατε. ▎요 9:23, 그가 장성하였으니 그에게 물어보소서.

μηδέ

56
S24 L9 J4 P22 E6

그리고 ~아니, ~도 아니며
ἡ καρδία μηδὲ δειλιάτω. ▎요 14:27, 마음에 두려워하지도 말아라.

συναγωγή, -ῆς, ἡ

56 S32 L34
J4 P0 E1

집회소, 회당
εὐθέως ἐν ταῖς συναγωγαῖς ἐκήρυσσεν. ▎행 9:20, 곧 회당들에서 선포하였다.

τρίτος, -η, -ον

56
S20 L14 J27 P5 E0

셋째, 삼일, 세 번째
τῇ τρίτῃ ἡμέρα ἐγερθήσεται. ▎마 17:23, 세 번째 날에 살아날 것이다.

ἀρχή, -ῆς, ἡ

55
S11 L7 J21 P11 E18

처음, 시작, 통치자
Ἐν ἀρχῇ ἦν ὁ λόγος ▎요 1:1, 태초에 말씀이 계셨다.

DAY 17

κράζω
55
S25 L14 J15 P3 E1

소리 지르다, 부르다, 외치다
αὐτὸς δὲ πολλῷ μᾶλλον ἔκραζεν· 눅 18:39, 그러나, 그는 더 크게 소리질렀다.

λοιπός, ή, όν
55
S13 L12 J8 P26 E2

남아 있는, 나머지
κἀκεῖνοι ἀπελθόντες ἀπήγγειλαν τοῖς λοιποῖς· 막 16:13, 그리고 그들은 떠나서 남은 사람들에게 알렸다.

Πιλᾶτος, -ου, ὁ
55
S31 L15 J20 P1 E0

빌라도
ἔφη αὐτοῖς ὁ Πιλᾶτος· 마 27:65, 빌라도가 그들에게 말했다.

δεξιός, -ά, -όν
54
S25 L13 J11 P5 E6

오른손의, 오른편의
καθίσας ἐν δεξιᾷ αὐτοῦ ἐν τοῖς ἐπουρανίοις 엡 1:20, 하늘(들)에서 자신의 오른쪽에 앉히사.

εὐαγγελίζω
54
S11 L25 J2 P21 E5

복음을 선포하다, 좋은 소식을 전하다
πτωχοὶ εὐαγγελίζονται 마 11:5, 가난한 자들이 복음을 전해받는다.

οὐχί
54
S27 L20 J5 P18 E2

~아니, ~아닌
ἀλλ᾽ οὐχὶ ἐρεῖ αὐτῷ· 눅 17:8, 도리어 그에게 말하지 않겠느냐.

χρόνος, -ου, ὁ
54
S12 L24 J8 P9 E8

시간, 때
Οὐχ ὑμῶν ἐστιν γνῶναι χρόνους ἢ καιροὺς 행 1:7, 너희 가운데 때와 시기들은 알 것이 없다.

διό
53
S3 L10 J0 P27 E15

그래서, 그러므로
διὸ παρακαλῶ ὑμᾶς κυρῶσαι εἰς αὐτὸν ἀγάπην· 고후 2:8, 그러므로 여러분에게 그를 향한 사랑 나타내기를 권합니다.

ἐλπίς, -ίδος, ή
53
S0 L8 J1 P36 E9

소망, 기대
πᾶς ὁ ἔχων τὴν ἐλπίδα ταύτην ἐπ᾽ αὐτῷ ἁγνίζει ἑαυτό 요일 3:3, 그에 대해 이 소망을 가진 자마다 스스로 깨끗하게 한다.

ὅπως

53
S25 L21 J1 P9 E4

~하기 위하여, 하려고
εὔχεσθε ὑπὲρ ἀλλήλων, ὅπως ἰαθῆτε ▪ 약 5:16,
병 낫기를 **위하여** 서로 기도하라.

παιδίον, -ου, τό

53
S43 L13 J6 P1 E6

아이, 어린아이
Τὸ δὲ παιδίον ηὔξανεν καὶ ἐκραταιοῦτο ▪ 눅
2:40, 그리고 그 아이가 자라고 튼튼해졌다.

ἐπαγγελία, -ας, ἡ

52
S1 L9 J1 P26 E17

서약, 약속
ὑμεῖς δέ, ἀδελφοί, κατὰ Ἰσαὰκ ἐπαγγελίας
τέκνα ἐστέ. ▪ 갈 4:28, 그리고, 형제들아 너희는 이삭처
럼 약속의 자녀들이다.

ἔσχατος, -η, -ον

52
S21 L9 J15 P6 E9

마지막, 최후의, 끝
κἀγὼ ἀναστήσω αὐτὸν τῇ ἐσχάτῃ ἡμέρᾳ. ▪ 요
6:54, 그리고 내가 그를 마지막 날에 다시 살리리라.

πείθω

52
S7 L21 J1 P22 E6

설득하다, 확신시키다
οἶδα καὶ πέπεισμαι ἐν κυρίῳ Ἰησοῦ ▪ 롬 14:14, 내
가 주 예수 안에서 알고 **확신한다.**

σπείρω

52
S35 L6 J2 P14 E1

(씨)뿌리다
ἰδοὺ ἐξῆλθεν ὁ σπείρων σπεῖραι. ▪ 막 4:3, 보라
씨 뿌리는 자가 씨 뿌리러 나갔다.

σοφία, -ας, ἡ

51
S10 L10 J4 P28 E5

지혜, 명석함
οὐκ ἔστιν αὕτη ἡ σοφία ἄνωθεν κατερχομένη ▪
약 3:15, 이 **지혜는** 위에서 내려온 것이 아니다.

γλῶσσα, -ης, ἡ

50
S5 L8 J9 P24 E7

혀, 언어
ὤφθησαν αὐτοῖς διαμεριζόμεναι γλῶσσαι
ὡσεὶ πυρός ▪ 행 2:3, 불처럼 **혀들이** 갈라지는 것이 그
들에게 보였다.

γραφή, -ῆς, ἡ

50
S11 L11 J12 P14 E6

성경, 글, 문서
πᾶσα γραφὴ θεόπνευστος ▪ 딤후 3:16, 모든 **성경**은
하나님의 영감으로 되었다.

κακός, -ή, όν

50
S7 L6 J5 P26 E9

나쁜, 악한, 그릇된
νίκα ἐν τῷ ἀγαθῷ τὸ κακόν ǀ 롬 12:21, 선으로 악을 이기라.

μακάριος, -α, -ον

50
S28 L17 J9 P7 E4

복된, 행복한, 행운의
Μακάριοι οἱ πτωχοὶ τῷ πνεύματι ǀ 마 5:3, 심령이 가난한 자들은 복이 있다.

παραβολή, -ῆς, ἡ

50
S48 L18 J0 P0 E2

비유, 속담, 격언, 잠언
χωρὶς δὲ παραβολῆς οὐκ ἐλάλει αὐτοῖς ǀ 막 4:34, 비유 없이는 그들에게 말씀하지 않으셨다.

τυφλός, -ή, όν

50
S30 L9 J17 P1 E1

맹인
Μήτι δύναται τυφλὸς τυφλὸν ὁδηγεῖν; ǀ 눅 6:39, 맹인이 맹인을 인도할 수 있느냐?

ἄχρι

49
S6 L19 J11 P14 E3

~까지, ~할 때까지, ~에 이르러, ~하도록
ἄχρι γὰρ τῆς σήμερον ǀ 고후 3:14, 오늘까지

ἔτος, -ους, τό

49
S18 L26 J9 P6 E5

해, 년(年)
ἦν γὰρ ἐτῶν δώδεκα. ǀ 막 5:42, 그는 열두 살이었다.

παραλαμβάνω

49
S28 L12 J3 P11 E1

데려오다, 영접하다, 받다, 취하다
οἱ ἴδιοι αὐτὸν οὐ παρέλαβον. ǀ 요 1:11, 자기 백성들이 그를 영접하지 않았다.

φανερόω

49
S3 L0 J20 P22 E13

드러내다, 분명히 하다
τὰ δὲ πάντα ἐλεγχόμενα ὑπὸ τοῦ φωτὸς φανεροῦται ǀ 엡 5:13, 그리고 책망받는 모든 것들은 빛으로 말미암아 드러난다.

χρεία, -ας, ἡ

49
S17 L12 J9 P14 E6

필요, 소용
Ὁ κύριος αὐτοῦ χρείαν ἔχει. ǀ 눅 19:31, 그 주인이 필요 있으시다.

ἀποδίδωμι

48
S27 L12 J4 P8 E5

갚다, 되돌려주다
ἀποδώσω σοι. ❘ 마 18:29, 내가 당신에게 갚으리이다.

ἔμπροσθεν

48
S30 L12 J9 P7 E1

앞에, 면전에
Ὁ ὀπίσω μου ἐρχόμενος ἔμπροσθέν μου γέγονεν ❘ 요 1:15, 내 뒤에 오시는 분은 나보다 앞에 계셨다.

ἔρημος, -ου, ἡ

48
S27 L19 J8 P2 E2

한적한 곳, 광야, 사막
ὧδε ἐν ἐρήμῳ τόπῳ ἐσμέν. ❘ 눅 9:12, 여기 황량한 장소에 우리가 있습니다.

ἁμαρτωλός, -ου, ὁ

47
S29 L18 J4 P8 E6

죄인, 범죄자
Χριστὸς Ἰησοῦς ἦλθεν εἰς τὸν κόσμον ἁμαρτωλοὺς σῶσαι. ❘ 딤전 1:15, 그리스도 예수께서 죄인들을 구원하시려고 세상에 오셨다.

κρατέω

47
S29 L6 J10 P2 E2

손에 넣다, 붙잡다, 체포하다
ἔρχομαι ταχύ· κράτει ὃ ἔχεις ❘ 계 3:11, 내가 속히 온다. 네가 가진 것을 붙잡으라.

κρίσις, -εως, ἡ

47 S16 L5
J16 P2 E13

심판, 정죄, 판결, 죄
μιᾷ ὥρᾳ ἦλθεν ἡ κρίσις σου. ❘ 계 18:10, 일시에 네 심판이 왔다.

οὐκέτι

47
S12 L6 J15 P15 E2

더이상 ~아니, 이제는 ~아니
Ὁ οὖν Ἰησοῦς οὐκέτι παρρησίᾳ περιεπάτει ἐν τοῖς Ἰουδαίοις ❘ 요 11:54, 그러므로 예수는 더이상 드러내어 유대에서 다니지 않으셨다.

πρό

47
S13 L14 J9 P12 E6

[+속격] ~전에, ~앞에
αὐτός ἐστιν πρὸ πάντων ❘ 골 1:17, 그는 만물보다 앞서 계시다.

προσφέρω

47
S22 L7 J2 P0 E20

~에게 데려가다, 바치다, 드리다
Προσηνέγκατέ μοι τὸν ἄνθρωπον τοῦτον ❘ 눅 23:14, 너희가 이 사람을 나에게 끌고 왔다.

φόβος, -ου, ὁ

47
S11 L12 J9 P15 E10

두려움, 경외

ἀπὸ τοῦ **φόβου** ἔκραξαν. ▎마 14:26, 그들이 두려움
으로 소리쳤다.

φυλακή, -ῆς, ἡ

47
S21 L24 J6 P2 E2

감옥

οὐχ εὗρον αὐτοὺς ἐν τῇ **φυλακῇ**. ▎행 5:22, 감옥
에서 그들을 찾지 못했다.

θηρίον, -ου, τό

46
S1 L3 J39 P1 E2

짐승, 맹수, 들짐승

ἦν μετὰ τῶν **θηρίων** ▎막 1:13, 그가 짐승들과 함께 계
셨다.

καθίζω

46
S23 L16 J6 P4 E4

앉다, 자리하다

Καθίσατε ὧδε ἕως προσεύξωμαι. ▎막 14:32, 내
가 기도하기까지 너희는 여기 앉아 있으라.

μικρός, -ά, -όν

46
S18 L7 J19 P4 E3

작은, 적은

μικρὰ ζύμη ὅλον τὸ φύραμα ζυμοῖ ▎고전 5:6, 적
은 누룩이 온 덩이를 부풀게 한다.

οὐαί

46
S30 L15 J14 P1 E1

화로다, 아 슬프도다

Πλὴν **οὐαὶ** ὑμῖν τοῖς πλουσίοις ▎눅 6:24, 그러나
화있도다 너희 부자들이여.

σταυρόω

46
S24 L8 J12 P8 E0

십자가에 못박다

Σταύρωσον αὐτόν. ▎막 15:13, 그를 십자가에 못 박아
라.

σωτηρία, -ας, ἡ

46 S5 L10
J4 P18 E13

구원, 구출

ἡ **σωτηρία** καὶ ἡ δόξα καὶ ἡ δύναμις τοῦ θεοῦ
ἡμῶν ▎계 19:1, 구원과 영광과 능력이 우리 하나님의 것
이다.

ἀπαγγέλλω

45
S24 L26 J3 P2 E3

보고하다, 발표하다, 선포하다

ἀπαγγέλλομεν ὑμῖν τὴν ζωὴν τὴν αἰώνιον ▎요
일 1:2, 우리가 너희에게 영원한 생명을 알린다.

διώκω

45
S9 L12 J4 P21 E2

박해하다; 따라가다, 힘쓰다, 추구하다
Σαοὺλ Σαούλ, τί με **διώκεις**; ┃ 행 9:4, 사울아, 사울아, 왜 나를 **박해하느냐**?

θλῖψις, -εως, ἡ

45
S7 L5 J7 P24 E2

환난, 고통, 괴로움
ἔσται γὰρ τότε **θλῖψις** μεγάλη ┃ 마 24:21, 이는 그때 큰 **환난**이 있으리라.

ναός, -οῦ, ὁ

45
S16 L6 J19 P8 E0

성전, 성소
Λύσατε τὸν **ναὸν** τοῦτον ┃ 요 2:19, 너희가 이 **성전**을 헐라

ὅμοιος, -οία, -οιον

45
S18 L10 J24 P1 E2

같은, 비슷한
Ὁμοία ἐστὶν ἡ βασιλεία τῶν οὐρανῶν κόκκῳ σινάπεως ┃ 마 13:31, 하늘 나라는 겨자 씨 한 알 **같다**.

ποῦ

45
S13 L7 J19 P10 E3

어디, 어디서, 곳, 어디로
Ποῦ ἡ πίστις ὑμῶν; ┃ 눅 8:25, 너희 믿음이 **어디** 있느냐?

ἐπιγινώσκω

44
S17 L20 J0 P12 E2

알다, 깨닫다, 인식하다
ἐπέγνωτε ἡμᾶς ἀπὸ μέρους, ┃ 고후 1:14, 너희가 우리를 부분적으로 **알았다**.

Ἰούδας, -α, ὁ

44
S22 L16 J11 P0 E3

유다
Ἰούδας Ἰησοῦ Χριστοῦ δοῦλος ┃ 유 1, 예수 그리스도의 종 **유다**.

κατοικέω

44
S6 L22 J13 P3 E2

살다, 거하다, 머물러 있다
Οἶδα ποῦ **κατοικεῖς** ┃ 계 2:13, 네가 어디에 **사는지** 내가 안다.

ἁμαρτάνω

43
S7 L5 J14 P17 E14

죄를 범하다, 범죄하다, 죄가 있다
ἐὰν γήμῃ ἡ παρθένος, οὐχ **ἥμαρτεν**· ┃ 고전 7:28, 처녀가 혼인해도 **죄짓는** 게 아니다.

DAY 20

γενεά, -ᾶς, ἡ

43
S33 L20 J0 P4 E1

세대
Γενεὰ πονηρὰ καὶ μοιχαλὶς σημεῖον ἐπιζητεῖ
마 12:39, 악하고 음란한 세대가 표적을 구한다.

δεύτερος, -α, -ον

43
S9 L8 J17 P5 E7

둘째의, 두 번째의
δευτέρα αὕτη· 막 12:31, 둘째는 이것이다.

δέω

43
S20 L14 J6 P5 E0

결박하다, 매다, 구류하다
ὁ λόγος τοῦ θεοῦ οὐ δέδεται· 딤후 2:9, 하나님의
말씀은 매이지 않는다.

διέρχομαι

43
S14 L31 J2 P5 E1

다니다, 건너가다, 퍼지다
Διέλθωμεν εἰς τὸ πέραν. 막 4:35, 저편으로 건너
가자.

Ἡρῴδης, -ου, ὁ

43
S35 L22 J0 P0 E0

헤롯
ὁ γὰρ Ἡρῴδης ἐφοβεῖτο τὸν Ἰωάννην 막 6:20,
헤롯이 요한을 두려워했기 때문이다.

θαυμάζω

43
S24 L18 J11 P2 E2

놀라다, 이상히 여기다
ἀκούσας δὲ ὁ Ἰησοῦς ἐθαύμασεν. 마 8:10, 그리
고 예수께서 들으시고 놀라셨다.

θεραπεύω

43
S35 L19 J3 P0 E0

고치다, 돌보다
Ἰατρέ, θεράπευσον σεαυτόν· 눅 4:23, 의사여, 네
자신을 고쳐라.

Ἰουδαία, -ας, ἡ

43
S21 L22 J6 P4 E0

유다
Ἐν Βηθλέεμ τῆς Ἰουδαίας· 마 2:5, 유대의 베들레
헴에서.

μέρος, -ους, τό

43
S9 L11 J8 P17 E2

부분, 몫
ἐκ μέρους γὰρ γινώσκομεν καὶ ἐκ μέρους
προφητεύομεν· 고전 13:9, 실은 우리가 부분적으로
알고 부분적으로 예언한다.

DAY 21

σεαυτοῦ

43
S14 L9 J9 P16 E1

(네) 스스로
βάλε σεαυτὸν κάτω· ▮ 마 4:6, 네 자신을 아래로 던
져라(뛰어내려라).

σπέρμα, -τος, τό

43
S14 L6 J5 P17 E4

씨, 자손, 후손
Σπέρμα Ἀβραάμ ἐσμεν ▮ 요 8:33, 우리가 아브라함
의 자손이다.

φωνέω

43
S25 L14 J14 P0 E0

부르다, 울다, 청하다
ἐφώνησεν δὲ μεγάλῃ φωνῇ [ὁ] Παῦλος ▮ 행
16:28, 바울이 큰 소리로 소리질렀다.

ἀνάστασις, -εως, ἡ

42 S12 L17 J6 P8 E5

일으킴, 부활
Ἐγώ εἰμι ἡ ἀνάστασις καὶ ἡ ζωή· ▮ 요 11:25, 나는
부활이며, 생명이다.

ἐγγίζω

42 S28 L24 J0 P2 E6

가깝다, 가까이 오다, 접근하다
Μετανοεῖτε· ἤγγικεν γὰρ ἡ βασιλεία τῶν
οὐρανῶν. ▮ 마 3:2, 회개하라. 하늘들의 나라(천국),가
가까이 왔다.

Ἰάκωβος, -ου, ὁ

42
S29 L15 J0 P4 E2

야고보
προβὰς ὀλίγον εἶδεν Ἰάκωβον τὸν τοῦ
Ζεβεδαίου ▮ 막 1:19, 조금 더 가다가 세배대의 아들 야
고보를 보셨다.

καινός, -ή, -όν

42
S14 L7 J14 P7 E8

새로운
οὐκ ἐντολὴν καινὴν γράφω ὑμῖν ▮ 요일 2:7, 새로
운 계명을 너희에게 쓰는 것이 아니다.

λύω

42
S18 L13 J13 P2 E4

풀다, 해방시키다, 폐지하다, 파괴하다
Τί λύετε τὸν πῶλον; ▮ 눅 19:33, 어찌하여 나귀 새끼
를 푸느냐?

πάσχω

42
S13 L11 J1 P7 E16

경험하다, 겪다; 고생하다
μηδὲν φοβοῦ ἃ μέλλεις πάσχειν. ▮ 계 2:10, 너는
장차 고난받을 것을 두려워하지 말아라.

DAY 21

ἄξιος, -ία, -ον

41
S17 L15 J8 P8 E1

합당한, 마땅한, 상당한

ὧν οὐκ ἦν ἄξιος ὁ κόσμος, ‖ 히 11:38, 그들에게 세상은 가치없는 곳이었다.

εὐλογέω

41
S23 L14 J1 P7 E9

축복하다, 찬양하다

ἦσαν διὰ παντὸς ἐν τῷ ἱερῷ εὐλογοῦντες τὸν θεόν ‖ 눅 24:53, 언제나 성전에서 하나님께 찬송하며 있었다.

πάντοτε

41
S6 L2 J7 P27 E1

항상, 언제든지

Πάντοτε χαίρετε, ‖ 살전 5:16, 항상 기뻐하라.

παρίστημι

41
S10 L16 J2 P16 E0

곁에 서다, 보내다, 이르다

ἰδοὺ ἄνδρες δύο παρειστήκεισαν αὐτοῖς ‖ 행 1:10, 보라 두 사람이 그들 곁에 서 있었다.

σήμερον

41
S20 L20 J0 P3 E9

오늘

ἐγὼ σήμερον γεγέννηκά σε. ‖ 행 13:33, 내가 오늘 너를 낳았다.

τέσσαρες

41
S4 L7 J31 P0 E0

넷(4)

Μετὰ τοῦτο εἶδον τέσσαρας ἀγγέλους ἑστῶτας ἐπὶ τὰς τέσσαρας γωνίας τῆς γῆς, ‖ 계 7:1, 이 일 후에 내가 땅 네 귀퉁이에 서 있는 네 천사를 보았다.

τιμή, -ῆς, ἡ

41
S2 L6 J7 P18 E8

값, 가격; 존경

προφήτης ἐν τῇ ἰδίᾳ πατρίδι τιμὴν οὐκ ἔχει. ‖ 요 4:44, 선지자가 자신의 고향에서 존경을 얻지 못한다.

χωρίς

41
S5 L1 J3 P16 E17

~외에, ~없이

ὅμοιός ἐστιν ἀνθρώπῳ οἰκοδομήσαντι οἰκίαν ἐπὶ τὴν γῆν χωρὶς θεμελίου ‖ 눅 6:49, 기초 없이 땅 위에 집을 지은 사람과 같다.

DAY 22

ἐργάζομαι

40
S6 L4 J11 P18 E4

일하다, 행하다, 활동하다; 성취하다
εἰργάσαντο δικαιοσύνην ǀ 히 11:33, 그들이 의를 행하였다.

ἑτοιμάζω

40
S26 L15 J9 P3 E1

준비하다, 예비하다
Ἑτοιμάσατε τὴν ὁδὸν κυρίου ǀ 막 1:3, 너희는 주님의 길을 준비하여라.

κλαίω

40
S17 L13 J14 P5 E2

눈물 흘리다, 울다
Μὴ κλαῖε. ǀ 눅 7:13, 울지 말거라.

λογίζομαι

40
S1 L2 J1 P34 E3

세다, 계산하다; 여기다, 생각하다
οὐ λογίζεται τὸ κακόν ǀ 고전 13:5, 악한 것을 생각하지 않는다.

μισέω

40
S13 L7 J21 P4 E7

미워하다, 무시하다
ἀλλ᾽ ὃ μισῶ τοῦτο ποιῶ. ǀ 롬 7:15, 도리어 내가 미워하는 것을 행한다.

μνημεῖον, -ου, τό

40
S23 L9 J16 P0 E0

무덤, 기념물, 매장지
καθελόντες ἀπὸ τοῦ ξύλου ἔθηκαν εἰς μνημεῖον. ǀ 행 13:29, 나무에서 내려서 무덤에 두었다.

οἰκοδομέω

40
S24 L16 J1 P9 E2

짓다, 세우다, 강하게 하다
Τεσσεράκοντα καὶ ἓξ ἔτεσιν οἰκοδομήθη ὁ ναὸς οὗτος ǀ 요 2:20, 46년 간 이 성전이 지어졌다.

ὀλίγος, -η, -ον

40
S16 L16 J4 P4 E6

적은, 작은, 조금, 약간
ἡ γὰρ σωματικὴ γυμνασία πρὸς ὀλίγον ἐστὶν ὠφέλιμος ǀ 딤전 4:8, 신체적 훈련은 약간 유익하다.

τέλος, -ους, τό

40
S13 L4 J4 P14 E9

끝, 마지막, 결말
ἡ ἀρχὴ καὶ τὸ τέλος. ǀ 계 21:6, 처음이요, 마지막이다.

ἅπτω

39
S33 L14 J2 P3 E1

대다, 만지다
ἐκτείνας τὴν χεῖρα ἥψατο αὐτοῦ ǀ 눅 5:13, 그 손을 뻗어 그에게 대셨다.

δικαιόω

39
S7 L7 J0 P27 E3

의롭다고 하다, 공의를 보이다, 의로 정하다
ἐδικαιώθη ἡ σοφία ἀπὸ πάντων τῶν τέκνων αὐτῆς. ǀ 눅 7:35, 지혜는 그 모든 자녀로부터 옳다함을 받았다.

ἐπιτίθημι

39
S20 L19 J4 P1 E0

~위에 두다, 얹다, 씌우다
προσευξάμενοι ἐπέθηκαν αὐτοῖς τὰς χεῖρας ǀ 행 6:6, 기도하고 그들에게 손을 얹었다.

θύρα, -ας, ἡ

39
S14 L14 J11 P3 E1

문, 입구
ἐγώ εἰμι ἡ θύρα τῶν προβάτων. ǀ 요 10:7, 나는 양들의 문이다.

ἱκανός, -ή, -όν

39
S15 L27 J0 P6 E0

자격있는, 가치있는, 충분한
Κύριε, οὐκ εἰμὶ ἱκανὸς ἵνα μου ὑπὸ τὴν στέγην εἰσέλθῃς ǀ 마 8:8, 주님, 저는 당신이 저의 지붕 아래(집 안에) 들어오실 만한 자격이 없습니다.

πρόβατον, -ου, τό

39
S15 L3 J20 P1 E2

어린 양
ὁ ποιμὴν ὁ καλὸς τὴν ψυχὴν αὐτοῦ τίθησιν ὑπὲρ τῶν προβάτων· ǀ 요 10:11, 선한 목자는 양들을 위하여 자기 목숨을 내어준다.

ἐπιθυμία, -ας, ἡ

38
S2 L1 J5 P19 E15

욕심, 정욕, 탐심, 갈망
ἐπιθυμίαν σαρκὸς οὐ μὴ τελέσητε. ǀ 갈 5:16, 육체의 욕심을 결코 채우지 않을 것이다.

εὐχαριστέω

38
S8 L6 J4 P24 E0

감사하다, 축사하다, 감사 기도하다
ὁ ἐσθίων κυρίῳ ἐσθίει, εὐχαριστεῖ γὰρ τῷ θεῷ· ǀ 롬 14:6, 먹는 자도 주를 위하여 먹으니, 하나님께 감사하기 때문이다.

πειράζω

38
S12 L7 J5 P7 E9

노력하다, 시험하다, 유혹하다
ὁ πειράζων εἶπεν αὐτῷ· | 마 4:3, 시험하는 자가 그
에게 말했다.

πέντε

38
S24 L14 J8 P1 E0

다섯(5)
πέντε δὲ ἐξ αὐτῶν ἦσαν μωραὶ καὶ πέντε
φρόνιμοι. | 마 25:2, 그리고 그들 중 다섯은 미련했고,
다섯은 지혜로웠다.

ὑποτάσσω

38
S3 L3 J0 P23 E12

굴복시키다, 복종시키다, 따르게 하다
Κύριε, καὶ τὰ δαιμόνια ὑποτάσσεται ἡμῖν ἐν
τῷ ὀνόματί σου. | 눅 10:17, 주님, 귀신들도 당신의 이
름으로 우리에게 굴복합니다.

ἄρα

37
S6 L5 J0 P26 E2

그렇다면, 그래서
ἄρα καὶ οἱ κοιμηθέντες ἐν Χριστῷ ἀπώλοντο |
고전 15:18, 그렇다면 그리스도 안에서 자는 자들도 망했
다.

ἄρχων, -οντος, ὁ

37
S14 L19 J8 P4 E0

통치자, 지도자, 관원
ἄρχων τῶν Ἰουδαίων | 요 3:1, 유대인들 중의 지도자
이다.

βούλομαι

37
S5 L16 J3 P9 E8

~하고자 하다, 원하다
Πάτερ, εἰ βούλει παρένεγκε τοῦτο τὸ
ποτήριον ἀπ᾽ ἐμοῦ· | 눅 22:42, 아버지여, 원하시면
이 잔을 내게서 옮기옵소서.

διάβολος, -ου, ὁ

37
S11 L7 J12 P8 E8

마귀, 원수, 중상자
τοῦτ᾽ ἔστιν τὸν διάβολον | 히 2:14, 이것은 마귀다.

διακονέω

37
S19 L10 J3 P8 E5

수종들다, 섬기다, 봉사하다
ἰδοὺ ἄγγελοι προσῆλθον καὶ διηκόνουν αὐτῷ.
| 마 4:11, 보라 천사들이 와서 그를 섬겼다.

ἐμαυτοῦ

37
S3 L6 J16 P14 E0

나 자신, 스스로

Οὐ δύναμαι ἐγὼ ποιεῖν ἀπ᾽ ἐμαυτοῦ οὐδέν ▌요
5:30, 나는 **나 자신**으로부터는 아무 것도 행할 수 없다.

καλῶς

37
S12 L7 J5 P12 E6

잘, 아름답게, 알맞게, 옳게

Διδάσκαλε, **καλῶς** εἶπας. ▌눅 20:39, 선생님, 잘 말
씀하셨습니다.

καυχάομαι

37
S0 L0 J0 P35 E2

자랑하다, 뽐내다, 칭찬받다

Ὁ **καυχώμενος** ἐν κυρίῳ **καυχάσθω**. ▌고전 1:31,
자랑하는 자는 주 안에서 자랑하라

μαρτυρία, -ας, ἡ

37
S4 L2 J30 P2 E7

증언, 증거

ἀληθινὴ αὐτοῦ ἐστιν ἡ **μαρτυρία** ▌요 19:35, 그의
증거가 참이다.

παραγίνομαι

37
S12 L28 J2 P2 E1

오다, 이르다, 나아오다

φίλος μου **παρεγένετο** ἐξ ὁδοῦ πρός με ▌눅
11:6, 내 친구가 여행 중에 나에게 **왔다.**

ἀγρός, -οῦ, ὁ

36
S35 L10 J0 P0 E0

들, 밭, 시골

Κύριε, οὐχὶ καλὸν σπέρμα ἔσπειρας ἐν τῷ σῷ
ἀγρῷ; ▌마 13:27, 주님, 주님(당신) **밭**에 좋은 씨를
뿌리지 않으셨습니까?

ἄρτι

36
S7 L0 J15 P12 E3

지금, 바로, 즉시

ἄρτι γινώσκω ἐκ μέρους ▌고전 13:12, **지금**은 내가
부분적으로 안다.

ἐπιστρέφω

36
S15 L18 J3 P3 E4

돌이키다, 저버리다, 돌아오다

ὁ ἐν τῷ ἀγρῷ μὴ **ἐπιστρεψάτω** ὀπίσω ▌마 24:18,
밭에 있는 자는 뒤로 **돌이키지** 말아라.

εὐθέως

36
S20 L15 J5 P1 E2

즉시, 곧

καὶ **εὐθέως** ἐγένετο ὑγιὴς ὁ ἄνθρωπος ▌요 5:9,
그리고 곧 그 사람이 나았다.

ὀργή, -ῆς, ἡ

36
S4 L2 J7 P21 E4

분노, 노여움

ἡ ὀργὴ τοῦ θεοῦ μένει ἐπ' αὐτόν. ▏요 3:36, 하나
님의 **진노**가 그 위에 머무른다.

οὖς, ὠτός, τό

36
S18 L12 J8 P3 E2

귀

Ὁ ἔχων ὦτα ἀκούειν ἀκουέτω. ▏눅 8:8, 들을 **귀** 있
는 자는 들을지어다.

περιτομή, -ῆς, ἡ

36
S0 L3 J2 P31 E0

할례

ἡ περιτομὴ οὐδέν ἐστιν ▏고전 7:19, **할례**는 아무 것
도 아니다.

προσευχή, -ῆς, ἡ

36
S7 L12 J3 P14 E3

기도

Κορνήλιε, εἰσηκούσθη σου ἡ προσευχὴ ▏행
10:31, 고넬료야, 네 **기도**가 잘 들렸다(들어 주셨다).

Σατανᾶς, -ᾶ, ὁ

36
S15 L7 J9 P10 E0

사탄

Ὕπαγε ὀπίσω μου, Σατανᾶ· ▏마 16:23, **사탄아**, 내
뒤로 물러가라.

Φίλιππος, -ου, ὁ

36
S8 L18 J12 P0 E0

빌립

διὰ Ἡρῳδιάδα τὴν γυναῖκα Φιλίππου τοῦ
ἀδελφοῦ αὐτοῦ ▏막 6:17, 그 형제 빌립의 아내 헤로디
아 때문에

ὥσπερ

36
S12 L5 J3 P14 E4

바로 ~처럼, ~같이, ~처럼

ἔκραξεν φωνῇ μεγάλῃ ὥσπερ λέων μυκᾶται. ▏
계 10:3, 사자가 울부짖는 것 **같이** 큰 소리로 외쳤다.

Ἰωσήφ, ὁ

35
S21 L15 J5 P0 E2

요셉

Ἰακὼβ δὲ ἐγέννησεν τὸν Ἰωσὴφ τὸν ἄνδρα
Μαρίας ▏마 1:16, 그리고 야곱이 마리아의 남편 **요셉을**
낳았다.

μάρτυς, μάρτυρος, ὁ

35
S5 L15 J5 P9 E3

목격자, 증인, 순교자

μάρτυς γάρ μού ἐστιν ὁ θεός ▏롬 1:9, 왜냐하면 하
나님께서 내 **증인**이시다.

ὀπίσω

35
S19 L9 J10 P2 E2

다음, 뒤, 후에
μὴ πορευθῆτε ὀπίσω αὐτῶν. ‖ 눅 21:8, 그들의 뒤를 (따라)가지 마라.

ὀφείλω

35
S11 L6 J6 P14 E7

~해야 한다, 책임을 행하다, 빚지다
Εὐχαριστεῖν ὀφείλομεν τῷ θεῷ πάντοτε περὶ ὑμῶν ‖ 살후 1:3, 우리는 너희에 관해서 항상 하나님께 감사해야 한다.

ὑποστρέφω

35
S21 L32 J0 P1 E2

돌아오다, 되돌아가다
Ὑποστρέψω εἰς τὸν οἶκόν μου ὅθεν ἐξ-ῆλθον· ‖ 눅 11:24, 내가 나온 내 집으로 돌아갈 것이다.

ἅπας, -ασα, -αν

34
S18 L23 J1 P2 E1

모두, 모든 사람, 모든 일, 전부
ἅπαντες γὰρ εἶχον τὸν Ἰωάννην ὄντως ὅτι προφήτης ἦν. ‖ 막 11:32, 모두들 요한을 정말 선지자인 것으로 여기고 있었기 때문이다.

βιβλίον, -ου, τό

34
S5 L3 J25 P2 E2

책, 두루마리
ἀναπτύξας τὸ βιβλίον εὗρεν τὸν τόπον οὗ ἦν γεγραμμένον· ‖ 눅 4:17, 책을 펴시고 쓰여진 곳을 찾으셨다.

βλασφημέω

34
S10 L7 J5 P8 E7

신성모독하다, 비방하다, 모욕하다
Οὗτος βλασφημεῖ. ‖ 마 9:3, 이 사람이 신성모독한다.

διακονία, -ας, ἡ

34
S1 L9 J1 P23 E1

섬김, 봉사, 사역, 직무
ἡ δὲ Μάρθα περιεσπᾶτο περὶ πολλὴν διακονίαν· ‖ 눅 10:40, 그러나 마르다는 여러 봉사로 인해서 정신이 없었다.

μέλος, -ους, τό

34
S2 L0 J0 P29 E3

지체, 부분, 구성원
ἐσμὲν ἀλλήλων μέλη. ‖ 엡 4:25, 우리는 서로 지체이다.

μετανοέω

34
S16 L14 J12 P1 E0

회개하다, 마음을 고쳐 먹다
μετανοεῖτε καὶ πιστεύετε ἐν τῷ εὐαγγελίῳ. 막
1:15, 회개하라. 그리고 복음을 믿으라.

μήτε

34
S12 L14 J4 P5 E5

~도 아니며
ἦλθεν γὰρ Ἰωάννης μήτε ἐσθίων μήτε πίνων
마 11:18, 요한은 와서 먹지도 않고 마시지도 않았다.

οἶνος, -ου, ὁ

34
S15 L6 J14 P5 E0

포도주
οὐδὲ βάλλουσιν οἶνον νέον εἰς ἀσκοὺς
παλαιούς· 마 9:17, 새 포도주를 낡은 부대(들)에 넣지
않는다.

πτωχός, -ή, -όν

34
S20 L10 J6 P4 E4

가난한, 불쌍한
πτωχοὶ εὐαγγελίζονται. 마 11:5, 가난한 자들이 복
음을 전해 받는다.

ἀρνέομαι

33
S10 L8 J9 P7 E6

부인하다, 숨기다, 외면하다
εἰ ἀρνησόμεθα, κἀκεῖνος ἀρνήσεται ἡμᾶς· 딤
후 2:12, 우리가 부인하면 그도 우리를 부인하실 것이다.

ἀσθενέω

33
S5 L4 J8 P16 E1

병들다, 앓다, 약하다
Ἦν δέ τις ἀσθενῶν 요 11:1, 그리고 한 아픈 사람이
있었다.

διαθήκη, -ης, ἡ

33
S4 L4 J1 P9 E17

언약, 유언, 조약
αὗται γάρ εἰσιν δύο διαθῆκαι 갈 4:24, 이 여인들
은 두 언약이다.

ἐκπορεύομαι

33
S19 L6 J10 P1 E0

나가다, 떠나다
ἐκπορεύσονται οἱ τὰ ἀγαθὰ ποιήσαντες εἰς
ἀνάστασιν ζωῆς 요 5:29, 선한 일을 행한 이들은 생
명의 부활로 나올 것이다.

ναί

33
S13 L6 J7 P9 E2

예, 그렇다, 사실
Ναὶ κύριε, σὺ οἶδας ὅτι φιλῶ σε. 요 21:16, 그렇
습니다. 주님. 내가 당신을 사랑한다는 것을 당신께서 아
십니다.

DAY 25

ποῖος, -α, -ον

33
S19 L12 J5 P2 E3

어느, 무엇, 어떤 종류의

ποία ὑμῖν χάρις ἐστίν; 눅 6:32, 너희에게 어떤 은혜가 있느냐?

ἀκάθαρτος, -ον

32
S19 L11 J5 P3 E0

더러운, 부정한

καὶ εὐθὺς ἦν ἐν τῇ συναγωγῇ αὐτῶν ἄνθρω-πος ἐν πνεύματι ἀκαθάρτῳ 막 1:23, 그리고 마침 그들의 회당에 더러운 영(귀신) 들린 사람이 있었다.

ἀναγινώσκω

32
S14 L11 J2 P8 E0

읽다, 소리내어 읽다

Οὐδέποτε ἀνέγνωτε ἐν ταῖς γραφαῖς· 마 21:42, 너희는 성경을 읽어본 적이 없느냐

δυνατός, -ή, -όν

32
S12 L10 J0 P12 E2

힘있는, 강한, 능력있는

οὐ πολλοὶ δυνατοί 고전 1:26, 능력 있는 자들이 많지 않다.

ἐχθρός, -ή, -όν

32
S16 L10 J2 P9 E3

적대적인, 원수

ἐγὼ δὲ λέγω ὑμῖν· ἀγαπᾶτε τοὺς ἐχθροὺς ὑμῶν 마 5:44, 그러나 내가 너희에게 말한다. 너희 원수들을 사랑하라.

ἥλιος, -ου, ὁ

32
S12 L7 J13 P2 E1

태양, 해

ἄλλη δόξα ἡλίου, καὶ ἄλλη δόξα σελήνης, καὶ ἄλλη δόξα ἀστέρων· ἀστὴρ 고전 15:41, 태양의 광채가 다르고, 달의 광채가 다르고, 별들의 광채가 다르다.

παραγγέλλω

32
S9 L15 J0 P12 E0

명령을 내리다, 명하다

Παραγγέλλω σοι ἐν ὀνόματι Ἰησοῦ Χριστοῦ 행 16:48, 내가 너에게 예수 그리스도의 이름으로 명령한다.

ὑπομονή, -ῆς, ἡ

32
S2 L2 J7 P16 E7

인내, 견고함

ἐν δὲ τῇ γνώσει τὴν ἐγκράτειαν, ἐν δὲ τῇ ἐγκρατείᾳ τὴν ὑπομονήν, ἐν δὲ τῇ ὑπομονῇ τὴν εὐσέβειαν 벧후 1:6, 지식에 절제를 절제에 인내를 인내에 경건을.

ἄνεμος, -ου, ὁ

31
S20 L8 J4 P1 E2

바람
κάλαμον ὑπὸ ἀνέμου σαλευόμενον; ∥ 눅 7:24,
바람에 흔들리는 갈대냐?

ἐγγύς

31
S8 L6 J13 P5 E2

가까이
ἐγγὺς ἦν τὸ πάσχα τῶν Ἰουδαίων ∥ 요 2:13, 유대
인들의 유월절이 **가까웠다**.

ἐλπίζω

31
S4 L5 J3 P19 E5

기대하다, 소망을 두다
Ἐλπίζω δὲ ἐν κυρίῳ Ἰησοῦ Τιμόθεον ταχέως
πέμψαι ὑμῖν ∥ 빌 2:19, 그리고 주 예수 안에서 내가 디
모데를 너희에게 속히 보내기를 **소망한다**.

ἔξεστιν

31
S20 L9 J2 P5 E0

권한을 얻다, 위임받다, 허락받다
Πάντα μοι ἔξεστιν ἀλλ᾽ οὐ πάντα συμφέρει· ∥
고전 6:12, 나에게 모든 것이 **허용된다**. 그러나 모든 것이
유익하지는 않다.

ἱερεύς, -έως, ὁ

31
S10 L8 J4 P0 E14

제사장
οὐκ ἔξεστιν φαγεῖν εἰ μὴ μόνους τοὺς ἱερεῖς ∥
눅 6:4, 제사장들 말고는 먹기가 허용되지 않았다.

καθαρίζω

31
S18 L10 J2 P3 E7

순수한, 깨끗한; 솔직한; 선택된
καθαρίσθητι· καὶ εὐθέως ἐκαθαρίσθη αὐτοῦ
ἡ λέπρα. ∥ 마 8:3, 깨끗하게 되어라. 그러니 곧 그의 악
성 피부병이 깨끗하게 되었다.

παρρησία, -ας, ἡ

31
S1 L5 J13 P8 E8

확신, 대담함; 숨김없이
ἐλάλουν τὸν λόγον τοῦ θεοῦ μετὰ παρρησίας.
∥ 행 4:31, 그들은 하나님의 말씀을 담대하게 말하였다.

πλῆθος, -ους, τό

31
S10 L24 J2 P0 E3

군중, 무리, 다수
ἀγάπη καλύπτει πλῆθος ἁμαρτιῶν ∥ 벧전 4:8, 사
랑은 **수많은** 죄들을 덮는다.

σκότος, -ους, τό

31
S12 L7 J2 P11 E4

흑암, 어둠
φῶς τῶν ἐν σκότει ∥ 롬 2:19, 어둠에 있는 자들의 빛

πλήν

31
S21 L19 J1 P5 E0

그럼에도 불구하고, 그러나; 오직

πλὴν ὁ υἱὸς τοῦ ἀνθρώπου ἐλθὼν ἆρα εὑρήσει τὴν πίστιν ἐπὶ τῆς γῆς; 눅 18:8, 그러나 인자가 올 때에 세상에서 믿음을 찾겠느냐?

ποτήριον, -ου, τό

31
S18 L5 J5 P8 E0

잔, 그릇

Τοῦτο τὸ ποτήριον ἡ καινὴ διαθήκη ἐστὶν ἐν τῷ ἐμῷ αἵματι· 고전 11:25, 이 잔은 내 피로 맺은, 새로운 언약이다.

φαίνω

31
S17 L2 J7 P3 E5

나타나다, 비취다, 드러나다

τὸ φῶς ἐν τῇ σκοτίᾳ φαίνει 요 1:5, 빛이 어둠을 비춘다.

φυλάσσω

31
S8 L14 J4 P8 E4

지키다, 감시하다, 피하다, 준수하다

Τεκνία, φυλάξατε ἑαυτὰ ἀπὸ τῶν εἰδώλων. 요일 5:21, 자녀들아, 우상들로부터 스스로를 지켜라.

φυλή, -ῆς, ἡ

31
S4 L3 J21 P2 E3

민족, 족속, 지파

ἐγὼ Ἰσραηλίτης εἰμί, ἐκ σπέρματος Ἀβραάμ, φυλῆς Βενιαμίν 롬 11:1, 나는 이스라엘 인이고, 아브라함의 자손이고, 베냐민 지파이다.

ἀγοράζω

30
S17 L5 J9 P3 E1

사다, 구매하다

Ἀγρὸν ἠγόρασα καὶ ἔχω ἀνάγκην ἐξελθὼν ἰδεῖν αὐτόν· 눅 14:18, 나는 밭을 샀으니, 그것을 보러 나가야만 한다.

ἀρνίον, -ου, τό

30
S0 L0 J30 P0 E0

어린 양, 새끼 양

Ἡ σωτηρία τῷ θεῷ ἡμῶν τῷ καθημένῳ ἐπὶ τῷ θρόνῳ καὶ τῷ ἀρνίῳ. 계 7:10, 구원이 보좌에 앉으신 우리 하나님과 어린 양께 (있도다).

δείκνυμι

30
S9 L7 J13 P2 E4

보이다; 알다, 알게 하다

ἀπελθὼν δεῖξον σεαυτὸν τῷ ἱερεῖ 눅 5:14, 가서 제사장에게 네 몸을 보여라.

DAY
27

διδαχή, -ῆς, ἡ

30
S9 L5 J9 P6 E5

가르치심, 교훈

ἕκαστος ψαλμὸν ἔχει, διδαχὴν ἔχει, ἀποκάλυψιν ἔχει, γλῶσσαν ἔχει, ἑρμηνείαν ἔχει· 고전 14:26, 각기 시도 있고, 가르침도 있으며, 계시도 있고, 방언도 있고 해석도 있다.

ἐπικαλέω

30
S1 L20 J0 P6 E3

부르다, 일컫다

Καίσαρα ἐπικαλοῦμαι· 행 25:11, 내가 가이사를 부른다(상소한다).

ὁμοίως

30
S15 L11 J5 P4 E6

그렇게, 이와 같이, 동일한 방식으로

ταῦτα καὶ ὁ υἱὸς ὁμοίως ποιεῖ· 요 5:19, 이 일들을 아들도 동일하게 행한다.

συνείδησις, -εως, ἡ

30
S0 L2 J0 P20 E8

양심

Πᾶν τὸ ἐν μακέλλῳ πωλούμενον ἐσθίετε μηδὲν ἀνακρίνοντες διὰ τὴν συνείδησιν· 고전 10:25, 고기 시장에서 파는 모든 것은 양심 때문에 아무것도 묻지 말고 먹으라.

συνέρχομαι

30
S5 L18 J2 P7 E0

함께 오다, 모이다

ἀναστὰς δὲ Πέτρος συνῆλθεν αὐτοῖς· 행 9:39, 그리고 베드로가 일어나서, 그들과 함께 갔다.

γνῶσις, -εως, ἡ

29
S2 L2 J0 P23 E4

지식, 앎

Ὦ βάθος πλούτου καὶ σοφίας καὶ γνώσεως θεοῦ· 롬 11:33, 오, 하나님의 풍요와 지혜와 지식의 깊음이여.

διάκονος, -ου, ὁ

29
S5 L0 J3 P21 E0

하인, 사역자, 봉사자

διάκονοι Χριστοῦ εἰσιν; 고후 11:23, 그들은 그리스도의 일꾼들이다.

ἐπιτιμάω

29
S27 L12 J0 P1 E1

책망하다, 꾸짖다, 항변하다

καὶ ἐπετίμησεν αὐτῷ ὁ Ἰησοῦς καὶ ἐξῆλθεν ἀπ᾽ αὐτοῦ τὸ δαιμόνιον· 마 17:18, 예수께서 그를 꾸짖으셨고, 그에게서 귀신이 나갔다.

DAY 27

Ἠλίας, -ου, ὁ

29
S25 L7 J2 P1 E1

엘리야

ἄλλοι δὲ ἔλεγον ὅτι Ἠλίας ἐστίν· ┃ 막 6:15, 그리고 더러는 그가 **엘리야**라고 말했다.

ἴδε

29
S13 L0 J15 P1 E0

자!, 여기, 보라

Ἴδε ὁ ἀμνὸς τοῦ θεοῦ ὁ αἴρων τὴν ἁμαρτίαν τοῦ κόσμου. ┃ 요 1:29, **보라**, 세상 죄를 지고가는 하나님의 어린 양이다.

ἰσχυρός, -ά, -όν

29
S11 L4 J10 P5 E4

강한, 힘있는, 능력있는

ἔγραψα ὑμῖν, νεανίσκοι, ὅτι ἰσχυροί ἐστε ┃ 요일 2:14, 내가 여러분에게 씁니다. 청년들이여, 여러분은 **강**합니다.

Καῖσαρ, -ος, ὁ

29
S15 L17 J3 P1 E0

가이사, 케사르, 황제

Ἀπόδοτε οὖν τὰ Καίσαρος Καίσαρι καὶ τὰ τοῦ θεοῦ τῷ θεῷ. ┃ 마 22:21, 그러므로 **가이사**의 것들은 **가이사**에게 하나님의 것들은 하나님께 돌려 드려라.

μάχαιρα, -ης, ἡ

29
S15 L7 J6 P3 E3

검, 칼

Ζῶν γὰρ ὁ λόγος τοῦ θεοῦ καὶ ἐνεργὴς καὶ τομώτερος ὑπὲρ πᾶσαν μάχαιραν δίστομον ┃ 히 4:12, 하나님의 말씀은 살아있고 힘이 있어서 어떤 양날 **검**보다 더 예리합니다.

μισθός, -οῦ, ὁ

29
S14 L4 J4 P6 E5

품삯, 보수, 상

χαίρετε καὶ ἀγαλλιᾶσθε, ὅτι ὁ μισθὸς ὑμῶν πολὺς ἐν τοῖς οὐρανοῖς· ┃ 마 5:12, 기뻐하고 즐거워하라, 하늘(들)에서 너희 **상**이 크다.

παράκλησις, -εως, ἡ

29
S2 L6 J0 P20 E3

격려, 위로, 간청

οὕτως διὰ τοῦ Χριστοῦ περισσεύει καὶ ἡ παράκλησις ἡμῶν. ┃ 고후 1:5, 이와 같이 그리스도를 통하여 우리의 **위로**도 넘친다.

παρέρχομαι

29
S23 L11 J0 P1 E3

지나가다, 통과하다; 간과하다

ἤθελεν παρελθεῖν αὐτούς. ┃ 막 6:48, 그는 그들을 **지나치**려고 하셨다.

πάσχα, τό

29
S16 L8 J10 P1 E1

유월절
ἡτοίμασαν τὸ πάσχα. ┃ 눅 22:13, 그들이 유월절을
준비했다.

πόθεν

29
S12 L4 J15 P0 E2

어디서, 어디로부터
οὐκ οἶδας πόθεν ἔρχεται ┃ 요 3:8, 너가 그것이 어디
서 오는지 알지 못한다.

ποτέ

29
S1 L1 J1 P20 E7

전에, 예전에, ~때
Ὁ διώκων ἡμᾶς ποτε νῦν εὐαγγελίζεται τὴν
πίστιν ἥν ποτε ἐπόρθει ┃ 갈 1:23, 우리를 전에 박해하
던 사람이 지금은 예전 멸하려던 그 믿음을 복음 전한다.

προσκαλέω

29
S19 L13 J0 P0 E1

부르다, 불러들이다, 초청하다
καὶ προσκαλεῖται τοὺς δώδεκα καὶ ἤρξατο
αὐτοὺς ἀποστέλλειν δύο δύο. ┃ 막 6:7, 그리고 열
둘을 불러 둘씩 둘씩 그들을 보내기 시작하셨다.

σκανδαλίζω

29
S24 L2 J2 P3 E0

넘어뜨리다, 범죄하게 하다
τίς σκανδαλίζεται καὶ οὐκ ἐγὼ πυροῦμαι; ┃ 고
후 11:29, 누가 실족하면, 내가 (애)타지 않습니까?

φεύγω

29
S15 L5 J6 P4 E2

피하다, 달아나다
φεύγετε τὴν πορνείαν. ┃ 고전 6:18, 음행을 피하라.

φίλος, -η, -ον

29
S16 L18 J8 P0 E4

친구, 벗 [형용사가 자주 명사화되어 사용됨]
Λέγω δὲ ὑμῖν τοῖς φίλοις μου ┃ 눅 12:4, 그리고 내
친구들인 너희에게 말한다.

ἁγιάζω

28
S4 L3 J5 P9 E8

거룩하게 하다, 성별하다
ἁγίασον αὐτοὺς ἐν τῇ ἀληθείᾳ· ┃ 요 17:17, 진리로
그들을 거룩하게 하옵소서.

ἀδικέω

28
S2 L6 J11 P9 E1

잘못하다, 해치다, 불의를 행하다
ἀλλ' ὑμεῖς ἀδικεῖτε καὶ ἀποστερεῖτε ┃ 고전 6:8,
그러나 너희가 불의를 행하고 속이고 있다.

DAY 28

ἀληθινός, -ή, -όν
28
S1 L1 J23 P1 E7

참된, 옳은, 진실한
τῶν ἁγίων λειτουργὸς καὶ τῆς σκηνῆς τῆς ἀληθινῆς ‖ 히 8:2, 성소와 **참된** 성막에서 직무 맡은 분이시다.

Βαρναβᾶς, -ᾶ, ὁ
28
S0 L23 J0 P5 E0

바나바
Βαρναβᾶς δὲ καὶ Σαῦλος ὑπέστρεψαν εἰς Ἰερουσαλὴμ ‖ 행 12:25, 그리고 **바나바**와 사울이 예루살렘으로 돌아갔다.

γαμέω
28
S16 L6 J0 P12 E0

장가들다, 시집가다, 혼인하다
ὅταν γὰρ ἐκ νεκρῶν ἀναστῶσιν οὔτε **γαμοῦσιν** οὔτε γαμίζονται ‖ 막 12:25, 죽은 자들로부터 부활할 때는 **장가가지도** 않고 시집 가지도 않는다.

ἐλεέω
28
S15 L4 J0 P11 E2

긍휼히 여기다, 불쌍히 여기다
Υἱὲ Δαυὶδ Ἰησοῦ, **ἐλέησόν** με. ‖ 막 10:47, 다윗의 자손 예수여 나를 **불쌍히 여기소서.**

ἡγέομαι
28
S2 L5 J0 P11 E11

지도하다, 다스리다; 생각하다, 여기다
δίκαιον δὲ **ἡγοῦμαι** ‖ 벧후 1:13, 그리고 의로운 것으로 내가 **생각한다.**

θυγάτηρ, -τρός, ἡ
28
S22 L12 J1 P1 E1

딸
Θυγάτηρ, ἡ πίστις σου σέσωκέν σε· ‖ 막 5:34, **딸**아, 네 믿음이 너를 구원하였다

θυσία, -ας, ἡ
28
S5 L4 J0 P5 E16

제사, 제물, 희생
Πίστει πλείονα **θυσίαν** Ἄβελ παρὰ Κάϊν προσήνεγκεν τῷ θεῷ ‖ 히 11:4, 믿음으로 아벨은 가인보다 더 나은 **제사**를 하나님께 드렸다.

ἰσχύω
28
S16 L14 J2 P2 E2

능히 ~하다, 능력있다
ζητήσουσιν εἰσελθεῖν καὶ οὐκ **ἰσχύσουσιν.** ‖ 눅 13:24, 들어가기를 구하나, **할 수 없다.**

μυστήριον, -ου, τό 비밀, 신비

28
S3 L1 J4 P21 E0

Ὑμῖν τὸ **μυστήριον** δέδοται τῆς βασιλείας τοῦ θεοῦ· ▎막 4:11, 너희에게는 하나님 나라의 **신비가** 주어졌다.

νικάω

28
S1 L1 J24 P3 E6

이기다, 정복하다, 극복하다

τίς δέ ἐστιν ὁ **νικῶν** τὸν κόσμον εἰ μὴ ὁ πιστεύων ▎요일 5:5, 믿는 자가 아니면 세상을 **이기는** 자가 누구냐?

πλούσιος, -ία, -ιον 부요한, 풍부한

28
S16 L11 J4 P3 E5

πλούσιος δυσκόλως εἰσελεύσεται εἰς τὴν βασιλείαν τῶν οὐρανῶν. ▎마 19:23, **부자가** 천국(하늘들의 나라)에 들어가기는 어렵다.

προφητεύω

28
S8 L6 J3 P11 E2

예언하다, 점치다, 신탁을 주다

ἐκ μέρους γὰρ γινώσκομεν καὶ ἐκ μέρους **προφητεύομεν**· ▎고전 13:9, 우리가 부분적으로 알고 부분적으로 **예언한다.**

τελέω

28
S11 L5 J10 P5 E1

마치다, 이루다, 성취하다

[ὁ] Ἰησοῦς εἶπεν· **Τετέλεσται** ▎요 19:30, 예수께서 말씀하셨다. **다 이루어졌다.**

χώρα, -ας, ἡ

28
S16 L17 J3 P0 E1

땅, 지방, 지역

οἱ ἐν ταῖς **χώραις** μὴ εἰσερχέσθωσαν εἰς αὐτήν, ▎눅 21:21, **지방(들)**에 있는 자들은 그리로 들어가지 말라.

βαστάζω

27
S9 L9 J8 P6 E0

들다, 짊어지다, 옮기다, 메다

ὅστις οὐ **βαστάζει** τὸν σταυρὸν ἑαυτοῦ καὶ ἔρχεται ὀπίσω μου, οὐ δύναται εἶναί μου μαθητής. ▎눅 14:27, 자신의 십자가를 **지지** 않고 내 뒤를 따라 오는 자는, 내 제자가 될 수 없다.

ἐκεῖθεν

27
S20 L7 J3 P0 E0

그곳으로부터, 거기에서

ἐκεῖ μένετε καὶ **ἐκεῖθεν** ἐξέρχεσθε. ▎눅 9:4, 거기 머무르고 **거기에서** 나오라.

ἐκχέω

27
S7 L9 J10 P3 E1

쏟아지다, (피)흘리다

ἡ ἀγάπη τοῦ θεοῦ ἐκκέχυται ἐν ταῖς καρδίαις ἡμῶν διὰ πνεύματος ἁγίου τοῦ δοθέντος ἡμῖν. ∥ 롬 5:5, 하나님의 사랑이 우리에게 주어진 성령을 통하여 우리 마음(들)에 부어졌다.

ἔλεος, -ους, τό

27
S9 L6 J1 P10 E8

긍휼, 자비, 연민

Ἔλεος θέλω καὶ οὐ θυσίαν ∥ 마 12:7, 나는 자비를 원하고, 제사가 아니다.

ἐνδύω

27
S10 L5 J3 P13 E0

입다, 붙이다

δεῖ γὰρ τὸ φθαρτὸν τοῦτο ἐνδύσασθαι ἀφθαρσίαν καὶ τὸ θνητὸν τοῦτο ἐνδύσασθαι ἀθανασίαν. ∥ 고전 15:53, 이 썩어질 것이 썩지 않을 것을 입고 죽을 것이 죽지 않을 것을 입어야 한다.

Ἰακώβ, ὁ

27
S11 L12 J3 P2 E3

야곱

Ἰακὼβ δὲ ἐγέννησεν τὸν Ἰούδαν καὶ τοὺς ἀδελφοὺς αὐτοῦ ∥ 마 1:2, 그리고 야곱이 유다와 그의 형제들을 낳았다.

καθαρός, -ά, -όν

27
S4 L3 J10 P8 E3

청결한, 깨끗한, 맑은

ὑμεῖς καθαροί ἐστε, ἀλλ᾽ οὐχὶ πάντες. ∥ 요 13:10, 너희는 깨끗하다. 그러나 전부는 아니다.

καταργέω

27 S1 L1
J0 P25 E1

무효로 하다, 폐하다, 폐지하다, 없애다

εἴτε δὲ προφητεῖαι, καταργηθήσονται· εἴτε γλῶσσαι, παύσονται· εἴτε γνῶσις, καταργηθήσεται. ∥ 고전 13:8, 그리고 예언도 없어지고, 방언도 그치며, 지식도 없어질 것이다.

κρίμα, -τος, τό

27
S5 L4 J4 P12 E5

심판, 유죄선고

οἴδαμεν δὲ ὅτι τὸ κρίμα τοῦ θεοῦ ἐστιν κατὰ ἀλήθειαν ∥ 롬 2:2, 그리고 우리가 하나님의 심판이 진리를 따른 것임을 안다.

κώμη, -ης, ἡ

27
S23 L13 J3 P0 E0

마을, 촌락

ἐξήνεγκεν αὐτὸν ἔξω τῆς **κώμης** ┃ 막 8:23, 그를 그 **마**을 밖으로 데리고 나왔다.

Μαρία, -ας

27
S20 L5 J5 P1 E0

마리아

Λάζαρος ἀπὸ Βηθανίας, ἐκ τῆς κώμης **Μαρίας** καὶ Μάρθας τῆς ἀδελφῆς αὐτῆς. ┃ 요 11:1, 마리아 와 그의 자매 마리아의 마을 베다니 출신 나사로였다.

Μαριάμ

27
S16 L14 J10 P0 E0

미리암

Μὴ φοβοῦ, **Μαριάμ**, εὗρες γὰρ χάριν παρὰ τῷ θεῷ ┃ 눅 1:30, **마리아(미리암)**야, 두려워하지 말아라, 하 나님께서부터 네가 은총을 입었기 때문이다.

πόσος, -η, -ον

27
S20 L7 J0 P4 E2

얼마나 큰, 얼마나 많은

Πόσους ἄρτους ἔχετε; ┃ 마 16:1, 빵이 얼마나 있느 냐?

σταυρός, -οῦ, ὁ

27
S12 L3 J4 P10 E1

십자가

ἀράτω τὸν **σταυρὸν** αὐτοῦ ┃ 눅 9:23, 너의 십자가 를 져라.

ἀδελφή, -ῆς, ἡ

26
S11 L4 J7 P6 E2

자매, 누이

ἀπέστειλαν οὖν αἱ **ἀδελφαὶ** πρὸς αὐτὸν ┃ 요 11:3, 그러므로 그 누이들이 그에게(사람을) 보냈다.

ἀληθής, -ές

26
S2 L1 J17 P4 E5

참된, 진실된

Διδάσκαλε, οἴδαμεν ὅτι **ἀληθὴς** εἶ ┃ 막 12:14,선생 님, 우리는 당신이 **참되심**을 압니다.

ἀποκαλύπτω

26
S9 L5 J1 P13 E3

드러나다, 밝혀지다, 알려지다

τοῦτο ὁ θεὸς ὑμῖν **ἀποκαλύψει**· ┃ 빌 3:15, 이것을 하나님께서 너희에게 **나타내셨다**.

ἀσθενής, -ές

26
S6 L5 J0 P15 E2

약한, 아픈, 병든

ἀσθενὴς καὶ ἐν φυλακῇ καὶ οὐκ ἐπεσκέψασθέ με. ┃ 마 25:43, 아프고 갇혔을 때 너희가 나를 돌보지 않 았다.

γέ

26
S12 L12 J0 P10 E0

그러나, 하물며

εἰ δὲ μή γε, ἐκκόψεις αὐτήν. | 눅 13:9, 그러나 만일
그렇지 않으면 그것을 찍어 버리소서. (이 단어를 한 단어
로 표현하기는 어렵다.)

ἕνεκα

26
S17 L8 J0 P6 E0

~때문에, ~을 위하여, ~로 말미암아

ὃς δ' ἂν ἀπολέσῃ τὴν ψυχὴν αὐτοῦ ἕνεκεν
ἐμοῦ εὑρήσει αὐτήν. | 마 16:25, 나를 위하여 자신의
목숨을 잃고자 하는 자는 그것을 얻으리라.

ἐπεί

26
S5 L1 J2 P10 E9

~때, ~때문에, ~이므로

Πῶς ἔσται τοῦτο, ἐπεὶ ἄνδρα οὐ γινώσκω; | 눅
1:34, 이 일이 어떻게 될까요, 나는 남자를 알지 못하기 때
문입니다.

ἥκω

26
S10 L5 J11 P1 E5

이르렀다, 왔다, 도착했다

Ἰδοὺ ἥκω τοῦ ποιῆσαι τὸ θέλημά σου. | 히 10:9,
보소서, 내가 당신의 뜻을 행하려 왔습니다.

ἰάομαι

26
S16 L15 J3 P0 E3

낫다, 고치다, 나음을 얻다

οὗ τῷ μώλωπι ἰάθητε | 벧전 2:24, 그의 상함으로 너
희가 치료받았다.

λυπέω

26
S8 L0 J2 P15 E1

슬퍼하다, 근심하다, 고민하다

ἐλυπήθη ὁ Πέτρος ὅτι εἶπεν αὐτῷ τὸ τρίτον· |
요 21:17, 베드로는 그에게 세번째 물으니 근심하였다.

ὀμνύω

26
S16 L2 J1 P0 E8

맹세하다, 서원하다

Πρὸ πάντων δέ, ἀδελφοί μου, μὴ ὀμνύετε | 약
5:12, 그리고 무엇보다도, 내 형제들아 맹세하지 말아라.

ὁμολογέω

26
S6 L5 J11 P4 E8

시인하다, 고백하다

ὁμολογῶ δὲ τοῦτό σοι | 행 24:14, 그리고 이것을 당
신에게 자백합니다.

οὔπω

26
S8 L1 J14 P2 E3

아직 ~ 아니

ἀλλ' οὔπω ἐστὶν τὸ τέλος. | 마 24:6, 그러나 아직
끝은 아니다.

DAY 31

πνευματικός, -ή, -όν

26
S0 L0 J0 P24 E2

신령한, 영적인

σπείρεται σῶμα ψυχικόν, ἐγείρεται σῶμα **πνευματικόν.** 고전 15:44, 육체적 몸으로 묻히지만, **영적인** 몸으로 다시 살아납니다.

στρατιώτης, -ου, ὁ

26
S6 L15 J6 P1 E0

군인, 병사

συγκακοπάθησον ὡς καλὸς **στρατιώτης** Χριστοῦ Ἰησοῦ. 딤후 2:3, 그리스도 예수의 좋은 군사로서 함께 고난을 받으라.

συνίημι

26
S18 L8 J0 P4 E0

이해하다, 깨닫다

οὐ γὰρ **συνῆκαν** ἐπὶ τοῖς ἄρτοις 막 6:52, 그들이 빵(들)에 대해 **깨닫지** 못했기 때문이다.

φρονέω

26
S2 L1 J0 P23 E0

생각하다, 관심 가지다, 숙고하다

ὁ **φρονῶν** τὴν ἡμέραν κυρίῳ **φρονεῖ·** 롬 14:6, 날을 중요하게 **여기는** 자도 주를 위하여 중요하게 **여긴다.**

χήρα, -ας, ἡ

26
S12 L12 J1 P9 E1

과부, 아내

παρέστησαν αὐτῷ πᾶσαι αἱ **χῆραι** κλαίουσαι 행 9:39, 모든 **과부들이** 그의 곁에 울며 서 있었다.

ἀδικία, -ας, ἡ

25
S4 L6 J3 P12 E6

불의, 행악, 공평하지 못한

Ἀκούσατε τί ὁ κριτὴς τῆς **ἀδικίας** λέγει· 눅 18:6, **불의한** 재판관이 말하는 것을 들으라.

Αἴγυπτος, -ου, ἡ

25
S4 L15 J1 P0 E5

애굽, 이집트

οἱ πατριάρχαι ζηλώσαντες τὸν Ἰωσὴφ ἀπέδοντο εἰς **Αἴγυπτον.** 행 7:9, 조상들이 요셉을 시기하여 **이집트**에 팔았다.

ἀναβλέπω

25
S16 L12 J4 P0 E0

올려 보다, 주목하여 보다, 보게 되다

καὶ **ἀναβλέψας** ἔλεγεν· Βλέπω τοὺς ἀνθρώπους 막 8:24, 다시 **눈을 뜨고서** 말했다. "사람들이 보입니다."

γνωρίζω

25
S2 L3 J3 P18 E1

알리다, 드러내다
Γνωρίζω δὲ ὑμῖν, ἀδελφοί, τὸ εὐαγγέλιον 〡 고전 15:1, 그리고 형제들이여, 내가 여러분에게 복음을 알립니다.

δέκα

25
S15 L12 J9 P0 E0

열(10)
Οὐχὶ οἱ δέκα ἐκαθαρίσθησαν; 〡 눅 17:17, 열(10)이 깨끗하게 되지 않았느냐?

δένδρον, -ου, τό

25
S20 L7 J4 P0 E1

나무
ἐκ γὰρ τοῦ καρποῦ τὸ δένδρον γινώσκεται. 〡 마 12:33, 열매로부터 그 나무를 알게 된다.

δουλεύω

25
S5 L5 J1 P17 E0

종이 되다, 종노릇 하다, 복종하다
οὐ δύνασθε θεῷ δουλεύειν καὶ μαμωνᾷ 〡 눅 16:13, 너희는 하나님과 재물(맘몬)을 겸하여 섬길 수 없다.

Ἕλλην, -ηνος, ὁ

25
S0 L9 J3 P13 E0

헬라인, 그리스인
Ἦσαν δὲ Ἕλληνές τινες ἐκ τῶν ἀναβαινόντων 〡 요 12:20, 그리고 올라온 이들 중에 어떤 헬라인들이 있었다.

ἑορτή, -ῆς, ἡ

25
S7 L3 J17 P1 E0

명절, 절기, 축제
ἦν δὲ ἐγγὺς ἡ ἑορτὴ τῶν Ἰουδαίων ἡ σκηνο-πηγία. 〡 요 7:2, 그리고 유대인들의 명절인, 초막절이 가까웠다.

κελεύω

25
S8 L18 J0 P0 E0

명령하다, 명령내리다, 명하다
Κύριε, εἰ σὺ εἶ, κέλευσόν με ἐλθεῖν πρὸς σὲ ἐπὶ τὰ ὕδατα. 〡 마 14:28, 주님, 당신이시라면, 나를 물 위로 당신께 오라고 명하소서.

μανθάνω

25
S4 L1 J3 P16 E1

배우다
καθὼς ἐμάθετε ἀπὸ Ἐπαφρᾶ τοῦ ἀγαπητοῦ συνδούλου ἡμῶν 〡 골 1:7, 이렇게 너희가 우리의 함께 종 된 사랑하는 에바브라에게 배웠다.

λευκός, -ή, όν

25
S6 L2 J18 P0 E0

하얀, 빛나는
ἰδοὺ ἵππος **λευκός** ▍계 6:2, 보라 흰 말이다.

μήποτε

25
S17 L9 J1 P1 E4

않게, ~못하도록
Μὴ ἐν τῇ ἑορτῇ, **μήποτε** ἔσται θόρυβος τοῦ λαοῦ. ▍막 14:2, 백성의 소요가 일어나지 **않도록**, 명절에는 말자.

νεφέλη, -ης, ἡ

25
S13 L6 J7 P3 E1

구름
καὶ ἐγένετο **νεφέλη** ἐπισκιάζουσα αὐτοῖς, καὶ ἐγένετο φωνὴ ἐκ τῆς **νεφέλης**· ▍막 9:7, 그리고 구름이 그들을 덮었고, 그 **구름**에서 소리가 있었다.

πορνεία, -ας, ἡ

25
S4 L3 J8 P10 E0

음란, 성적 부도덕
φανερὰ δέ ἐστιν τὰ ἔργα τῆς σαρκός, ἅτινά ἐστιν **πορνεία**, ἀκαθαρσία, ἀσέλγεια ▍갈 5:19, 육신의 일들을 분명하니, **음행**과 더러움과 방탕

σός, σή, σόν

25
S14 L7 J5 P3 E0

너의, 당신의
χωρὶς δὲ τῆς **σῆς** γνώμης οὐδὲν ἠθέλησα ποιῆσαι, ▍몬 14, 그리고 **당신의** 허락없이는 아무 것도 행하고 싶지 않습니다.

φιλέω

25
S8 L2 J15 P2 E0

사랑하다, 입맞추다
Σίμων Ἰωάννου, **φιλεῖς** με; ▍요 21:17, 요한의 ▍아들, 시몬아, 네가 나를 **사랑하느냐**?

ἀκοή, -ῆς, ἡ

24
S8 L3 J1 P10 E3

소문, 들음, 보고
ὅταν δὲ ἀκούσητε πολέμους καὶ **ἀκοὰς** πολέμων, μὴ θροεῖσθε· ▍막 13:7, 너희가 전쟁과 전쟁 **소문**들을 들을 때에, 두려워하지 말라.

ἀναιρέω

24
S3 L21 J0 P1 E1

죽이다; 폐지하다, 취소하다; 데려가다, 얻다(중간태)
συνεβουλεύσαντο οἱ Ἰουδαῖοι **ἀνελεῖν** αὐτόν· ▍행 9:23, 유대인들이 그를 **없애기로** 모의하였다.

ἀσθένεια, -ας, ἡ

24
S5 L5 J2 P12 E4

연약함, 아픔, 질병
ἀνθρώπινον λέγω διὰ τὴν ἀσθένειαν τῆς
σαρκὸς ὑμῶν. ▎롬 6:19, 인간적으로 내가 너희 육신의
연약함 때문에 말한다.

ἀστήρ, -έρος, ὁ

24
S6 L0 J14 P3 E1

별
ἀστὴρ γὰρ ἀστέρος διαφέρει ἐν δόξῃ. ▎고전
15:41, 사실 별과 별도 광채에 있어 구별된다.

ἐπιστολή, -ῆς, ἡ

24
S0 L5 J0 P17 E2

편지; 공문
ἡ ἐπιστολὴ ἡμῶν ὑμεῖς ἐστε ▎고후 3:2, 여러분은
우리의 편지입니다.

καταλείπω

24
S12 L9 J1 P3 E3

버리고 가다, 버려두다
ὁ Φῆλιξ κατέλιπεν τὸν Παῦλον δεδεμένον. ▎행
24:27, 펠릭스(벨릭스)가 바울을 묶인 채로 남겨 두었다.

κεῖμαι

24
S9 L6 J10 P5 E1

눕다, 자리 잡다, 위치하다
ἤδη δὲ καὶ ἡ ἀξίνη πρὸς τὴν ῥίζαν τῶν
δένδρων κεῖται· ▎눅 3:9, 그러나 이미 도끼가 나무들
의 뿌리에 놓인다.

νέος, -α, -ον

24
S11 L9 J1 P8 E2

새로운, 젊은
οὐδεὶς βάλλει οἶνον νέον εἰς ἀσκοὺς παλαιούς·
▎막 2:22, 아무도 새 포도주를 낡은 부대에 넣지 않는다.

νοῦς, νοός, νοΐ, ὁ 마음, 영, 정신

24
S1 L1 J2 P21 E0

Τίς γὰρ ἔγνω νοῦν κυρίου ▎롬 11:34, 누가 주의 생
각을 알겠는가?

οὗ

24
S8 L13 J1 P6 E1

~곳, ~곳으로, ~데를
ἐπλήρωσεν ὅλον τὸν οἶκον οὗ ἦσαν καθήμενοι
▎행 2:2, 그들이 앉아 있던 온 집에 가득했다.

πάρειμι

24
S2 L6 J3 P10 E4

오다, 이르다, 나아오다
Ὁ καιρὸς ὁ ἐμὸς οὔπω πάρεστιν ▎요 7:6, 내 때가
아직 이르지 않았다.

παῖς, παιδός, ὁ

24
S17 L15 J1 P0 E0

노예, 종, 하인, 아이
ἀλλὰ μόνον εἰπὲ λόγῳ, καὶ ἰαθήσεται ὁ **παῖς** μου. ∥ 마 8:8, 도리어 말씀으로만 말하소서, 그러면 내 종이 낫겠습니다.

παρουσία, -ας, ἡ

24
S4 L0 J1 P14 E6

오심, 강림, 임함
Ποῦ ἐστιν ἡ ἐπαγγελία τῆς **παρουσίας** αὐτοῦ; ∥ 벧후 3:4, 그의 **오심**에 대한 약속이 어디있는가?

πίμπλημι

24
S15 L22 J0 P0 E0

채우다, ~으로 채우다
Ζαχαρίας ὁ πατὴρ αὐτοῦ **ἐπλήσθη** πνεύματος ἁγίου. ∥ 눅 1:67, 그의 아버지 사가랴가 성령에 **충만했다**.

προσέχω

24 S10 L10
J0 P5 E3

주의하다, 조심하다
προσέχετε ἑαυτοῖς. ∥ 눅 17:3, 스스로 주의하라.

σωτήρ, -ῆρος, ὁ

24
S2 L4 J2 P12 E7

구주, 구원자
οἴδαμεν ὅτι οὗτός ἐστιν ἀληθῶς ὁ **σωτὴρ** τοῦ κόσμου. ∥ 요 4:42, 이분이 참으로 세상의 **구주**이심을 우리가 안다.

Τιμόθεος, -ου, ὁ

24
S0 L6 J0 P17 E1

디모데
ἰδοὺ μαθητής τις ἦν ἐκεῖ ὀνόματι **Τιμόθεος** ∥ 행 16:1, 보라 거기에 한 제자가 있었는데 이름은 **디모데**였다.

ἀμπελών, -ῶνος, ὁ 포도원

23
S22 L7 J0 P1 E0

Ὑπάγετε καὶ ὑμεῖς εἰς τὸν **ἀμπελῶνα** ∥ 마 20:4, 너희도 **포도원**으로 가라.

ἀνάγω

23
S4 L20 J0 P1 E1

이끌다, 출범하다, 출항하다
ἀνήγαγον αὐτὸν εἰς Ἱεροσόλυμα παρα-στῆσαι τῷ κυρίῳ ∥ 눅 2:2, 주께 드리러 예루살렘으로 그를 데리고 올라갔다.

ἄπιστος, -ον

23
S4 L3 J2 P16 E0

믿음 없는, 신실하지 않은

εἴ τις ἀδελφὸς γυναῖκα ἔχει ἄπιστον ❘ 고전 7:12,
어떤 형제가 믿지 않는 아내가 있으면

διότι

23
S3 L8 J0 P9 E6

그러므로, ~때문에

διότι τὸ γνωστὸν τοῦ θεοῦ φανερόν ἐστιν ἐν
αὐτοῖς· ❘ 롬 1:19, 그러므로 하나님에 대해 알만한 것이
그들 가운데 분명하다.

εἰκών, -όνος, ἡ

23
S3 L1 J10 P9 E1

형상, 우상, 조각, 망상

Τίνος ἡ εἰκὼν αὕτη καὶ ἡ ἐπιγραφή; ❘ 막 12:16, 이
형상과 명문(銘文)이 누구의 것이냐?

ἐλεύθερος, -έρα, -ον

23
S1 L0 J5 P16 E1

자유로운

πῶς σὺ λέγεις ὅτι Ἐλεύθεροι γενήσεσθε; ❘ 요 8:33,
당신은 어떻게 "너희가 자유롭게 되리라"고 말합니까?

ζῷον, -ου, τό

23
S0 L0 J20 P0 E3

짐승, 생물

τὸ ζῷον τὸ πρῶτον ὅμοιον λέοντι ❘ 계 4:7, 첫번
째 짐승은 사자와 같았다.

θυσιαστήριον, -ου, τό

23
S8 L2 J8 P4 E3

제단

οἱ τῷ θυσιαστηρίῳ παρεδρεύοντες τῷ
θυσιαστηρίῳ συμμερίζονται ❘ 고전 9:13, 제단에서
섬기는 자들은 제단에서 함께 나눈다.

κατεργάζομαι

23
S0 L0 J0 P20 E3

성취하다, 행하다, 만들다

ὃ γὰρ κατεργάζομαι οὐ γινώσκω· ❘ 롬 7:15, 내가
행하는 것을 내가 알지 못하기 때문이다.

κατηγορέω

23
S9 L13 J4 P1 E0

고발하다, 나무라다, 참소하다

ἤρξατο κατηγορεῖν ὁ Τέρτυλλος λέγων· ❘ 행
14:2, 더둘로가 고소하며 말하였다.

σκεῦος, -ους, τό

23
S5 L7 J4 P7 E2

그릇, 용기, 주전자

εὐθὺς ἀνελήμφθη τὸ σκεῦος εἰς τὸν οὐρανόν.
❘ 행 10:16, 곧 그 그릇이 하늘로 들어 올려졌다

κοπιάω

23
S4 L3 J4 P14 E0

지치다, 피곤하다, 애쓰다

ἀσπάσασθε Μαρίαν, ἥτις πολλὰ ἐκοπίασεν εἰς ὑμᾶς. ▎롬 16:6, 여러분을 위하여 많이 수고한 마리아에 게 안부 전해주십시오.

κωλύω

23
S10 L12 J1 P4 E3

금하다, 가로막다, 거절하다

Ἄφετε τὰ παιδία καὶ μὴ κωλύετε αὐτὰ ἐλθεῖν πρός με ▎마 19:14, 아이들을 내버려두고 그들이 나에게 오는 것을 금하지 말라.

μιμνήσκομαι

23
S9 L8 J4 P2 E6

상기하다, 유념하다, 기억하다

καὶ τῶν ἁμαρτιῶν αὐτῶν καὶ τῶν ἀνομιῶν αὐτῶν οὐ μὴ μνησθήσομαι ἔτι. ▎히10:17, 그리고 그들의 죄악들과 그들의 불법은 다시는 기억되지 않을 것 이다.

πεινάω

23
S16 L5 J2 P5 E0

주리다, 시장하다, 배고프다

μακάριοι οἱ πεινῶντες καὶ διψῶντες τὴν δικαιοσύνην ▎마 5:6, 의에 주리고 목마른 자들은 복이 있다.

πέραν

23
S15 L1 J8 P0 E0

저편, 건너편, 건너

Μετὰ ταῦτα ἀπῆλθεν ὁ Ἰησοῦς πέραν τῆς θαλάσσης τῆς Γαλιλαίας τῆς Τιβεριάδος. ▎요 6:1, 이 일이 있고서서 예수께서는 디베랴의 갈릴리 바다 건너편으로 떠나셨다.

περιβάλλω

23
S9 L3 J13 P0 E0

(옷)입다, 두르다

ὁ νικῶν οὕτως περιβαλεῖται ἐν ἱματίοις λευκοῖς ▎계 3:2,이기는 자는 이렇게 흰 옷을 입을 것이 다.

τελειόω

23
S2 L3 J9 P1 E14

마치다, 완성하다, 이루다

Ἐμὸν βρῶμά ἐστιν ἵνα ποιήσω τὸ θέλημα τοῦ πέμψαντός με καὶ τελειώσω αὐτοῦ τὸ ἔργον. ▎요 4:34, 내 음식은 나를 보내신 분의 뜻을 행하는 것과 그의 일을 이루는 것이다.

DAY
34

χαρίζομαι

23
S3 L7 J0 P16 E0

탕감하다, 베풀다

μὴ ἐχόντων αὐτῶν ἀποδοῦναι ἀμφοτέροις ἐχαρίσατο. ⏐ 눅 7:42, 그들이 갚을 것이 없어 둘 다 탕감해 주었다.

χιλιάς, -άδος, ἡ

23
S2 L3 J19 P1 E0

천(1000)

ἤκουσα τὸν ἀριθμὸν τῶν ἐσφραγισμένων, ἑκατὸν τεσσεράκοντα τέσσαρες χιλιάδες ⏐ 계 7:4,내가 인친 사람들의 수를 들으니, 144,000(144x1000)이었다.

ἀγνοέω

22
S2 L3 J0 P16 E2

깨닫지 못하다, 알지 못하다, 모르다

οὐ θέλω δὲ ὑμᾶς ἀγνοεῖν ⏐ 롬 1:13, 여러분이 무지하기를 원하지 않습니다.

ἀντί

22
S10 L5 J1 P5 E5

[+속격] 대신에, 대하여

μὴ ἀποδιδόντες κακὸν ἀντὶ κακοῦ ἢ λοιδορίαν ἀντὶ λοιδορίας, τοὐναντίον δὲ εὐλογοῦντες ⏐ 벧전 3:9, 악한 것에 대해 악한 것으로 갚거나 모욕에 대해 모욕으로 갚지 말고 반대로 복을 빌어 주시오.

γρηγορέω

22
S13 L2 J3 P4 E1

깨어 있다, 일깨다, 경성하다

γρηγορεῖτε οὖν· ⏐ 막 13:35, 그러므로 너희는 깨어있으라.

δέομαι

22
S9 L15 J0 P6 E0

청하다, 기도하다, 빌다, 바라다

ἐδεήθη αὐτοῦ λέγων· Κύριε, ἐὰν θέλῃς δύνασαί με καθαρίσαι. ⏐ 눅 5:12, 그가 간구하였다. 말하기를 "주님, 원하시면 나를 깨끗하게 하실 수 있습니다."

δοκιμάζω

22
S3 L3 J1 P17 E2

조사하다, 면밀히 밝히다

τὸ δὲ ἔργον ἑαυτοῦ δοκιμαζέτω ἕκαστος ⏐ 갈 6:4,그리고 자신의 행위를 각자 잘 살펴보시오.

ἐκλέγομαι

22
S5 L11 J5 P4 E1

선택하다, 뽑다, 택하다

Οὐκ ἐγὼ ὑμᾶς τοὺς δώδεκα ἐξελεξάμην; ⏐ 요 6:70, 내가 너희 열 둘을 선택하지 않았느냐?

ἐκλεκτός, -ή, -όν

22
S9 L2 J3 P6 E6

선택된, 뽑힌
πολλοὶ γάρ εἰσιν κλητοί, ὀλίγοι δὲ ἐκλεκτοί. ┃
마 22:14, 왜냐하면 부름 받은 이들은 많으나, **선택된** 이
들은 적다.

Ἠσαΐας, -ου, ὁ

22
S10 L5 J4 P5 E0

이사야
καθὼς εἶπεν Ἠσαΐας ὁ προφήτης. ┃ 요 1:23, 이렇
게 **이사야** 선지자가 말하였다.

θεάομαι

22
S9 L6 J9 P1 E3

보다, 응시보다, 주목하다
Τεθέαμαι τὸ πνεῦμα καταβαῖνον ὡς
περιστερὰν ἐξ οὐρανοῦ ┃ 요 1:32, 내가 성령이 하늘
에서 비둘기 같이 내려오는 것을 **보았다**.

καθεύδω

22
S17 L2 J0 P5 E0

자다, 주무시다
τὸ παιδίον οὐκ ἀπέθανεν ἀλλὰ καθεύδει. ┃ 막
5:39, 그 아이가 죽은 것이 아니라 **잔다**.

κἀκεῖνος

22
S10 L7 J5 P3 E1

이것이야말로; 그리고 저 사람(καί + ἐκεῖνος)
κἀκεῖνα κοινοῖ τὸν ἄνθρωπον. ┃ 마 15:18, 그것이
야말로 사람을 더럽힌다.

κοιλία, -ας, ἡ

22 S11 L9
J4 P5 E0

자궁, 복부, 배
τὰ βρώματα τῇ κοιλίᾳ καὶ ἡ κοιλία τοῖς
βρώμασιν ┃ 고전 6:13, 음식은 **배**를 위하고 **배**는 음식을
위한다.

Μακεδονία, -ας, ἡ

22
S0 L8 J0 P14 E0

마게도냐, 마케도니아
ἀνὴρ Μακεδών τις ἦν ἑστὼς ┃ 행 16:9, 마게도냐의
어떤 사람이 서 있었다.

μετάνοια, -ας, ἡ

22
S8 L11 J0 P4 E4

회개, 후회
οὐκ ἐλήλυθα καλέσαι δικαίους ἀλλ'
ἁμαρτωλοὺς εἰς μετάνοιαν. ┃ 눅 5:32, 내가 의인들
을 부르러 온 것이 아니고, 도리어 죄인들을 **회개**시키려
고 왔다.

DAY 35

μηκέτι

22
S6 L4 J2 P10 E1

더 이상 ~아니, 다시는 ~아니
πορεύου, καὶ ἀπὸ τοῦ νῦν μηκέτι ἁμάρτανε. ▎
요 8:11, 가서 이제부터는 더 이상 죄짓지 말아라.

πληγή, -ῆς, ἡ

22
S2 L4 J16 P2 E0

구타, 때림, 태형(笞刑); 재앙
μεγάλη ἐστὶν ἡ πληγὴ αὐτῆς σφόδρα. ▎ 계 16:21,
그 재앙이 몹시 크다.

πλοῦτος, -ου, ὁ

22
S3 L1 J2 P15 E2

재물, 부, 풍성함
ὁ πλοῦτος ὑμῶν σέσηπεν καὶ τὰ ἱμάτια ὑμῶν
σητόβρωτα γέγονεν ▎ 약 5:2, 너희 부요함은 썩었고
너희 의복은 좀먹었다.

πωλέω

22
S15 L9 J3 P1 E0

팔다, 매매하다
Πωλήσατε τὰ ὑπάρχοντα ὑμῶν καὶ δότε
ἐλεημοσύνην· ▎ 눅 12:33, 너희 소유를 팔아서 구제금
으로 주어라.

συνέδριον, -ου, τό 공회, 산헤드린

22
S7 L15 J1 P0 E0

ἀτενίσας δὲ ὁ Παῦλος τῷ συνεδρίῳ εἶπεν· ▎ 행
23:1, 그리고 바울은 공회를 똑바로 보고서 말했다.

τεσσεράκοντα

22
S4 L9 J7 P1 E2

사십(40)
νηστεύσας ἡμέρας τεσσεράκοντα καὶ νύκτας
τεσσεράκοντα, ὕστερον ἐπείνασεν. ▎ 마 4:2, 사십
일 낮과 사십 일 밤을 금식하시고서 그 후에 주리셨다.

αὐξάνω

21
S7 L8 J1 P7 E2

자라다, 증가하다
Καὶ ὁ λόγος τοῦ θεοῦ ηὔξανεν ▎ 행 6:7, 그리고 하
나님의 말씀은 자라났다.

βασιλεύω

21
S4 L3 J7 P10 E0

왕으로 다스리다, 왕노릇하다, 왕이 되다
ὁ βασιλεὺς τῶν βασιλευόντων καὶ κύριος τῶν
κυριευόντων ▎ 딤전 6:15, 왕노릇하는 자들(만왕) 중의
왕이요, 주들 중의 주님이시다.

DAY 36

διδασκαλία, -ας, ἡ 교훈, 가르침, 가르치는 일

21
S2 L0 J0 P19 E0

ἵνα μὴ τὸ ὄνομα τοῦ θεοῦ καὶ ἡ **διδασκαλία** βλασφημῆται. ▌딤전 6:1, 하나님의 이름과 가르침이 모독되지 않기 위함이다.

ἐνεργέω

21
S2 L0 J0 P18 E1

활동하다, 생산하다

πάντα δὲ ταῦτα **ἐνεργεῖ** τὸ ἓν καὶ τὸ αὐτὸ πνεῦμα ▌고전 12:11, 그리고 이 모든 것을 한 분이시요, 동일하신 성령이 **행하신다**.

εὐδοκέω

21
S6 L2 J0 P11 E4

기뻐하다, 매우 좋아하다: 선택한

ὅτι ἐν αὐτῷ **εὐδόκησεν** πᾶν τὸ πλήρωμα κατοικῆσαι ▌골 1:19, 그 안에 모든 충만함으로 거하시기를 **기뻐하셨다**.

ἐφίστημι

21
S7 L18 J0 P3 E0

다가가다, 나아가다

ἰδοὺ ἄνδρες δύο **ἐπέστησαν** αὐταῖς ▌눅 24:4, 보라 두 사람이 그 여인들에게 **다가왔다**.

θερίζω

21
S6 L3 J7 P7 E1

추수하다, 거두다, 수확하다

ὃ γὰρ ἐὰν σπείρῃ ἄνθρωπος, τοῦτο καὶ **θερίσει**. ▌갈 6:7, 사람이 씨뿌린 것, 이것을 **거두기도 할** 것이다.

καθίστημι

21
S7 L8 J0 P3 E6

맡다, 맡기다, 세우다

ἐπὶ πᾶσιν τοῖς ὑπάρχουσιν αὐτοῦ **καταστήσει** αὐ-τόν. ▌마 24:47, 그의 모든 소유를 그에게 **맡길** 것이다.

λατρεύω

21
S4 L8 J2 P4 E6

섬기다, 예배하다

ἐλάτρευσαν τῇ κτίσει παρὰ τὸν κτίσαντα ▌롬 1:25, 창조하신 분보다 피조물을 **섬겼다**.

μνημονεύω

21
S3 L3 J6 P7 E3

기억하다, 되새기다

Οὐ **μνημονεύετε** ὅτι ἔτι ὢν πρὸς ὑμᾶς ταῦτα ἔλεγον ὑμῖν; ▌살후 2:5, 아직 너희와 함께 있을 때에 너희에게 이 내용 말한 것을 **기억하지** 못하느냐?

πειρασμός, -οῦ, ὁ

21
S9 L7 J1 P4 E6

유혹, 시험, 시도

καὶ μὴ εἰσενέγκῃς ἡμᾶς εἰς πειρασμόν, ‖ 마 6:13,
또 우리를 시험에 빠지지 않게 하소서.

στρέφω

21
S13 L10 J5 P0 E0

돌리다, 돌아서다

καὶ στραφεὶς ὁ κύριος ἐνέβλεψεν τῷ Πέτρῳ ‖
눅 22:61, 그리고 주님께서 돌이켜 베드로를 쳐다 보셨다.

τελώνης, -ου, ὁ

21
S21 L10 J0 P0 E0

세리, 세관원

ἦλθον δὲ καὶ τελῶναι βαπτισθῆναι ‖ 눅 3:12, 그
리고 세리들도 세례받으려고 왔다.

τιμάω

21
S10 L2 J6 P2 E2

존경하다, 가격을 매기다

ἀλλὰ τιμῶ τὸν πατέρα μου, καὶ ὑμεῖς ἀτιμάζετέ
με. ‖ 요 8:49, 그러나 내가 내 아버지를 공경하지만, 너희
는 나를 무시한다.

ὑπακούω

21
S5 L4 J0 P11 E3

순종하다, 복종하다

Τὰ τέκνα, ὑπακούετε τοῖς γονεῦσιν ὑμῶν ἐν κυρίῳ
‖ 엡 6:1, 아이들아, 주 안에서 너희 부모님들께 순종하라.

χιλίαρχος, -ου, ὁ

21
S1 L17 J3 P0 E0

천부장, 군사호민관

ὁ Παῦλος λέγει τῷ χιλιάρχῳ· ‖ 행 21:37, 바울이 천
부장에게 말한다.

ὡσεί

21
S13 L15 J0 P1 E1

~처럼, ~같이

καὶ ἐγένετο ὡσεὶ νεκρός ‖ 막 9:26, 그리고 죽은 것
처럼 되었다.

αἰτία, -ας, ἡ

20
S5 L9 J3 P3 E1

원인, 이유, 혐의

ἵνα γνῶτε ὅτι οὐδεμίαν αἰτίαν εὑρίσκω ἐν αὐτῷ.
‖ 요 19:4, 그에게서 내가 아무런 혐의를 발견하지 못했음
을 너희에게 알리려고

ἀργύριον, -ου, τό

20
S14 L9 J0 P0 E1

돈, 은

Ἀργύριον καὶ χρυσίον οὐχ ὑπάρχει μοι, ‖ 행
3:6, 은과 금은 나에게 없다.

ἀκροβυστία, -ας, ἡ 무할례

20
S0 L1 J0 P19 E0

πῶς οὖν ἐλογίσθη; ἐν περιτομῇ ὄντι ἢ ἐν **ἀκροβυστίᾳ**; 롬 4:10, 그러므로 어떻게 인정받았습니까? 할례 때입니까, 무할례 때입니까?

γένος, -ους, τό 혈통, 족속, 민족

20
S3 L9 J1 P6 E1

περιτομῇ ὀκταήμερος, ἐκ **γένους** Ἰσραήλ 빌 3:5, 8일 만에 할례 받고, 이스라엘 민족 출신이다.

γονεύς, -έως, ὁ 부모

20
S8 L6 J6 P6 E0

Οὔτε οὗτος ἥμαρτεν οὔτε οἱ **γονεῖς** αὐτοῦ 요 9:3, 이 사람이 죄짓지도 않았고, 그 부모들도.

ἑκατοντάρχης, -ου 백부장, 백인대장

20
S7 L16 J0 P0 E0

ἑκατοντάρχης ἐκ σπείρης τῆς καλουμένης Ἰταλικῆς 행 10:1, 이탈리아라 하는 부대의 백부장

ἐπίγνωσις, -εως, ἡ 지식, 인식

20
S0 L0 J0 P15 E5

καὶ καθὼς οὐκ ἐδοκίμασαν τὸν θεὸν ἔχειν ἐν **ἐπιγνώσει** 롬 1:28, 그리고 그들이 지식 가운데 하나님 두기를 생각하지 않은 것처럼.

ἡγεμών, -όνος, ὁ 통치자, 총독

20
S13 L8 J0 P0 E1

παρέδωκαν Πιλάτῳ τῷ **ἡγεμόνι** 마 27:2, 빌라도 총독에게 넘겼다.

Ἰσαάκ, ὁ 이삭

20
S8 L7 J0 P3 E5

Ἐγώ εἰμι ὁ θεὸς Ἀβραὰμ καὶ ὁ θεὸς **Ἰσαὰκ** 마 22:32, 나는 아브라함의 하나님, 이삭의 하나님, 야곱의 하나님이다.

ἰχθύς, -ύος, ὁ 물고기

20
S16 L7 J3 P1 E0

Πέντε, καὶ δύο **ἰχθύας**. 막 6:38, 다섯, 그리고 물고기 두 마리입니다.

νηστεύω 금식하다

20
S18 L6 J0 P0 E0

οἱ μαθηταὶ τῶν Φαρισαίων **νηστεύουσιν** 막 2:18, 바리새인들의 제자들은 금식한다.

νυνί

20
S0 L2 J0 P16 E2

지금, 이제, 그런즉

νυνὶ δὲ καὶ τὸ ποιῆσαι ἐπιτελέσατε ❙ 고후 8:11, 그
리고 이제 하던 일을 완성하라

ξύλον, -ου, τό

20
S6 L6 J7 P2 E1

나무, 나무 차꼬, 막대기, 곤봉

ἐξήλθατε μετὰ μαχαιρῶν καὶ **ξύλων**; ❙ 막 14:48,
검과 (나무)곤봉들을 가지고 나왔느냐?

προάγω

20
S12 L5 J1 P2 E2

앞서 가다, 잡아 (끌어)내다

ἦν **προάγων** αὐτοὺς ὁ Ἰησοῦς ❙ 막 10:32,예수께서
그들을 앞서 가고 계셨다.

σκηνή, -ῆς, ἡ

20
S4 L5 J3 P0 E10

천막, 장막, 거처

εἰς μὲν τὴν πρώτην **σκηνὴν** διὰ παντὸς εἰσίασιν ❙
히 9:6, 그들이 언제나 첫째 장막에 들어간다.

σοφός, -ή, -όν

20
S3 L1 J0 P16 E1

지혜로운, 지혜 있는

ποῦ **σοφός**; ❙ 고전 1:20, 지혜가 어디있느냐?

τοσοῦτος, -αύτη, -οῦτον

20
S5 L4 J6 P2 E5

이만한, 이렇게 많은, 이렇게 오래

ἡμεῖς **τοσοῦτον** ἔχοντες περικείμενον ἡμῖν
νέφος μαρτύρων ❙ 히 12:1, 우리가 구름 같이 우리를
둘러싼 이렇게 많은 증인들이 있으니

τρέχω

20
S6 L2 J3 P10 E1

달리다

ἔδραμον ἀπαγγεῖλαι τοῖς μαθηταῖς αὐτοῦ. ❙ 마
28:8, 그들이 그의 제자들에게 알리려고 뛰어갔다.

ὑπηρέτης, -ου, ὁ

20
S6 L6 J9 P1 E0

하인, 관리, 수행원, 조력자

Ἦλθον οὖν οἱ **ὑπηρέται** πρὸς τοὺς ἀρχιε-ρεῖς ❙
요 7:45, 수행원들이 대제장에게 왔다.

ὑψόω

20
S9 L9 J5 P1 E2

들어 올리다, 높이다

ταπεινώθητε ἐνώπιον τοῦ κυρίου καὶ **ὑψώσει**
ὑμᾶς. ❙ 약 4:10, 주님 앞에서 겸손하라 그러면 너희를 높
이시리라.

제2부: 어근별 단어

제2부에서는 어근에 따라 단어를 정리했습니다. 같은 어근을 가지는 단어 가운데 가장 빈도수가 많거나 기본적인 단어를 제시하였으며, 학습자의 편의를 위해 경우에 따라 기본형이 아닌 변화형에 어근이 드러난 경우가 나오기도 합니다.

정확한 어근을 추적하기란 쉬운 일이 아니고, 어근이 가지고 있는 기본 의미만으로 그 어근이 들어 있는 단어의 구체적인 뜻을 추정하면 오류가 생길 수 있습니다. 그러나 자신이 접한 하나의 단어가 어느 어근을 가지고 있는지, 그리고 같은 어근을 가지는 단어는 무엇인지 파악하면 단어를 쉽고 효율적으로 학습할 수 있습니다.

ἀγαπάω

ἀγαπάω	[143] 사랑하다, 사모하다, 아끼다	마 5:43
ἀγάπη, -ης, ἡ	[116] 사랑, 애찬	마 24:12
ἀγαπητός, -ή, -όν	[61] 사랑하는, 사랑을 입은, 사랑 받는	마 3:17

ἄγγελος

ἄγγελος, -ου, ὁ	[175] 사자, 천사	마 1:20
εὐαγγέλιον, -ου, τό	[76] 좋은 소식, 복음	마 4:23
εὐαγγελίζω	[54] 복음을 선포하다, 좋은 소식을 전하다	마 11:5
ἐπαγγελία, -ας, ἡ	[52] 서약, 약속	눅 24:49
ἀπαγγέλλω	[45] 보고하다, 발표하다, 선포하다	마 2:8
παραγγέλλω	[32] 명령을 내리다, 명하다	마 10:5
καταγγέλλω	[18] 엄숙히 선포하다, 전하다	행 3:24
ἐπαγγέλλομαι	[15] 약속하다	막 14:11
ἀναγγέλλω	[14] 알리다, 밝히 이르다, 전하다	요 4:25
παραγγελία, -ας, ἡ	[5] 명령, 지시, 교훈	행 5:28
διαγγέλλω	[3] 전파하다, 선포하다, 알리다	눅 9:60
ἀγγελία, -ας, ἡ	[2] 소식, 말씀	요일 1:5
ἀρχάγγελος, -ου, ὁ	[2] 천사장	살전 4:16
προκαταγγέλλω	[2] 미리 알다, 예고하다	행 3:18

ἅγιος

ἅγιος, -α, -ον	[233] 거룩한, 거룩한 자	마 1:18
ἁγιάζω	[28] 거룩하게 하다, 성별하다	마 6:9
ἁγιασμός, -οῦ, ὁ	[10] 거룩함, 거룩하게 함	롬 6:19
ἁγνός, -ή, -όν	[8] 깨끗한, 정결한, 순전한	고후 7:11
ἁγνίζω	[7] 성결하게 하다, 깨끗하게 하다	요 11:55
ἁγιωσύνη, -ης, ἡ	[3] 성결, 거룩함	롬 1:4
ἁγνεία, -ας, ἡ	[2] 정절, 순결, 깨끗함	딤전 4:12
ἁγνότης, -ητος, ἡ	[2] 깨끗함, 순결함, 신실함	고후 6:6
ἁγιότης, -ητος, ἡ	[1] 거룩함	고후 1:12

ἄγω *

ὑπάγω	[79] 떠나다, 가다	마 4:10
ἄγω	[69] 이끌다, 데리고 가다, 인도하다	마 10:18
συνάγω	[59] 모으다, 모이다	마 2:4
συναγωγή, -ῆς, ἡ	[56] 집회소, 회당	마 4:23
ἀγρός, -οῦ, ὁ	[36] 들, 밭, 시골	마 6:28
ἡγέομαι	[28] 지도하다, 다스리다, 통치하다	마 2:6
ἀνάγω	[23] 이끌다, 출범하다, 출항하다	마 4:1
κατηγορέω	[23] 고발하다, 나무라다, 참소하다	마 12:10
προάγω	[20] 앞서 가다, 잡아 (끌어)내다	마 2:9
ἡγεμών, -όνος, ὁ	[20] 통치자, 총독	마 2:6
προάγω	[20] 앞서 가다, 잡아 (끌어)내다	마 2:9
ἀπάγω	[15] 이끌어 내다, 떠나다, 길을 가다	마 7:13
ἐξάγω	[12] 인도해 내다, 데리고 나가다	막 15:20
εἰσάγω	[11] 끌어들이다, 안으로 데려오다	눅 2:27
παράγω	[10] 지나가다, 떠나가다	마 9:9
ἀρχισυνάγωγος, -ου, ὁ	[9] 회당장	막 5:22
ἐπισυνάγω	[8] 함께 모으다	마 23:37
περιάγω	[6] 두루 다니다, 데리고 다니다	마 4:23

ἀγών

ἀγωνίζομαι	[8] 힘쓰다, 애쓰다, 싸우다	눅 13:24
ἀγών, -ῶνος, ὁ	[6] 싸움, 경주, 분투	빌 1:30
ἀγωνία, -ας, ἡ	[1] 힘씀, 애씀, 고뇌	눅 22:44
ἀνταγωνίζομαι	[1] 싸우다, 투쟁하다	히 12:4
ἐπαγωνίζομαι	[1] 싸우다, 투쟁하다	유 3
καταγωνίζομαι	[1] 정복하다, 이기다	히 11:33

αἰτέω

αἰτέω	[70] 구하다, 요청하다, 묻다	마 5:42

---

* ἄγω가 전치사와 합성된 동사에서는 ἄγω가 단순히 '가다'는 의미로 사용될 때가 많다.

αἰτία	[20] 원인, 이유, 혐의 ▪ 마 19:3
παραιτέομαι	[12] 거절하다, 사양하다 ▪ 막 15:6
αἴτημα	[3] 요구, 요청 ▪ 눅 23:24
ἀπαιτέω	[2] 다시 달라 하다, 도로찾다 ▪ 눅 6:30
ἐπαιτέω	[2] 구걸하다, 빌어먹다 ▪ 눅 16:3
προσαίτης	[2] 거지 ▪ 막 10:46

ἀκούω

ἀκούω	[428] 듣다, 귀기울이다 ▪ 마 2:3
ἀκοή, -ῆς, ἡ	[24] 소문, 들음, 보고 ▪ 마 4:24
ὑπακούω	[21] 순종하다, 복종하다 ▪ 마 8:27
ὑπακοή, -ῆς, ἡ	[15] 순종, 복종 ▪ 롬 1:5
εἰσακούω	[5] 듣다, 귀기울이다, 순종하다 ▪ 마 6:7
παρακοή, -ῆς, ἡ	[3] 불순종, 불복종 ▪ 롬 5:19
παρακούω	[3] 듣기를 거부하다, 불순종하다 ▪ 마 18:17
ὑπήκοος, -ον	[3] 순종하는, 복종하는 ▪ 행 7:39

ἄλλος

ἀλλά	[638] 그러나, 오직, 도리어 ▪ 마 4:4
ἄλλος, -η, -ο	[155] 다른 ▪ 마 2:12
ἀλλήλων, -ους, -ους	[100] 서로, 피차, 각각 ▪ 마 24:10
ἀλλότριος, -α, -ον	[14] 다른 것에 속한, 타인 ▪ 마 17:25
ἀλλάσσω	[6] 고치다, 바꾸다, 교체하다 ▪ 행 6:14
καταλλάσσω	[6] 화목하게 하다, 화합하다 ▪ 롬 5:10
καταλλαγή, -ῆς, ἡ	[4] 화해, 화목 ▪ 롬 5:11
ἀπαλλάσσω	[3] 화해하다, 떠나다, 놓아주다 ▪ 눅 12:58
ἀπαλλοτριόομαι	[3] 멀어지다, 소원해지다 ▪ 엡 2:12
ἀποκαταλλάσσω	[3] 화목하게 되다, 화합하다 ▪ 엡 2:16

ἄξιος

ἄξιος, -α, -ον	[41] 합당한, 마땅한, 상당한 ▪ 마 3:8
ἀξιόω	[7] 가치있다 여기다, 생각하다 ▪ 눅 7:7
ἀξίως	[6] 합당하게, 어울리게 ▪ 롬 16:2
καταξιόω	[3] 가치있게 여기다, 합당하게 여기다 ▪ 눅 20:35

ἀνάξιος, -ον   [1] 자격없는, 무능한, 걸맞지 않는 ▮ 고전 6:2
ἀναξίως   [1] 합당하지 않게, 수치스럽게 ▮ 고전 11:27
ἀποστέλλω
    ἀποστέλλω   [132] 보내다, 통지하다, 파송하다 ▮ 마 2:16
    ἀπόστολος, -ου, ὁ   [80] 사도, 사자(使者) ▮ 마 10:2
    ἐπιστολή, -ῆς, ἡ   [24] 공문, 편지 ▮ 행 9:2
    ἐξαποστέλλω   [13] 내보내다, 파송하다, 보내다 ▮ 막 16:8
    στολή, -ῆς, ἡ   [9] 긴 옷, 끌리는 옷, 예복 ▮ 막 12:38
    διαστέλλομαι   [8] 지시하다, 명령하다 ▮ 마 16:20
    ἀποστολή, -ῆς, ἡ   [4] 사도의 직무, 사도의 직분 ▮ 행 1:25
    ὑποστέλλω   [4] 물러서다, 피하다, 움츠러들다 ▮ 행 20:20
    διαστολή, -ῆς, ἡ   [3] 차별, 분별, 차이 ▮ 롬 3:22
    ἐπιστέλλω   [3] 편지로 알리다 ▮ 행 15:20
ἀρέσκω
    ἀρέσκω   [17] 기쁘게 하다, 환심을 사다 ▮ 마 14:6
    εὐάρεστος, -ον   [9] 기쁘게 하는, 받아들여지는 ▮ 롬 12:1
    ἀρετή, -ῆς, ἡ   [5] 덕, 덕성, 품성의 탁월함 ▮ 빌 4:8
    ἀρεστός, -ή, -όν   [4] 기쁘게 하는, 흡족하게 하는 ▮ 요 8:29
    εὐαρεστέω   [3] 기쁘게 하다, 흡족하다 ▮ 히 11:5
    ἀνθρωπάρεσκος, -ον [2] 사람을 기쁘게 하는 자, 비위를 맞추는 자 ▮ 엡 6:6
ἄρχω
    ἀρχιερεύς, -έως, ὁ [122] 대제사장, 제사장 ▮ 마 2:4
    ἄρχω   [86] 시작하다, 주관하다, 다스리다 ▮ 마 4:17
    ὑπάρχω   [60] 실재하다, 있다 ▮ 마 19:21
    ἀρχή, -ῆς, ἡ   [55] 처음, 시작, 통치자 ▮ 마 19:4
    ἄρχων, -οντος, ὁ   [37] 통치자, 지도자, 관원 ▮ 마 9:18
    χιλίαρχος, -ου, ὁ   [21] 천부장, 군사호민관 ▮ 막 6:21
    ἑκατοντάρχης, -ου   [20] 백부장, 백인대장 ▮ 마 8:5
    ἀρχαῖος, -α, -ον   [11] 오랜, 이전의(것), 옛 ▮ 마 5:21
    ἀπαρχή, -ῆς, ἡ   [9] 첫 열매 ▮ 롬 8:23
    ἀρχισυνάγωγος, -ου, ὁ [9] 회당장 ▮ 막 5:22

ἀρχηγός, -οῦ, ὁ	[4] 창시자, 선구자, 지도자 ▌ 행 3:15
πατριάρχης, -ου, ὁ	[4] 족장, 가장, 조상 ▌ 행 2:29
πειθαρχέω	[4] 순종하다, 복종하다 ▌ 행 5:29
τετραάρχης, -ου, ὁ	[4] 분봉왕, 1/4 지역의 왕 ▌ 마 14:1

βαίνω

ἀναβαίνω	[82] 올라가다, 기어오르다, 넘어가다 ▌ 마 3:16
καταβαίνω	[81] 내리다, 내려오다, 강림하다 ▌ 마 3:16
πρόβατον, -ου, τό	[39] 양 ▌ 마 7:15
ἐμβαίνω	[16] 오르다, 배를 타다, 들어가다 ▌ 마 8:23
μεταβαίνω	[12] 떠나다, 자리를 옮기다, 지나가다 ▌ 마 8:34
βῆμα, -τος, τό	[12] 재판 자리, 심판대 ▌ 마 27:19
συμβαίνω	[8] 만나다, 일어나다, 생기다 ▌ 막 10:32
βέβαιος, -α, -ον	[8] 견고한, 확실한, [부사] 견고히 ▌ 롬 4:16
βεβαιόω	[8] 견고하게 하다, 확인(증명)하다 ▌ 막 16:20
παράβασις, -εως, ἡ	[7] 범죄, 위반, 침해 ▌ 롬 2:23
ἐπιβαίνω	[6] 오르다, 타다, 멀리 가다 ▌ 마 21:5
παραβάτης, -ου, ὁ	[5] 어기는 사람, 위반자 ▌ 롬 2:25
προβαίνω	[5] 나아가다, 앞서 가다, 진보하다 ▌ 마 4:21
βέβηλος, -ον	[5] 망령된, 세속적인, 불결한 ▌ 딤전 1:9
μεταβαίνω	[12] 떠나다, 자리를 옮기다, 지나가다 ▌ 마 8:34
συμβαίνω	[8] 만나다, 일어나다, 생기다 ▌ 막 10:32
παράβασις, -εως, ἡ	[7] 범죄, 위반, 침해 ▌ 롬 2:23

βάλλω

βάλλω	[122] 던지다, 두다, 놓다 ▌ 마 3:10
ἐκβάλλω	[81] 내쫓다, 모욕하다, 몰아내다 ▌ 마 7:4
παραβολή, -ῆς, ἡ	[50] 비유, 상징 ▌ 마 13:3
διάβολος, -ου, ὁ	[37] 마귀, 원수, 중상자 ▌ 마 4:1
περιβάλλω	[23] (옷)입다, 두르다 ▌ 마 6:29
ἐπιβάλλω	[18] 두다, 붙이다, (손을) 대다 ▌ 마 9:16
καταβολή, -ῆς, ἡ	[11] 기초, 처음 ▌ 마 13:35
παρεμβολή, -ῆς, ἡ	[10] 야영지, 진영, 본부 ▌ 행 21:34

ὑπερβολή, -ῆς, ἡ	[8] 특별한 정도로 ▎롬 7:13
λιθοβολέω	[7] 돌던지다, 돌로 치다 ▎마 21:35
συμβάλλω	[6] 대화하다, 생각하다, 논쟁하다 ▎눅 2:19
ὑπερβάλλω	[5] 능가하다, 탁월하다, 뛰어나다 ▎고후 3:10

βάπτω

βαπτίζω	[77] 세례를 주다, 씻다 ▎마 3:6
βάπτισμα, -τος, τό	[19] 세례, 침례 ▎마 3:7
βαπτιστής, -οῦ, ὁ	[12] 세례자(요한) ▎마 3:1
βάπτω	[4] 빠뜨리다, 담그다 ▎눅 16:24
ἐμβάπτω	[2] 담그다, 적시다 ▎마 26:23

βασιλεύς

βασιλεία, -ας, ἡ	[162] 나라, 왕권, 왕위 ▎마 3:2
βασιλεύς, -έως, ὁ	[115] 왕, 임금 ▎마 1:6
βασιλεύω	[21] 왕으로 다스리다, 왕노릇하다, 왕이 되다 ▎마 2:22
βασιλικός, -ή, -όν	[5] 왕의, 왕국의, 왕실 관리 ▎요 4:46
βασίλισσα, -ης, ἡ	[4] 여왕, 왕비 ▎마 12:42
βασίλειος, -ον	[2] 왕궁, 왕실, 왕에게 속한 ▎눅 7:25
συμβασιλεύω	[2] 함께 다스리다, 함께 왕 노릇하다 ▎고전 4:8

βλέπω

βλέπω	[132] 보다, 삼가다, (눈이) 밝아지다 ▎마 5:28
ἀναβλέπω	[25] 우러러 보다, 주목하여 보다, 보게 되다 ▎마 11:5
ἐμβλέπω	[12] 관찰하다, 응시하다, 주목하다 ▎마 6:26
περιβλέπομαι	[7] 둘러보다 ▎막 3:5
διαβλέπω	[3] 밝히 보다, 눈여겨 보다 ▎마 7:5
ἐπιβλέπω	[3] 응시하다, 바라보다 ▎눅 1:48

γίνομαι

γίνομαι	[669] ~이다, 되다, 발생하다 ▎마 1:22
γεννάω	[97] 낳다, 아버지가 되다 ▎마 1:2
γενεά, -ᾶς, ἡ	[43] 세대 ▎마 1:17
παραγίνομαι	[37] 오다, 이르다, 도착하다 ▎마 2:1
γονεύς, -έως, ὁ	[20] 부모 ▎마 10:21

γένος, -ους, τό	[20] 혈통, 족속, 동족, 민족 ┃ 마 13:47
συγγενής, -οῦς	[11] 친척, 동포, 친족의 ┃ 막 6:4
μονογενής, -ές	[9] 유일한, 하나밖에 없는, 독특한 ┃ 눅 7:12
γένεσις, -εως, ἡ	[5] 계보, 출생, 삶 ┃ 마 1:1
γένημα, -τος, τό	[4] 열매, 결과물 ┃ 마 26:29
γέννημα, -τος, τό	[4] 자식, 새끼 ┃ 마 3:7
γνήσιος, -α, -ον	[4] 진실함, 참됨, 성실성 ┃ 고후 8:8

γινώσκω

γινώσκω	[222] 알다, 깨닫다 ┃ 마 1:25
ἐπιγινώσκω	[44] 알다, 깨닫다, 인식하다 ┃ 마 7:16
ἀναγινώσκω	[32] 읽다, 소리내어 읽다 ┃ 마 12:3
γνῶσις, -εως, ἡ	[29] 지식, 앎 ┃ 눅 1:77
γνωρίζω	[25] 알리다, 드러내다 ┃ 눅 2:15
ἀγνοέω	[22] 깨닫지 못하다, 모르다 ┃ 막 9:32
ἐπίγνωσις, -εως, ἡ	[20] 지식, 인식 ┃ 롬 1:28
γνωστός, -ή, -όν	[15] 아는, 알려진, 알 만한 ┃ 눅 2:44
γνώμη, -ης, ἡ	[9] 의견, 판단, 목표 ┃ 행 20:3
προγινώσκω	[5] 미리 알다, 예측하다 ┃ 행 26:5
ἄγνοια, -ας, ἡ	[4] 무지함, 알지 못함 ┃ 행 3:17
ἀνάγνωσις, -εως, ἡ	[3] 읽기, 낭독 ┃ 행 13:15
καταγινώσκω	[3] 정죄하다, 책망하다 ┃ 갈 2:11

γράφω

γράφω	[191] 쓰다, 기록하다 ┃ 마 2:5
γραμματεύς, -έως, ὁ	[63] 서기관, 선비 ┃ 마 2:4
γραφή, -ῆς, ἡ	[50] 성경, 글, 문서 ┃ 마 21:42
γράμμα, -τος, τό	[14] 글, 편지, 문서 ┃ 눅 16:6
ἐπιγράφω	[5] 써넣다, 새기다, 기록하다 ┃ 막 15:26
ἐπιγραφή, -ῆς, ἡ	[5] 글, 비문, 기록 ┃ 마 22:20
ἀπογράφω	[4] 호적하다, 기록하다 ┃ 눅 2:1
προγράφω	[4] 미리 쓰다, 기록하다 ┃ 롬 15:4
ἐγγράφω	[3] 새기다, 기입하다, 등록하다 ┃ 눅 10:20

δείκνυμι

δείκνυμι	[30] 보이다, 알리다 ǀ 마 4:8	
ἐνδείκνυμι	[11] 보이다, 나타내다 ǀ 롬 2:15	
ἐπιδείκνυμι	[7] 보이다, 나타내다 ǀ 마 16:1	
ὑποδείκνυμι	[6] 보이다, 경고하다 ǀ 마 3:7	
ὑπόδειγμα, -τος, τό	[6] 모범, 예시, 유형 ǀ 요 13:15	
ὑποδείκνυμι	[6] 보이다, 경고하다 ǀ 마 3:7	
ἀποδείκνυμι	[4] 구경거리로 만들다, 과시하다, 입증하다 ǀ 행 2:22	
ἔνδειξις, -εως, ἡ	[4] 표, 증거, 나타냄 ǀ 롬 3:25	
δεικνύω	[3] 지시하다, 알려주다, 설명하다 ǀ 마 16:21	

δέχομαι

δέχομαι	[56] 영접하다, 받다, 맞이하다 ǀ 마 10:14	
δεξιός, -ά, -όν	[54] 오른손의, 오른편의 ǀ 마 5:29	
διακονέω	[37] 수종들다, 섬기다, 봉사하다 ǀ 마 4:11	
διακονία, -ας, ἡ	[34] 섬김, 봉사, 사역, 직무 ǀ 눅 10:40	
διάκονος, -ου, ὁ	[29] 하인, 사역자, 봉사자 ǀ 마 20:26	
προσδοκάω	[16] 기다리다, 찾다, 기대하다 ǀ 마 11:3	
προσδέχομαι	[14] 기다리다, 고대하다 ǀ 막 15:43	
ἀπεκδέχομαι	[8] 고대하다, 기다리다, 열망하다 ǀ 롬 8:19	
ἀποδέχομαι	[7] 환영하다, 받다, 영접하다 ǀ 눅 8:40	
ἐκδέχομαι	[6] 기대하다, 기다리다, 바라다 ǀ 행 17:16	
παραδέχομαι	[6] 받아들이다, 인정하다 ǀ 막 4:20	
εὐπρόσδεκτος, -ον	[5] 받을 만한, 좋아할 만한 ǀ 롬 15:16	
ὑποδέχομαι	[4] 받다, 영접하다, 들이다 ǀ 눅 10:38	

δέω

δεῖ	[101] (반드시) ~해야 한다, 합당하다 ǀ 마 16:21	
δέομαι	[43] 결박하다, 매다, 구류하다 ǀ 마 12:29	
δεσμός, -οῦ, ὁ	[18] 속박, 올가미, 차꼬 ǀ 막 7:35	
δέσμιος, -ου, ὁ	[16] 죄수, 수감자 ǀ 마 27:15	
ὑπόδημα, -τος, τό	[10] 샌들, 신 ǀ 마 3:11	
δεσμωτήριον, -ου, τό	[4] 감옥 ǀ 마 11:2	

σύνδεσμος, -ου, ὁ	[4] 끈, 굴레, 족쇄 ▎행 8:23
δεσμεύω	[3] 묶다, 결박하다, 동이다 ▎마 23:4
δεσμοφύλαξ, -ακος, ὁ	[3] 간수 ▎행 16:23
διάδημα, -τος, τό	[3] 왕관, 왕권의 상징 ▎계 12:3
ὑποδέομαι	[3] 밑에 매다, 신다 ▎막 6:9

διδάσκω

διδάσκω	[97] 가르치다, 지도하다 ▎마 4:23
διδάσκαλος, -ου, ὁ	[59] 선생님, 교사, 스승 ▎마 8:19
διδαχή, -ῆς, ἡ	[30] 가르치심, 교훈 ▎마 7:28
διδασκαλία, -ας, ἡ	[21] 교훈, 가르침, 가르치는 일 ▎마 15:9
διδακτός, -ή, -όν	[3] 가르침 받은, 배운 ▎요 6:45
νομοδιδάσκαλος, -ου, ὁ	[3] 율법 교사, 율법 선생 ▎눅 5:17

δίδωμι

δίδωμι	[415] 주다, 선사하다, 바치다 ▎마 4:9
παραδίδωμι	[119] 배반하다, 내어주다, 전하다 ▎마 4:12
ἀποδίδωμι	[48] 갚다, 되돌려주다 ▎마 5:26
δῶρον, -ου, τό	[19] 선물, 예물, 제물 ▎마 2:11
παράδοσις, -εως, ἡ	[13] 전통, 전승 ▎마 15:2
δωρεά, -ᾶς, ἡ	[11] 선물, 하사품 ▎요 4:10
ἐπιδίδωμι	[9] 주다, 드리다, 포기하다 ▎마 7:9
δωρεάν	[9] 거저, 값없이, 무익하게, 헛되이 ▎마 10:8
ἀνταποδίδωμι	[7] 갚다, 보답하다, 되돌려주다 ▎눅 14:14
μεταδίδωμι	[5] 나누다, 주다, 베풀다 ▎눅 3:11
διαδίδωμι	[4] 나누다, 주다 ▎눅 11:22
δόμα, -τος, τό	[4] 선물 ▎마 7:11
ἐκδίδωμι	[4] 세로 주다, 임대하다 ▎마 21:33

δίκαιος

δικαιοσύνη, -ης, ἡ	[92] 의, 올바름 ▎마 3:15
δίκαιος, -α, -ον	[79] 의로운, 옳은, 정직한 ▎마 1:19
δικαιόω	[39] 의롭다고 하다, 의로 정하다 ▎마 11:19
ἀδικέω	[28] 잘못하다, 해치다, 불의를 행하다 ▎마 20:13

ἀδικία, -ας, ἡ	[25] 불의, 행악, 공평하지 못한 ▎눅 13:27
ἄδικος, -ον	[12] 올바르지 못한, 불의한 ▎마 5:45
δικαίωμα, -τος, τό	[10] 요구조건, 법령, 명령 ▎눅 1:6
ἐκδίκησις, -εως, ἡ	[9] 원한을 풀어줌, 보응, 형벌 ▎눅 18:7
ἐκδικέω	[6] 정의를 실현하다, 입증하다 ▎눅 18:3
δικαίως	[5] 의롭게, 공의로 ▎눅 23:41
ἀντίδικος, -ου, ὁ	[5] 고발자, 원수, 대적 ▎마 5:25
καταδικάζω	[5] 정죄하다, 유죄선언을 하다 ▎마 12:7
δοκέω	
δόξα, -ης, ἡ	[166] 영광, 영예 ▎마 4:8
δοκέω	[62] 생각하다, 의견을 밝히다, 여기다 ▎마 3:9
δοξάζω	[61] 영광 돌리다, 찬양하다 ▎마 5:16
δοκιμάζω	[22] 조사하다, 면밀히 밝히다 ▎눅 12:56
εὐδοκέω	[21] 기뻐하다, 매우 좋아하다; 선택하다 ▎마 3:17
προσδοκάω	[16] 기다리다, 찾다, 기대하다 ▎마 11:3
εὐδοκία, -ας, ἡ	[9] 결심, 의도, 호의 ▎마 11:26
ἀποδοκιμάζω	[9] 버리다, 버린 바 되다, 거절하다 ▎마 21:42
ἀδόκιμος, -ον	[8] 실패한, 자격을 잃은, 타락한 ▎롬 1:28
δοκιμή, -ῆς, ἡ	[7] 증명, 검증, 평판, 특성 ▎롬 5:4
δόκιμος, -ον	[7] 인정받은, 검증된 ▎롬 14:18
συνευδοκέω	[6] 찬성하다, 동의하다 ▎눅 11:48
δόγμα, -τος, τό	[5] 칙령, 법령, 판단, 결정 ▎눅 2:1
ἔνδοξος, -ον	[4] 존경받는, 화려한, 영광스러운 ▎눅 7:25
δοῦλος	
δοῦλος, -η, -ον	[126] 종, 노예 ▎마 8:9
δουλεύω	[25] 종이 되다, 종노릇 하다, 복종하다 ▎마 6:24
σύνδουλος, -ου, ὁ	[10] 동료 노예 ▎마 18:28
δουλόω	[8] 노예삼다, 예속시키다 ▎행 7:6
δουλεία, -ας, ἡ	[5] 노예됨, 속박 ▎롬 8:15
δούλη, -ης, ἡ	[3] 여종, 여자노예 ▎눅 1:38
καταδουλόω	[2] 노예로 삼다, 종을 삼다 ▎고후 11:20

ὀφθαλμοδουλία, -ας, ἡ　[2] 눈가림, 눈가림식의 섬김 ▮ 엡 6:6

δύναμαι

δύναμαι　[210] 할 수 있다, 가능하다 ▮ 마 3:9

δύναμις, -εως, ἡ　[119] 힘, 권능, 능력 ▮ 마 7:22

δυνατός, -ή, -όν　[32] 힘있는, 강한, 능력있는 ▮ 마 19:26

ἀδύνατος, -ον　[10] 약한, 할 수 없는, 불가능한 ▮ 마 19:26

ἐνδυναμόω　[7] 강하게 하다, 견고히 하다 ▮ 행 9:22

δυνάστης, -ου, ὁ　[3] 주권자, 통치자 ▮ 눅 1:52

δυνατέω　[3] 강하다, 힘을 미치다, ~할 만한 능력이 있다 ▮ 롬 14:4

εἶδον˙

εἶδον　[341] 보다, 알다 ▮ 마 2:2

οἶδα　[318] 알다, 깨닫다 ▮ 마 6:8

εἴδωλον, -ου, τό　[11] 우상, 형상 ▮ 행 7:41

ᾅδης, -ου, ὁ　[10] 음부, 하데스 ▮ 마 11:23

εἰδωλολάτρης, -ου, ὁ　[7] 우상 숭배자 ▮ 고전 5:10

εἶδος, -ους, τό　[5] 용모, 형상, 겉모습 ▮ 눅 3:22

εἰδωλολατρία, -ας, ἡ　[4] 우상 숭배 ▮ 고전 10:14

σύνοιδα　[2] 지식을 나누다 ▮ 행 5:2

εἰμί

εἰμί　[2462] ~이다, 존재하다 ▮ 마 1:18

ἐξουσία, -ας, ἡ　[102] 권한, 권리, 능력 ▮ 마 7:29

ἔξεστιν　[31] 권한을 얻다, 위임받다, 허락받다 ▮ 마 12:2

πάρειμι　[24] 오다, 이르다, 나아오다 ▮ 마 26:50

παρουσία, -ας, ἡ　[24] 오심, 강림, 임함 ▮ 마 24:3

ἄπειμι　[8] 떠난, 사라진, (자리에)없는 ▮ 행 17:10

ἔνι　[6] ~이 있다 ▮ 고전 6:5

ἔπειμι　[5] 다가오는, 이튿날(분사) ▮ 행 7:26

---

* εἶδον은 신약 헬라어에서 λέγω의 부정 과거로 사용된다. 다만 '보다', '알다'는 뜻을 가지는 ιδ가 포함된 단어 중 가장 많이 사용되는 단어이므로 기본 단어로 잡았으며, 어휘 관련 자료에서 본 단어는 별도의 단어로 취급하는 경우도 많다.

εἴσειμι   [4] 들어가다, 입장하다 ▌행 3:3
ἔξειμι   [4] 나가다, 떠나다 ▌행 13:42
σύνειμι   [3] 함께 있다, 같이 가다 ▌눅 8:4

ἐλεέω

ἐλεέω   [28] 긍휼히 여기다, 불쌍히 여기다 ▌마 5:7
ἔλεος, -ους, τό   [27] 긍휼, 자비, 연민 ▌마 9:13
ἐλεημοσύνη, -ης, ἡ [13] 구호품, 구제, 자선행위 ▌마 6:2
ἐλεάω   [4] 긍휼을 베풀다, 자비를 베풀다 ▌롬 9:16
ἐλεεινός, -ή, -όν [2] 측은한, 불쌍한 ▌고전 15:19
ἐλεήμων, -ον   [2] 자비로운, 긍휼히 여기는 ▌마 5:7

ἔργον

ἔργον, -ου, τό   [169] 행위, 행실, 일 ▌마 5:16
ἐργάζομαι   [40] 일하다, 활동하다, 성취하다 ▌마 7:23
καταργέω   [27] 무효로 하다, 폐하다, 없애다 ▌눅 13:7
κατεργάζομαι   [23] 성취하다, 행하다, 만들다 ▌롬 1:27
ἐνεργέω   [21] 활동하다, 생산하다 ▌마 14:2
γεωργός, -οῦ, ὁ   [19] 농부, 포도원지기 ▌마 21:33
ἐργάτης, -ου, ὁ   [16] 일꾼, 노동자, 품꾼 ▌마 9:37
συνεργός, -οῦ, ὁ [13] 동료 일꾼, 동역자 ▌롬 16:3
ἀργός, -ή, -όν   [8] 무익한, 서 있는, 게으른 ▌마 12:36
ἐργασία, -ας, ἡ   [6] 실행, 이익, 수익, 벌이, 사업 ▌눅 12:58
συνεργέω   [5] 함께 사역하다, 함께 일하다 ▌막 16:20
λειτουργός, -οῦ, ὁ [5] 일꾼, 사역자, 돕는 자 ▌롬 13:6
πανουργία, -ας, ἡ [5] 간계, 속임수 ▌눅 20:23
κακοῦργος, -ου, ὁ [4] 범죄자, 죄인, 행악자 ▌눅 23:32
ἐνεργής, -ές   [3] 유효한, 활동적인, 강력한 ▌고전 16:9

ἔρχομαι

ἔρχομαι   [632] 가다, 오다, 이르다 ▌마 2:2
ἐξέρχομαι   [218] 나가다, 퍼지다 ▌마 2:6
εἰσέρχομαι   [194] 들어가다, 진입하다 ▌마 2:21
ἀπέρχομαι   [117] 가버리다, 가다, 떠나다 ▌마 2:22

προσέρχομαι	[86] 나아오다, 오다, 다가오다 ▌마 4:3	
διέρχομαι	[43] 다니다, 건너가다, 퍼지다 ▌마 12:43	
συνέρχομαι	[30] 함께 오다, 모이다 ▌마 1:18	
παρέρχομαι	[29] 지나가다, 통과하다, 간과하다 ▌마 5:18	
κατέρχομαι	[16] 내려오다, 이르다, 도착하다 ▌눅 4:31	
ἐπέρχομαι	[9] 오다, 나타나다, 미치다 ▌눅 1:35	
προέρχομαι	[9] 나아가다, 먼저 가다 ▌마 26:39	
προσήλυτος, -ου, ὁ	[4] 개종자 ▌마 23:15	
ἀνέρχομαι	[3] 오르다, 올라가다 ▌요 6:3	
περιέρχομαι	[3] 돌아다니다, 순회하는, 떠도는 ▌행 19:13	

ἔχω

ἔχω	[708] 가지다, 있다, 잉태하다, 얻다 ▌마 1:18
προσέχω	[24] 주의하다, 조심하다 ▌마 6:1
ἀπέχω	[19] 멀다, 삼가다, 끊다 ▌마 6:2
κατέχω	[17] 고수하다, 억누르다 ▌눅 4:42
παρέχω	[16] 일으키다, 있다, 베풀다 ▌마 26:10
ἀνέχομαι	[15] 견디다, 참다, ~으로 만족하다 ▌마 17:17
συνέχω	[12] 에워싸다, 지키다, 통제하다 ▌마 4:24
ἔνοχος, -ον	[10] 책임 있는, ~에 매인 ▌마 5:21
μετέχω	[8] 함께 나누다, 참여하다 ▌고전 9:10
μέτοχος, -ου, ὁ	[6] 함께 나누는, ~에 참여하는 ▌눅 5:7
ἀνεκτός, -όν	[5] 참을 만한, 견딜만한 ▌마 10:15
ἐπέχω	[5] 굳게 잡다, 주목하다 ▌눅 14:7
εὐσχήμων, -ον	[5] 훌륭한, 존경받는, 볼품있는 ▌막 15:43
μετασχηματίζω	[5] 바꾸다, 모양을 변경하다, 변장하다 ▌고전 4:6
ὑπερέχω	[5] ~보다 낫다, 우세하다 ▌롬 13:1
ἀντέχομαι	[4] 헌신하다, 도움을 주다 ▌마 6:24
ἐνέχω	[3] 악의를 품다, 원수로 여기다 ▌막 6:19
εὐσχημόνως	[3] 단정하게, 어울리게, 품위 있게 ▌롬 13:13
σχεδόν	[3] 거의, 가까이 ▌행 13:44

ζάω

ζάω	[140] 살다, 살아나다 ▮ 마 4:4
ζωή, -ῆς, ἡ	[135] 생명 ▮ 마 7:14
ζῷον, -ου, τό	[23] 짐승, 생물 ▮ 히 13:11
ζωοποιέω	[11] 생명을 주다, 살리다, 살아나다 ▮ 요 5:21
ζωογονέω	[3] 생명을 유지하다, 목숨을 보존하다 ▮ 눅 17:33
συζάω	[3] 함께 살다 ▮ 롬 6:8
ζητέω	
ζητέω	[117] 찾다, 구하다, 바라다 ▮ 마 2:13
ἐπιζητέω	[13] ~을 탐색하다, 원하다 ▮ 마 6:32
συζητέω	[10] 논쟁하다, 말로 다투다, 토론하다 ▮ 막 1:27
ἐκζητέω	[7] 추구하다, 탐구하다, 찾아 내다 ▮ 눅 11:50
ζήτησις, -εως, ἡ	[7] 논쟁, 변론, 심문 ▮ 요 3:25
ζήτημα, -τος, τό	[5] 문제, 논쟁 ▮ 행 15:2
ἀναζητέω	[3] 찾다 ▮ 눅 2:44
θάνατος	
θάνατος, -ου, ὁ	[120] 죽음, 사망, 사형 ▮ 마 4:16
ἀποθνήσκω	[111] 죽다 ▮ 마 8:32
θανατόω	[11] 죽이다, 죽게 하다 ▮ 마 10:21
θνήσκω	[9] 죽다 ▮ 마 2:20
θνητός, -ή, -όν	[6] 죽을, 멸망할 ▮ 롬 6:12
ἀθανασία, -ας, ἡ	[3] 죽지 아니함, 불사(不死) ▮ 고전 15:53
συναποθνήσκω	[3] 함께 죽다 ▮ 막 14:31
θυμός	
ἐπιθυμία, -ας, ἡ	[38] 욕심, 정욕, 탐심, 갈망 ▮ 막 4:19
θυμός, -ου, ὁ	[18] 화, 분노, 진노 ▮ 눅 4:28
ἐπιθυμέω	[16] 열망하다, 음욕을 품다, 탐하다 ▮ 마 5:28
μακροθυμία, -ας, ἡ	[14] 인내, 오래 참음 ▮ 롬 2:4
ὁμοθυμαδόν	[11] 마음을 같이하여, 한 마음으로 ▮ 행 1:14
μακροθυμέω	[10] 참다, 인내하다 ▮ 마 18:26
προθυμία, -ας, ἡ	[5] 기꺼움, 준비됨 ▮ 행 17:11
ἐνθύμησις, -εως, ἡ	[4] 생각, 사상, 고안 ▮ 마 9:4

εὐθυμέω · [3] 안심하다, 즐거워하다 ∥ 행 27:22

πρόθυμος, -ον · [3] 마음에 원하는, 준비된, 열렬한 ∥ 마 26:41

θύω

θυσία, -ας, ἡ · [28] 제사, 제물, 희생 ∥ 마 9:13

θυσιαστήριον, -ου, τό · [23] 제단 ∥ 마 5:23

θύω · [14] 잡다, 죽이다, 제사하다 ∥ 마 22:4

θυμίαμα, -τος, τό · [6] 분향, 향료, 향연 ∥ 눅 1:10

εἰδωλόθυτος · [9] 우상의 제물, 우상에게 바쳐진 봉헌물 ∥ 행 15:29

ἵημι

ἀφίημι · [143] 떠나다, 용서하다, 허락하다 ∥ 마 3:15

συνίημι · [26] 이해하다, 깨닫다 ∥ 마 13:13

ἄφεσις, -εως, ἡ · [17] 용서, 탕감, 사함 ∥ 마 26:28

σύνεσις, -εως, ἡ · [7] 지혜, 통찰력, 이해 ∥ 막 12:33

ἄνεσις, -εως, ἡ · [5] 자유, 해방, 안식 ∥ 행 24:23

ἀσύνετος, -ον · [5] 미련한, 우매한 ∥ 마 15:16

ἀνίημι · [4] 풀다, 풀어놓다, 그만두다 ∥ 행 16:26

καθίημι · [4] 내려보내다, 달아 내리다 ∥ 눅 5:19

ἵστημι

ἵστημι · [155] 서다, 서 있다 ∥ 마 2:9

ἀνίστημι · [108] 일으켜 세우다, 일어나다, 깨어나다 ∥ 마 9:9

ἀνάστασις, -εως, ἡ · [42] 일으킴, 부활 ∥ 마 22:23

παρίστημι · [41] 보내다, 드리다, 이르다 ∥ 마 26:53

ἐφίστημι · [21] 다가가다, 나아가다 ∥ 눅 2:9

καθίστημι · [21] 맡다, 맡기다, 세우다 ∥ 마 24:45

ἐξίστημι · [17] 놀라게 하다, 놀라다, 어쩔 줄 모르다 ∥ 마 12:23

συνίστημι · [16] 함께 서 있다. 권하다, 추천하다 ∥ 눅 9:32

ἀνθίστημι · [14] 대적하다, 저항하다, 견뎌내다 ∥ 마 5:39

ἀφίστημι · [14] 떠나다, 거절하다, 떼어놓다 ∥ 눅 2:37

ἐπίσταμαι · [14] 이해하다, 깨닫다, 알다 ∥ 막 14:68

στάσις, -εως, ἡ · [9] 민란, 반란, 봉기 ∥ 막 15:7

στήκω · [9] 서다, 굳게 서다, 확고하다 ∥ 막 3:31

ἀποκαθίστημι	[8] 회복하다, 낫다 ▮ 마 12:13
προΐστημι	[8] 지도하다, 진두에 서다 ▮ 롬 12:8
ἔκστασις, -εως, ἡ	[7] 경악, 황홀, 무아지경 ▮ 막 5:42
ἐνίστημι	[7] 이르다, 닥치다 ▮ 롬 8:38
ἐπιστάτης, -ου, ὁ	[7] 선생, 스승, 지도자 ▮ 눅 5:5
ἀκαταστασία, -ας, ἡ	[5] 소요, 무질서, 혼란, 반란 ▮ 눅 21:9
μεθίστημι	[5] 축출하다, 제거하다, 옮기다 ▮ 눅 16:4
στῆθος, -ους, τό	[5] 가슴, 흉부, 품 ▮ 눅 18:13
ὑπόστασις, -εως, ἡ	[5] 실체, 모험, 사업 계획 ▮ 고후 9:4
ἰσχύς	
ἰσχυρός, -ά, -όν	[29] 강한, 힘있는, 능력있는 ▮ 마 3:11
ἰσχύω	[28] 능히 ~하다, 능력있다 ▮ 마 5:13
ἰσχύς, -ύος, ἡ	[10] 힘, 능력 ▮ 막 12:30
κατισχύω	[3] 이기다, 극복하다 ▮ 마 16:18
διϊσχυρίζομαι	[2] 장담하다, 힘써 말하다, 주장하다 ▮ 눅 22:59
ἐνισχύω	[2] 기운차리다, 힘을 다시 얻다 ▮ 눅 22:43
καθαρός	
ἀκάθαρτος, -ον	[32] 더러운, 부정한 ▮ 마 10:1
καθαρίζω	[31] 깨끗하게 하다, 정결하게 하다 ▮ 마 8:2
καθαρός, -ά, -όν	[27] 청결한, 깨끗한, 맑은 ▮ 마 5:8
ἀκαθαρσία, -ας, ἡ	[10] 부정, 더러움, 깨끗하지 못한 ▮ 마 23:27
καθαρισμός, -οῦ, ὁ	[7] 정결, 정결예식 ▮ 막 1:44
ἐκκαθαίρω	[2] 깨끗이 하다, 내버리다 ▮ 고전 5:7
καλέω	
καλέω	[148] 부르다, 이름하다, 청하다, 칭하다 ▮ 마 1:21
ἐκκλησία, -ας, ἡ	[114] 회중, 교회, 민회 ▮ 마 16:18
παρακαλέω	[109] 위로하다, 격려하다, 간구하다, 촉구하다 ▮ 마 2:18
καυχάομαι	[37] 자랑하다, 뽐내다, 칭찬받다 ▮ 롬 2:17
ἐπικαλέω	[30] 부르다, 일컫다 ▮ 마 10:25
παράκλησις, -εως, ἡ	[29] 격려, 위로, 간청 ▮ 눅 2:25
προσκαλέω	[29] 부르다, 불러들이다, 초청하다 ▮ 마 10:1

κλῆσις, -εως, ἡ	[11] 부름, 초대 ┃ 롬 11:29
κλητός, -ή, -όν	[10] 부름을 받은, 초대받은 ┃ 마 22:14
συγκαλέω	[8] 모으다, 불러모으다 ┃ 막 15:16
ἐγκαλέω	[7] 고소하다, 기소하다 ┃ 행 19:38
ἀνέγκλητος, -ον	[5] 책망할 것 없는, 결백한 ┃ 고전 1:8
παράκλητος, -ου, ὁ	[5] 조력자, 격려자, 중재자 ┃ 요 14:16
μετακαλέομαι	[4] 부르다, 청하다, 소환하다 ┃ 행 7:14

κεῖμαι

κώμη, -ης, ἡ	[27] 마을, 촌락 ┃ 마 9:35
κεῖμαι	[24] 눕다, 자리 잡다, 위치하다 ┃ 마 3:10
κοιμάω	[18] 자다, 잠들다 ┃ 마 27:52
ἀνάκειμαι	[14] 앉다, 앉아 먹다, 눕다 ┃ 마 9:10
κατάκειμαι	[12] 눕다, (식사를 위해) 앉다 ┃ 막 1:30
ἀντίκειμαι	[8] 반대하다, 대항하다, 대적하다 ┃ 눅 13:17
ἐπίκειμαι	[7] 몰려오다, (돌로)막다 ┃ 눅 5:1
συνανάκειμαι	[7] (식사 자리에) 함께 하다, 함께 먹다 ┃ 마 9:10
περίκειμαι	[5] 둘러서다, 매이다, 휩싸다 ┃ 막 9:42
πρόκειμαι	[5] 노출되다, 앞에 놓이다 ┃ 고후 8:12
ἀπόκειμαι	[4] 보관하다, 예비되다, 정하다 ┃ 눅 19:20
κοίτη, -ης, ἡ	[4] 침대, 침소, 임신 ┃ 눅 11:7
κώμη, -ης, ἡ	[27] 마을, 촌락 ┃ 마 9:35
κοιμάω	[18] 자다, 잠들다 ┃ 마 27:52

κλῆρος

κληρονομέω	[18] 물려받다, 상속하다 ┃ 마 5:5
κληρονόμος, -ου, ὁ	[15] 상속자 ┃ 마 21:38
κληρονομία, -ας, ἡ	[14] 상속, 기업, 유산 ┃ 마 21:38
κλῆρος, -ου, ὁ	[11] 제비, 부분, 분깃 ┃ 마 27:35
συγκληρονόμος, -ον	[4] 공동 상속자, 공동 상속자로 ┃ 롬 8:17
ὁλόκληρος, -ον	[2] 완전한, 온전한 ┃ 살전 5:23

κοινός

κοινωνία, -ας, ἡ	[19] 교제, 사귐, 참여 ┃ 행 2:42

κοινός, -ή, -όν　　　[14] 공통된, 평범한, 부정한 ┃ 막 7:2

κοινόω　　　　　　[14] 속되게 하다, 더럽히다 ┃ 마 15:11

κοινωνός, -οῦ, ὁ　[10] 동료, 동업자, 참여자 ┃ 마 23:30

κοινωνέω　　　　　[8] 공유하다, 나눠 갖다 ┃ 롬 12:13

συγκοινωνός, -οῦ, ὁ　[4] 참여자, 동참자, 공유자 ┃ 롬 11:17

συγκοινωνέω　　　[3] ~와 함께 참여하다, ~에 관련되다 ┃ 엡 5:11

κόπτω

κοπιάω　　　　　　[23] 지치다, 피곤하다, 애쓰다 ┃ 마 6:28

κόπος, -ου, ὁ　　　[18] 노력, 수고, 고난, 아려움 ┃ 마 26:10

ἐκκόπτω　　　　　[10] 잘라내다, 찍어 내다 ┃ 마 3:10

κόπτω　　　　　　　[8] 자르다, 통곡하다 ┃ 마 11:17

προσκόπτω　　　　[8] 때리다, 공격하다 ┃ 마 4:6

εὔκοπος　　　　　　[7] 쉬운 ┃ 마 9:5

ἀποκόπτω　　　　　[6] 잘라 내다, 베어 버리다 ┃ 막 9:43

προκόπτω　　　　　[6] 발전하다, 진전하다 ┃ 눅 2:52

πρόσκομμα, -τος, τό　[6] 헛디딤, 실족 ┃ 롬 9:32

ἐγκόπτω　　　　　　[5] 지체하다, 방해하다 ┃ 행 24:4

ἀπρόσκοπος, -ον　[3] 거리낌이 없는, 허물 없는 ┃ 행 24:16

κοπάζω　　　　　　[3] (바람이) 잦다, 그치다, 사그라들다 ┃ 마 14:32

προκοπή, -ῆς, ἡ　　[3] 발전, 진전 ┃ 빌 1:12

κράτος

κρατέω　　　　　　[47] 손에 넣다, 붙잡다, 체포하다 ┃ 마 9:25

κρείττων　　　　　[15] 더 나은, 더 좋은, 우월한 ┃ 고전 7:9

κράτος, -ους, τό　[12] 권능, 힘, 능력 ┃ 눅 1:51

παντοκράτωρ, -ορος, ὁ　[10] 전능한, 능력있는 ┃ 고후 6:18

προσκαρτερέω　　[10] ~을 고집하다, 하려고 하다 ┃ 막 3:9

ἐγκράτεια, -ας, ἡ　[4] 절제, 자제력 ┃ 행 24:25

κραταιόομαι　　　[4] 강하게 하다, 강화하다 ┃ 눅 1:80

κράτιστος, -η, -ον　[4] 지극히 숭고한, 매우 탁월한, 각하 ┃ 눅 1:3

κρείσσων　　　　　[4] 더 나은, 더 좋은, 우월한 ┃ 고전 7:38

κρίνω

ἀποκρίνομαι	[231] 대답하다, 응답하다 ▮ 마 3:15	
κρίνω	[114] 판단하다, 비판하다, 판결하다 ▮ 마 5:40	
κρίσις, -εως, ἡ	[47] 심판, 정죄, 판결, 죄 ▮ 마 5:21	
κρίμα, -τος, τό	[27] 심판, 유죄선고 ▮ 마 7:2	
διακρίνω	[19] 분별하다, 의심하다, 비난하다, 논쟁하다 ▮ 마 16:3	
κριτής, -οῦ, ὁ	[19] 재판관, 사사, 판관 ▮ 마 5:25	
κατακρίνω	[18] 정죄하다, 고발하다 ▮ 마 12:41	
ὑποκριτής, -οῦ, ὁ	[17] 위선자 ▮ 마 6:2	
ἀνακρίνω	[16] 조사하다, 심문하다 ▮ 눅 23:14	
ἀνυπόκριτος, -ον	[6] 거짓이 없는, 진정한, 성실한 ▮ 롬 12:9	
ὑπόκρισις, -εως, ἡ	[6] 위선, 외식 ▮ 마 23:28	
ἀπόκρισις, -εως, ἡ	[4] 대답 ▮ 눅 2:47	
διάκρισις, -εως, ἡ	[3] 비판, 분별, 논쟁 ▮ 롬 14:1	
εἰλικρίνεια, -ας, ἡ	[3] 진실함, (동기의) 순수성 ▮ 고전 5:8	
κατάκριμα, -τος, τό	[3] 형벌, 심판, 정죄 ▮ 롬 5:16	
κριτήριον, -ου, τό	[3] 법원, 재판소 ▮ 고전 6:2	
συγκρίνω	[3] 연관짓다, 비교하다, 설명하다 ▮ 고전 2:13	
λαμβάνω		
λαμβάνω	[258] 취하다, 얻다, 받다, 영접하다 ▮ 마 5:40	
παραλαμβάνω	[49] 데려오다, 영접하다, 받다 ▮ 마 1:20	
ἐπιλαμβάνομαι	[19] 잡다, 붙들다 ▮ 마 14:31	
συλλαμβάνω	[16] 붙잡다, 파악하다, 임신하다 ▮ 마 26:55	
καταλαμβάνω	[15] 붙잡다, 얻다, 파악하다 ▮ 막 9:18	
ἀναλαμβάνω	[13] 올려지다, 데려가다, 집어 들다 ▮ 막 16:19	
προσλαμβάνομαι	[12] 데리고 가다, 받다, 영접하다 ▮ 마 16:22	
μεταλαμβάνω	[7] 자기 몫을 가지다, 받다 ▮ 행 2:46	
ὑπολαμβάνω	[5] 생각하다, 추측하다, 믿다 ▮ 눅 7:43	
ἀπολαμβάνω	[10] 데리고 가다, 받다, 얻다 ▮ 막 7:33	
εὐλαβής, -ές	[4] 경건한, 하나님을 경외하는 ▮ 눅 2:25	
προσωπολημψία, -ας, ἡ	[4] 차별, 편견 ▮ 롬 2:11	

συμπαραλαμβάνω	[4] 데리고 가다, 가지고 가다	행 12:25
ἀνεπίλημπτος, -ον	[3] 책망할 것 없는, 비난할 것이 없는	딤전 3:2
προλαμβάνω	[3] 미리 행하다	막 14:8
ἀντιλαμβάνω	[3] 돕다, 원조하다	눅 1:54
λανθάνω		
ἀλήθεια, -ας, ἡ	[109] 참, 사실, 진리*	마 22:16
ἀληθινός, -ή, -όν	[28] 참된, 옳은, 진실한	눅 16:11
ἀληθής, -ές	[26] 참된, 진실된	마 22:16
ἀληθῶς	[18] 정말로, 진실로, 참으로	마 14:33
ἐπιλανθάνομαι	[8] 소홀히 하다, 무시하다, 잊다	마 16:5
λανθάνω	[6] 숨기다, 피하다, 있다	막 7:24
λάθρᾳ	[4] 가만히, 몰래, 은밀히	마 1:19
ἀληθεύω	[2] 참된 말을 하다, 참되게 행다	갈 4:16
λέγω		
λέγω	[1329] 말하다, 이야기하다	마 1:16
λόγος, -ου, ὁ	[330] 말하기, 말씀, 계산, 로고스	마 5:32
εὐλογέω	[41] 축복하다, 찬양하다	마 14:19
λογίζομαι	[40] 세다, 여기다, 생각하다	눅 22:37
διαλογίζομαι	[16] 논의하다, 숙고하다, 생각하다	마 16:7
εὐλογία, -ας, ἡ	[16] 축복, 아첨, 선물, 찬송	롬 15:29
διαλογισμός, -οῦ, ὁ	[14] 논쟁, 논의, 언쟁	마 15:19
διαλέγομαι	[13] 대화하다, 논의하다, 논쟁하다	막 9:34
ἀπολογέομαι	[10] 대답하다, (스스로)변명하다	눅 12:11
ἀπολογία, -ας, ἡ	[8] 변론, 방어, 대답	행 22:1
εὐλογητός, -ή, -όν	[8] 찬송 받을, 복있는	막 14:61
διάλεκτος, -ου, ἡ	[6] 말, 방언, (한 민족/지방의) 언어	행 1:19
ὁμολογία, -ας, ἡ	[6] 천명, 고백	고후 9:13
ἀντιλογία, -ας, ἡ	[4] 논박, 논쟁, 반역, 반란	히 6:16
κακολογέω	[4] 비방하다, 중상하다, 모욕하다	마 15:4

---

* '숨기는 것이 없다'는 뜻에서 '진리'라는 의미를 가지게 되었다.

λεγιών, -ῶνος, ἡ   [4] 군단, 군대, 레기온 ▎마 26:53
λόγιον   [4] 말씀, 신탁 ▎행 7:38

* '말하다' 말고도 선택하고 뽑는다는 의미를 가진 단어가 있다.

ἐκλέγομαι   [22] 선택하다, 뽑다, 택하다 ▎막 13:20
ἐκλεκτός, -ή, -όν   [22] 선택된, 뽑힌 ▎마 22:14
συλλέγω   [8] 모으다, 거두다 ▎마 7:16
ἐκλογή, -ῆς, ἡ   [7] 선택, 선거 ▎행 9:15

λύω
ἀπολύω   [66] 풀어주다, 구하다, 해방시키다 ▎마 1:19
λύω   [42] 풀다, 해방시키다, 폐지하다, 파괴하다 ▎마 5:19
καταλύω   [17] 떨어뜨리다, 무너뜨리다, 헐다 ▎마 5:17
ἀπολύτρωσις, -εως, ἡ   [10] 속량, 구원, 해방 ▎눅 21:28
παραλυτικός, -οῦ, ὁ   [10] 중풍 걸린, 마비된 ▎마 4:24
ἐκλύομαι   [5] 지치다, 기진하다, 피곤하다 ▎마 15:32
παραλύομαι   [5] 약해지다, 마비되다 ▎눅 5:18
κατάλυμα, -τος, τό   [3] 여인숙, 객실, 여관 ▎막 14:14

μάρτυς
μαρτυρέω   [76] 증언하다, 증명하다 ▎마 23:31
μαρτυρία, -ας, ἡ   [37] 증언, 증거 ▎막 14:55
μάρτυς, μάρτυρος   [35] 목격자, 증인, 순교자 ▎마 18:16
μαρτύριον, -ου, τό   [19] 증거, 증언 ▎마 8:4
διαμαρτύρομαι   [15] 증언하다, 확증하다 ▎눅 16:28
μαρτύρομαι   [5] 증언하다, 선포하다, 간청하다, 주장하다 ▎행 20:26
ψευδομαρτυρέω   [5] 거짓 증언하다 ▎마 19:18
καταμαρτυρέω   [3] 불리한 증언을 하다, 반대 증언하다 ▎마 26:62
συμμαρτυρέω   [3] 확인하다, 함께 증언하다 ▎롬 2:15

μένω
μένω   [118] 남아있다, 머물다, 거하다 ▎마 10:11
ὑπομονή, -ῆς, ἡ   [32] 인내, 견고함 ▎눅 8:15
ὑπομένω   [17] 견디다 ▎마 10:22
ἐπιμένω   [16] 머물다, 계속하다, 거하다 ▎요 8:7

προσμένω	[7] 함께 있다, 머무르다, 지속하다 ▮ 마 15:32
διαμένω	[5] 머무르다, 지속하다, 남아 있다 ▮ 눅 1:22
ἐμμένω	[4] 머무르다, 계속하다, 남아 있다 ▮ 행 14:22
παραμένω	[4] 머무르다, 지속되다 ▮ 고전 16:6
μέρος	
μέρος, -ους, τό	[43] 부분, 몫 ▮ 마 2:22
μεριμνάω	[19] 염려하다, 근심하다, 보살피다 ▮ 마 6:25
μερίζω	[14] 나누다, 분배하다, 배치하다 ▮ 마 12:25
διαμερίζω	[11] 나누다, 분쟁하다, 갈라지다 ▮ 마 27:35
μέριμνα, -ης, ἡ	[6] 근심, 염려, 배려, 관심 ▮ 마 13:22
μερίς, -ίδος, ἡ	[5] 부분, 몫 ▮ 눅 10:42
ἀμέριμνος, -ον	[2] 근심하지 않는, 염려 없는 ▮ 마 28:14
μερισμός, -οῦ, ὁ	[2] 나눔, 분배, 할당 ▮ 히 2:4
προμεριμνάω	[1] 미리 걱정하다 ▮ 막 13:11
μιμνήσκομαι	
μνημεῖον, -ου, τό	[40] 무덤, 기념물, 매장지 ▮ 마 8:28
μιμνήσκομαι	[23] 상기하다, 유념하다, 기억하다 ▮ 마 5:23
μνημονεύω	[21] 기억하다, 되새기다 ▮ 마 16:9
μνῆμα, -τος, τό	[8] 기념물, 무덤, 묘소 ▮ 막 5:3
μνεία, -ας, ἡ	[7] 기억, 언급, 거론 ▮ 롬 1:9
ὑπομιμνήσκω	[7] 되새기다, 생각나다 ▮ 눅 22:61
ἀναμιμνήσκω	[6] 상기하다, 일깨우다, 되새기다 ▮ 막 11:21
ἀνάμνησις, -εως, ἡ	[4] 기념, 기억 ▮ 눅 22:19
μνημόσυνον, -ου, τό	[3] 기념, 기억 ▮ 마 26:13
ὑπόμνησις, -εως, ἡ	[3] 생각함, 기억 ▮ 딤후 1:5
νοέω	
μετανοέω	[34] 회개하다, 마음을 고쳐먹다 ▮ 마 3:2
νοῦς, νοός, νοΐ, νοῦν, ὁ	[24] 마음, 영, 정신 ▮ 눅 24:45

---

* μέρος의 부분이라는 뜻에서 생각이 집중하지 못하고 나눠진다는 뜻에서, μεριμνάω
'염려하다'는 뜻이 나온 것으로 보인다.

μετάνοια, -ας, ἡ	[22] 회개, 후회 ▮ 마 3:8
κατανοέω	[14] 면밀히 살피다, 심사숙고하다 ▮ 마 7:3
νοέω	[14] 알다, 깨닫다, 이해하다 ▮ 마 15:17
διάνοια, -ας, ἡ	[12] 생각, 사고방식, 인식 ▮ 마 22:37
νουθετέω	[8] 훈계하다, 가르치다, 충고하다 ▮ 행 20:31
ἀνόητος, -ον	[6] 미련한, 어리석은 ▮ 눅 24:25
νόημα, -τος, τό	[6] 생각, 마음, 목적 ▮ 고후 2:11
νουθεσία, -ας, ἡ	[3] 훈계, 교훈 ▮ 고전 10:11 ·
προνοέω	[3] ~을 돌보다, 공급하다 ▮ 롬 12:17
ὑπονοέω	[3] 생각하다, 추측하다, 짐작하다 ▮ 행 13:25

νόμος

νόμος, -ου, ὁ	[194] 율법, 법 ▮ 마 5:17
κληρονομέω	[18] 물려받다, 상속하다 ▮ 마 5:5
ἀνομία, -ας, ἡ	[15] 불법, 불법적 행동 ▮ 마 7:23
κληρονόμος, -ου, ὁ	[15] 상속자 ▮ 마 21:38
νομίζω	[15] 생각하다, 여기다, 믿다 ▮ 마 5:17
κληρονομία, -ας, ἡ	[14] 상속, 기업, 유산 ▮ 마 21:38
ἄνομος, -ον	[9] 불법적인, 율법을 따르지 않는 ▮ 눅 22:37
νομικός, -ή, -όν	[9] 율법사, 율법교사, 법률 전문가 ▮ 마 22:35
συγκληρονόμος, -ον	[4] 공동 상속자, 공동 상속자로 ▮ 롬 8:17
νομοδιδάσκαλος, -ου, ὁ	[3] 율법 교사, 율법 선생 ▮ 눅 5:17

οἶκος

οἶκος, -ου, ὁ	[114] 집, 가정 ▮ 마 9:6
οἰκία, -ας, ἡ	[93] 집 ▮ 마 2:11
κατοικέω	[44] 살다, 거하다, 머물러 있다 ▮ 마 2:23
οἰκοδομέω	[40] 짓다, 세우다, 강하게 하다 ▮ 마 7:24
οἰκοδομή, -ῆς, ἡ	[18] 건물, 구조물, 세움 ▮ 마 24:1
οἰκουμένη, -ης, ἡ	[15] 거주하는 땅, 세상 ▮ 마 24:14
οἰκοδεσπότης, -ου, ὁ	[12] 집안을 다스리는 자 ▮ 마 10:25
οἰκονόμος, -ου, ὁ	[10] 청지기, 관리인, 재무관 ▮ 눅 12:42
οἰκέω	[9] 살다, 거하다 ▮ 롬 7:17

οἰκονομία, -ας, ἡ	[9] 관리직, 청지기직, 경영 ▪ 눅 16:2
ἐποικοδομέω	[7] ~위에 세우다, 집짓다 ▪ 고전 3:10
ἐνοικέω	[5] 거하다, 살다 ▪ 롬 8:11
μετοικεσία, -ας, ἡ	[4] 이주, 추방 ▪ 마 1:11
οἰκέτης, -ου, ὁ	[4] (가정)노예, 사환 ▪ 눅 16:13
πάροικος, -ου, ὁ	[4] 나그네, 체류자, 이방인의 ▪ 행 7:6
οἰκεῖος, -ου, ὁ	[3] 식구, 식솔, 거솔 ▪ 갈 6:10
ὅμοιος	
ὅμοιος, -α, -ον	[45] 같은, 비슷한 ▪ 마 11:16
ὁμοίως	[30] 그렇게, 이와같이, 동일한 방식으로 ▪ 마 22:26
ὁμολογέω	[26] 시인하다, 고백하다 ▪ 마 7:23
ὁμοιόω	[15] 비교하다, ~과 같이 되다 ▪ 마 6:8
ὁμοθυμαδόν	[11] 마음을 같이하여, 한 마음으로 ▪ 행 1:14
ἐξομολογέω	[10] 고백하다, 동의하다, 찬양하다 ▪ 마 3:6
ὁμοίωμα, -τος, τό	[6] 형상, 형태, 외형 ▪ 롬 1:23
ὁμολογία, -ας, ἡ	[6] 천명, 고백 ▪ 고후 9:13
ὁμιλέω	[4] 이야기하다, 대화하다 ▪ 눅 24:14
ὁμοῦ	[4] 함께, 더불어 ▪ 요 4:36
ὅμως	[3] 그러나, 까지도, 모두 동일하게 ▪ 요 12:42
ὄψομαι	
ὄψομαι	ὁράω의 미래 직설법 역할
ὀφθαλμός, -οῦ, ὁ	[100] 눈 ▪ 마 5:29
πρόσωπον, -ου, τό	[76] 얼굴, 외모 ▪ 마 6:16
μέτωπον, -ου, τό	[8] 앞면, 이마 ▪ 계 7:3
ὀπτασία, -ας, ἡ	[4] 환상 ▪ 눅 1:22
προσωπολημψία, -ας, ἡ	[4] 차별, 편견 ▪ 롬 2:11
παῖς	
παιδίον, -ου, τό	[53] 아이, 어린아이 ▪ 마 2:8
παῖς, -παιδός, ὁ, ἡ	[24] 노예, 하인, 아이 ▪ 마 2:16
ἐμπαίζω	[13] 조롱하다, 비웃다 ▪ 마 2:16
παιδεύω	[13] 교육하다, 훈련하다, 가르치다 ▪ 눅 23:16

παιδίσκη, -ης, ἡ   [13] 여종, 여자 노예 ▮ 마 26:69

παιδεία, -ας, ἡ   [6] 교육, 양육, 훈련 ▮ 엡 6:4

παιδαγωγός, -οῦ, ὁ   [3] 수호자, 안내자, 지도자 ▮ 고전 4:15

πᾶς

πᾶς, πᾶσα, πᾶν   [1243] 모든, ~마다, 각각 ▮ 마 1:17

πάντοτε   [41] 항상, 언제든지 ▮ 마 26:11

ἅπας, -ασα, -αν   [34] 모두, 모든 사람, 모든 일, 전부 ▮ 마 6:32

παντοκράτωρ, -ορος, ὁ   [10] 전능한, 능력있는 ▮ 고후 6:18

πάντως   [8] 반드시, 확실히, 의심없이 ▮ 눅 4:23

πανταχοῦ   [7] 사방으로, 모든 곳으로 ▮ 막 1:28

πανουργία, -ας, ἡ   [5] 간계, 속임수 ▮ 눅 20:23

πανοπλία, -ας, ἡ   [3] 전신무장, 완전무장 ▮ 눅 11:22

πάντοθεν   [3] 사방에서, 사면으로부터 ▮ 막 1:45

πάσχω

πάσχω   [42] 경험하다, 겪다, 고생하다 ▮ 마 16:21

πάθημα, -τος, τό   [16] 고통; 정욕, 욕망 ▮ 롬 7:5

πενθέω   [10] 애통하다, 슬퍼하다, 근심하다 ▮ 마 5:4

πένθος, -ους, τό   [5] 애통, 슬픔, 비탄 ▮ 약 4:9

κακοπαθέω   [3] 불행을 겪다, 어려움을 견디다, 고난받다 ▮ 딤후 2:9

πάθος, -ους, τό   [3] 욕망, 욕정 ▮ 롬 1:26

πείθω

πίστις, -εως, ἡ   [243] 믿음, 충성, 신앙, 신실함 ▮ 마 8:10

πιστεύω   [241] 믿다, 맡기다 ▮ 마 8:13

πιστός, -ή, -όν   [67] 충성된, 진실한, 신실한 ▮ 마 24:45

πείθω   [52] 설득하다, 확신시키다 ▮ 마 27:20

ἄπιστος, -ον   [23] 믿음 없는, 신실하지 않은 ▮ 마 17:17

ἀπειθέω   [14] 불순종하다, 반역하다, 저항하다 ▮ 요 3:36

ἀπιστία, -ας, ἡ   [11] 믿지 아니함, 불신앙 ▮ 마 13:58

ἀπιστέω   [8] 믿지 아니하다, 믿기를 거절하다 ▮ 막 16:11

ἀπείθεια, -ας, ἡ   [7] 불순종 ▮ 롬 11:30

ἀπειθής, -ές   [6] 불순종하는, 반역하는, 거스르는 ▮ 눅 1:17

πεποίθησις, -εως, ἡ   [6] 확신, 믿음, 자신감, 담대함 ▎고후 1:15
ὀλιγόπιστος, -ον   [5] 믿음이 작은 ▎마 6:30
πειθαρχέω   [4] 순종하다, 복종하다 ▎행 5:29

πέραν

πέραν   [23] 저편, 건너편, 건너 ▎마 4:15
διαπεράω   [6] 건너가다 ▎마 9:1
πέρας, -ατος, τό   [4] 끝, 최후 ▎마 12:42

πέτομαι

πετεινόν   [14] 새, 날짐승 ▎마 6:26
καταπέτασμα, -τος, τό   [6] 휘장 ▎마 27:51
πέτομαι   [5] 날아가다 ▎계 4:7
πτέρυξ, -υγος, ἡ   [5] 날개 ▎마 23:37

πολύς

πολύς, πολλή, πολύ   [416] 많은, 큰, 위대한 ▎마 2:18
πληρόω   [86] 이루어지다, 성취하다, 채우다 ▎마 1:22
πλῆθος, -ους, τό   [31] 군중, 무리, 다수 ▎막 3:7
πίμπλημι   [24] 채우다, ~으로 채우다 ▎마 22:10
πολλάκις   [18] 자주, 여러 번 ▎마 17:15
πλήρωμα, -τος, τό   [17] 완성, 충만 ▎마 9:16
πλήρης, -ες   [16] 가득 찬, 완전한, 충만한 ▎마 14:20
πληθύνω   [12] 더 많아지다, 더하다, 증가하다 ▎마 24:12
πλεονεξία, -ας, ἡ   [10] 탐욕, 탐심 ▎막 7:22
πλεονάζω   [9] 증가하다, 자라다 ▎롬 5:20
ἀναπληρόω   [6] 가득 채우다, 이루어지다 ▎마 13:14
ἐμπίπλημι   [5] 채우다, 만족하다 ▎눅 1:53
πλεονεκτέω   [5] 이용하다, 사취하다, 이득을 취하다 ▎고후 2:11
πολυτελής, -ές   [3] 매우 값진, 비싼 ▎막 14:3
πολύτιμος, -ον   [3] 가치가 매우 높은 ▎마 13:46
πλείων   πολύς의 비교급

πίνω

πίνω   [73] 마시다 ▎마 6:31

ποτήριον, -ου, τό	[31] 잔, 그릇 ▎마 10:42
ποτίζω	[15] 마실 것을 주다, 물주다 ▎마 10:42
καταπίνω	[7] 삼키다 ▎마 23:24
πόσις, -εως, ἡ	[3] 마실 것, 마시기, 음료 ▎요 6:55
οἰνοπότης, -ου, ὁ	[2] 술고래, 주정뱅이 ▎마 11:19
πόμα, -τος, τό	[2] 마실 것, 음료 ▎고전 10:4
πιπράσκω˙	
πορνεία, -ας, ἡ	[25] 음란, 성적 부도덕 ▎마 5:32
πόρνη, -ης, ἡ	[12] 창녀, 음녀 ▎마 21:31
πόρνος, -ου, ὁ	[10] 간음하는 자, 음행하는 자 ▎고전 5:9
πιπράσκω	[9] 팔다 ▎마 13:46
πορνεύω	[8] 음행하다 ▎고전 6:18
πίπτω	
πίπτω	[90] 넘어지다, 떨어지다, 엎드리다 ▎마 2:11
παράπτωμα, -τος, τό	[19] 잘못, 침해, 범죄 ▎마 6:14
ἀναπίπτω	[12] 기대어 앉다, 의지하다 ▎마 15:35
ἐπιπίπτω	[11] ~위에 떨어지다, 달려들다 ▎막 3:10
ἐκπίπτω	[10] ~로부터 떨어지다, 잃다, 실패하다 ▎행 12:7
προσπίπτω	[8] ~앞에 엎드리다, 무너뜨리다, 들이닥치다 ▎마 7:25
ἐμπίπτω	[7] 떨어지다, 빠지다 ▎마 12:11
πτῶμα, -τος, τό	[7] 주검, 시체 ▎마 14:12
γονυπετέω	[4] 꿇어 엎드리다, 무릎을 꿇다 ▎마 17:14
καταπίπτω	[3] 떨어지다, 넘어지다, 엎드러지다 ▎눅 8:6
περιπίπτω	[3] 곤두박질치다, 만나다 ▎눅 10:30
πορεύομαι	
πορεύομαι	[153] 가다, 나가다, 떠나다 ▎마 2:8
ἐκπορεύομαι	[33] 나가다, 떠나다 ▎마 3:5
εἰσπορεύομαι	[18] 들어가다, 안으로 가다 ▎마 15:17
ἀπορέω	[6] 혼란스럽다, 어쩔 줄 모르다 ▎막 6:20

---

* 음란하다는 뜻의 πόρνη 관련 어휘들은 πιπράσκω와 관련 깊다.

διαπεράω [6] 건너가다 ▌마 9:1
διαπορεύομαι [5] 지나가다, 통과하다 ▌눅 6:1
ἔμπορος, -ου, ὁ [5] 상인, 장사꾼 ▌마 13:45
παραπορεύομαι [5] 지나가다, 통과하다, 지나서 가다 ▌마 27:39
διαπορέω [4] 심히 당황하다 ▌눅 9:7
συμπορεύομαι [4] (더불어)함께 가다, 모여들다 ▌막 10:1

ῥῆμα
ῥῆμα, -τος, τό [68] 말씀, 말 ▌마 4:4
παρρησία, -ας, ἡ [31] 확신, 대담함, 숨김없이 ▌막 8:32
παρρησιάζομαι [9] 자유로이 말하다, 담대히 말하다 ▌행 9:27
ἐρῶ 말할 것이다(λέγω의 미래 직설법)

σθενόω
ἀσθενέω [33] 병들다, 앓다, 약하다 ▌마 10:8
ἀσθενής, -ές [26] 약한, 아픈, 병든 ▌마 25:43
ἀσθένεια, -ας, ἡ [24] 연약함, 아픔, 질병 ▌마 8:17
ἀσθένημα, -τος, τό [1] 연약함, 약함 ▌롬 15:1
σθενόω [1] 강하게 하다, 힘있게 하다

σκηνή
σκηνή, -ῆς, ἡ [20] 천막, 장막, 거처 ▌마 17:4
σκηνόω [5] 살다, 거주하다, 거하다 ▌요 1:14
κατασκηνόω [4] 살게 하다, 거하다, (새가)둥지 틀다 ▌마 13:32
σκήνωμα, -τος, τό [3] 거주 ▌행 7:46

σκότος
σκότος, -ους, τό [31] 흑암, 어둠 ▌마 6:23
σκοτία, -ας, ἡ [16] 어둠 ▌마 4:16
σκιά, -ᾶς, ἡ [7] 그늘, 그림자 ▌마 4:16
ἐπισκιάζω [5] 그늘지게 하다, 덮다 ▌마 17:5
σκοτίζομαι [5] 어두워지다 ▌마 24:29
σκοτεινός, -ή, -όν [3] 어두운 ▌마 6:23
σκοτόομαι [3] 어두워지다 ▌엡 4:18

σταυρός

σταυρόω	[46] 십자가에 못박다 ▌마 20:19
σταυρός, -οῦ, ὁ	[27] 십자가 ▌마 10:38
συσταυρόομαι	[5] 더불어 십자가에 못 박히다 ▌마 27:44
ἀνασταυρόω	[1] 다시 십자가에 못박다 ▌히 6:6
στρέφω	
ἐπιστρέφω	[36] 돌이키다, 저버리다, 돌아오다 ▌마 10:13
ὑποστρέφω	[35] 돌아오다, 되돌아가다 ▌눅 1:56
στρέφω	[21] 돌리다, 돌아서다 ▌마 5:39
ἀναστροφή, -ῆς, ἡ	[13] 행동, 처신, 사는 모양 ▌갈 1:13
ἀναστρέφω	[9] 뒤엎다, 뒤집다, (되)돌아가다 ▌요 2:15
ἀποστρέφω	[9] 돌이키다, 거절하다 ▌마 5:42
διαστρέφω	[7] 왜곡하다, 오도하다, 미혹하다 ▌마 17:17
ἀποστερέω	[6] 속여 빼앗다, 훔치다 ▌막 10:19
σῴζω	
σῴζω	[106] 구원하다, 구하다 ▌마 1:21
σωτηρία, -ας, ἡ	[46] 구원, 구출 ▌막 16:8
σωτήρ, -ῆρος, ὁ	[24] 구주, 구원자 ▌눅 1:47
διασῴζω	[8] 구하다, 구원하다, 무사히 데려가다 ▌마 14:36
σωτήριος, -ον	[5] 구원을 주는, 구원하는 ▌눅 2:30
ἀσωτία, -ας, ἡ	[3] 방탕, 방종 ▌엡 5:18
τάσσω	
ὑποτάσσω	[38] 굴복시키다, 복종시키다, 따르게 하다 ▌눅 2:51
διατάσσω	[16] 처리하다, 정하다, 지시하다, 명령하다 ▌마 11:1
ἐπιτάσσω	[10] 명령하다, 지시하다 ▌막 1:27
τάξις, -εως, ἡ	[9] 질서, 정해진 순서 ▌눅 1:8
τάσσω	[8] 정해두다, 마련하다, 등록하다 ▌마 28:16
ἐπιταγή, -ῆς, ἡ	[7] 명령, 권위 ▌고전 7:6
προστάσσω	[7] 명령하다, 지시하다 ▌마 1:24
ἀποτάσσομαι	[6] 작별하다, 버리다, 포기하다 ▌막 6:46
ἀντιτάσσομαι	[5] 대적하다, 물리치다, 대항하다 ▌행 18:6
ἀνυπότακτος, -ον	[4] 복종하지 않는, 통제를 벗어난, 독립적인 ▌딤전 1:9

ὑποταγή, -ῆς, ἡ [4] 굴복, 복종 ▌고후 9:13
συντάσσω [3] 명령하다, 시키다, 지시하다 ▌마 21:6
τέλος
τέλος, -ους, τό [40] 끝, 마지막, 결말 ▌마 10:22
τελέω [28] 마치다, 이루다, 성취하다 ▌마 7:28
τελειόω [23] 마치다, 완성하다, 이루다 ▌눅 2:43
τέλειος, -α, -ον [19] 온전한, 장성한 ▌마 5:48
τελευτάω [11] 죽다 ▌마 2:19
ἐπιτελέω [10] 끝내다, 이루다, 성취하다 ▌롬 15:28
συντέλεια, -ας, ἡ [6] 완료, 끝, 종말 ▌마 13:39
συντελέω [6] 끝내다, 마치다, 이루다 ▌막 13:4
πολυτελής, -ές [3] 매우 값진, 비싼 ▌막 14:3
τέσσαρες
τέσσαρες [41] 넷(4) ▌마 24:31
τεσσεράκοντα [22] 사십(40) ▌마 4:2
τράπεζα, -ης, ἡ [15] 탁상, 식탁 ▌마 15:27
τέταρτος, -η, -ον [10] 넷째, 나흘 ▌마 14:25
δεκατέσσαρες [5] 열넷(14) ▌마 1:17
τετρακισχίλιοι, -αι, -α [5] 사천(4000) ▌마 15:38
τετραάρχης, -ου, ὁ [4] 분봉왕, 1/4지역의 왕 ▌마 14:1
τετρααρχέω [3] 영토 1/4의 영주가 되다, 분봉왕이 되다 ▌눅 3:1
τετρακόσιοι, -αι, -α [4] 사백(400) ▌행 5:36
τετράπους [3] 네 발 짐승 ▌행 10:12
τίθημι
τίθημι [100] 두다, 놓다 ▌마 5:15
ἐπιτίθημι [39] ~위에 두다, 얹다, 씌우다 ▌마 9:18
διαθήκη, -ης, ἡ [33] 언약, 유언, 조약 ▌마 26:28
παρατίθημι [19] 내놓다, 제시하다 ▌마 13:24
προστίθημι [18] 더하다, 다시 보내다, 공급하다 ▌마 6:27
ἀθετέω [16] 거절하다, 폐하다, 무효선언하다 ▌막 6:26
θεμέλιος, -ου, ὁ [12] 주추, 기초, 터, 기초석 ▌롬 15:20

πρόθεσις, -εως, ἡ — [12] 계획, 목적, 앞에 차린(진설병) ▮ 마 12:4
ἀποτίθημι — [9] 벗다, 버리다, 포기하다 ▮ 마 14:3
νουθετέω — [8] 훈계하다, 가르치다, 충고하다 ▮ 행 20:31
περιτίθημι — [8] 주위에 놓다, 두르다 ▮ 마 21:33
διατίθημι — [7] 맡기다, 위임하다, 다스리게 하다 ▮ 눅 22:29
ἀνάθεμα, -τος, τό — [6] 맹세, 저주 ▮ 행 23:14
ἀποθήκη, -ης, ἡ — [6] 곳간, 창고 ▮ 마 3:12
μετατίθημι — [6] 이동하다, 바꾸다, 잡혀 가다 ▮ 행 7:16
θεμελιόω — [5] 세우다, 기초를 놓다 ▮ 마 7:25
υἱοθεσία, -ας, ἡ — [5] 입양, 양자됨 ▮ 롬 8:15

τιμάω

τιμή, -ῆς, ἡ — [41] 값, 가격, 존경 ▮ 마 27:6
ἐπιτιμάω — [29] 책망하다, 꾸짖다, 항변하다 ▮ 마 8:26
τιμάω — [21] 존경하다, 가격을 매기다 ▮ 마 15:4
τίμιος, -α, -ον — [13] 존경받는, 귀중한, 보배로운 ▮ 행 5:34
ἀτιμάζω — [7] 능욕하다, 창피주다, 업신여기다 ▮ 막 12:4
ἀτιμία, -ας, ἡ — [7] 수치, 불명예, (부사로)천하게 ▮ 롬 1:26
ἔντιμος, -ον — [5] 존경받는, 고귀한, 영예로운 ▮ 눅 7:2
ἄτιμος, -ον — [4] 존경받지 못하는, 비천한, 대접받지 못하는 ▮ 마 13:57
πολύτιμος, -ον — [3] 가치가 매우 높은 ▮ 마 13:46
φιλοτιμέομαι — [3] 야망을 가지다 ▮ 롬 15:20

τρεῖς

τρεῖς, τρία — [69] 셋(3) ▮ 마 12:40
τρίτος, -η, -ον — [56] 셋째, 삼일, 세 번째 ▮ 마 16:21
τρίς — [12] 세 번 ▮ 마 26:34
τριάκοντα — [11] 서른(30) ▮ 마 13:8
τριακόσιοι, -αι, -α — [2] 삼천(3000) ▮ 막 14:5

ὕψος

ὑψόω — [20] 들어 올리다, 높이다 ▮ 마 11:23
ὕψιστος, -η, -ον — [13] 가장 높은, 지극히 높은 ▮ 마 21:9
ὑψηλός, -ή, -όν — [11] 높은, 의기양양한, 높이 평가된 ▮ 마 4:8

ὕψος, -ους, τό | [6] 높이, 높은 곳 ▮ 눅 1:78
ὕψωμα, -τος, τό | [2] 높음, 높은 세계 ▮ 롬 8:39

φαίνω

φανερόω | [49] 드러내다, 분명히 하다 ▮ 막 4:22
φαίνω | [31] 나타나다, 비취다, 드러나다 ▮ 마 1:20
φανερός, -ά, -όν | [18] 보이는, 알려진, 드러난 ▮ 마 12:16
ἐμφανίζω | [10] 보이게 하다, 나타내다, 알려지다 ▮ 마 27:53
ἐπιφάνεια, -ας, ἡ | [6] 나타남, 출현, 외모 ▮ 살후 2:8
πρόφασις, -εως, ἡ | [6] 위장, 가식, 핑계 ▮ 막 12:40
ἀφανίζω | [5] 멸망하다, 사라지다 ▮ 마 6:16
ὑπερήφανος, -ον | [5] 오만한, 교만한 ▮ 눅 1:51
ἐπιφαίνω | [4] 보이다, 비치다, 나타나다 ▮ 눅 1:79
φανερῶς | [3] 밝히, 공공연하게 ▮ 막 1:45

φέρω

φέρω | [66] 지다, 운반하다, 참다 ▮ 마 14:11
προσφέρω | [47] ~에게 데려가다, 바치다, 드리다 ▮ 마 2:11
συμφέρω | [15] 유익하다 ▮ 마 5:29
διαφέρω | [13] (가치가) 더 귀하다; 가지고 지나가다 ▮ 마 6:26
ἀναφέρω | [10] 올라가다, 올리우다, 드리다, 담당하다 ▮ 마 17:1
προσφορά, -ᾶς, ἡ | [9] 바침, 예물, 제사 ▮ 행 21:26
εἰσφέρω | [8] 가지고 들어오다, 가져 오다 ▮ 마 6:13
ἐκφέρω | [8] 내오다, (비유적으로)낳다 ▮ 막 8:23
καρποφορέω | [8] 열매를 맺다, 수확을 내다 ▮ 마 13:23
ἀποφέρω | [6] 끌고 가다, 가지고 가게 하다, 데리고 가다 ▮ 막 15:1
πληροφορέω | [6] 이루어지다, 전적으로 확신하다 ▮ 눅 1:1
φορέω | [6] 옷을 입다, 부담하다, 지니다 ▮ 마 11:8
φορτίον, -ου, τό | [6] 짐, 화물, 부담 ▮ 마 11:30
φόρος, -ου, ὁ | [5] 세금, 공물 ▮ 눅 20:22

φημί

προφήτης, -ου, ὁ | [144] 선지자, 예언자 ▮ 마 1:22
φημί | [66] 말하다, 이르다 ▮ 마 4:7

βλασφημέω   [34] 신성모독하다, 비방하다, 모욕하다 ▎마 9:3

προφητεύω   [28] 예언하다, 점치다, 신탁을 주다 ▎마 7:22

προφητεία, -ας, ἡ   [19] 예언 ▎마 13:14

βλασφημία, -ας, ἡ   [18] 모독, 비방,(명사)신성모독 ▎마 12:31

ψευδοπροφήτης, -ου, ὁ   [11] 거짓 선지자 ▎마 7:15

πρόφασις, -εως, ἡ   [6] 위장, 가식, 핑계 ▎막 12:40

διαφημίζω   [3] 전파하다, 널리 퍼뜨리다 ▎마 9:31

φήμη, -ης, ἡ   [2] 소문, 소식 ▎마 9:26

φρονέω

φρονέω   [26] 생각하다, 관심 가지다, 숙고하다 ▎마 16:23

εὐφραίνω   [14] 즐거워하다, 기뻐하다, 축하하다 ▎눅 12:19

φρόνιμος, -ον   [14] 지혜로운, 현명한 ▎마 7:24

ἄφρων, -ον   [11] 어리석은, 무지한 ▎눅 11:40

καταφρονέω   [9] 깔보다, 업신여기다, 가볍게 여기다 ▎마 6:24

ταπεινοφροσύνη, -ης, ἡ   [7] 겸손 ▎행 20:19

σωφρονέω   [6] 분별력있는, 합리적인 ▎막 5:15

ἀφροσύνη, -ης, ἡ   [4] 우매함, 어리석음 ▎막 7:22

σώφρων, -ον   [4] 지각 있는, 신중한 ▎딤전 3:2

φρόνημα, -τος, τό   [4] 사고방식, 마음의 태도 ▎롬 8:6

σωφροσύνη, -ης, ἡ   [3] 타당함, 훌륭한 판단, 자기 절제 ▎행 26:25

φυλή

φυλή, -ῆς, ἡ   [31] 민족, 족속 ▎마 19:28

φύσις, -εως, ἡ   [14] 본성, 본질 ▎롬 1:26

φυτεύω   [11] 심다 ▎마 15:13

φυσιόω   [7] 자랑하다, 뽐내다, 자만하다 ▎고전 4:6

φύλλον, -ου, τό   [6] 잎사귀, 잎 ▎마 21:19

φυσικός, -ή, -όν   [3] 본래, 순리에 따른, 자연스러운 ▎롬 1:26

φύω   [3] 자라다, 움트다, 성장하다 ▎눅 8:6

φωνή

φωνή, -ῆς, ἡ   [139] 소리, 음성 ▎마 2:18

φωνέω   [43] 부르다, 울다, 청하다 ▎마 20:32

συμφωνέω　　　　　　　[6] 합심하다, 동의하다 ▌마 18:19
προσφωνέω　　　　　　[7] 부르다, 소환하다, 말하다 ▌마 11:16
ἄφωνος, -ον　　　　　　[4] 조용한, 말하지 못하는, 잠잠한 ▌행 8:32
ἐπιφωνέω　　　　　　　[4] 소리 지르다, 크게 부르다 ▌눅 23:21

φῶς
φῶς, φωτός, τό　　　　[73] 빛 ▌마 4:16
φωτίζω　　　　　　　　[11] 비추다, 조명하다, 밝게 하다 ▌눅 11:36
φωτεινός, -ή, -όν　　　[5] 밝은, 빛나는 ▌마 6:22
ἐπιφώσκω　　　　　　　[2] 날이 새다, 시작에 가까워지다 ▌마 28:1
φωστήρ, -ῆρος, ὁ　　　[2] 빛, 광채 ▌빌 2:15
φωτισμός, -οῦ, ὁ　　　[2] 계몽, 조명, 빛 ▌고후 4:4

χαίρω
χάρις, -ιτος, ἡ　　　　[155] 은혜 ▌눅 1:30
χαίρω　　　　　　　　　[74] 기뻐하다, 즐거워하다 ▌마 2:10
χαρά, -ᾶς, ἡ　　　　　[59] 기쁨, 즐거움 ▌마 2:10
εὐχαριστέω　　　　　　[38] 감사하다, 축사하다, 감사 기도하다 ▌마 15:36
χαρίζομαι　　　　　　　[23] 탕감하다, 베풀다 ▌눅 7:21
χάρισμα, -τος, τό　　　[17] 선물 ▌롬 1:11
εὐχαριστία, -ας, ἡ　　[15] 감사, 감사한 마음 ▌행 24:3
χάριν　　　　　　　　　[9] ~을 위하여, ~때문에 ▌눅 7:47
συγχαίρω　　　　　　　[7] 함께 즐거워하다 ▌눅 1:58

χιλιάς
χιλιάς, -άδος, ἡ　　　[23] 천(1000) ▌눅 14:31
χιλίαρχος, -ου, ὁ　　　[21] 천부장, 군사호민관 ▌막 6:21
χίλιοι, -αι, -α　　　　　[11] 천(1000) ▌벧후 3:8
πεντακισχίλιοι, -αι, -α　[6] 오천, 5000 ▌마 14:21
τετρακισχίλιοι, -αι, -α　[5] 사천 ▌마 15:38

χρεία
χρεία, -ας, ἡ　　　　　[49] 필요, 소용 ▌마 3:14
παραχρῆμα　　　　　　[18] 곧, 즉시, 당장에 ▌마 21:19
χράομαι　　　　　　　　[11] 사용하다, 쓰다 ▌행 27:3

χρηστότης, -ητος, ἡ	[10] 선함, 너그러움 ▮ 롬 2:4
χρηματίζω	[9] 경고하다, 불리우다, 명령되다 ▮ 마 2:12
χρηστός, -ή, -όν	[7] 친절한, 좋은, 자비로운 ▮ 마 11:30
χρῆμα, -τος, τό	[6] 돈, 재산, 부 ▮ 막 10:23
χρῄζω	[5] 필요 있다, 소용되다 ▮ 마 6:32
εὔχρηστος, -ον	[3] 유용한, 쓸모있는 ▮ 딤후 2:21
χρυσός	
χρυσοῦς, -ῆ, -οῦν	[18] 금, 금으로 된 ▮ 딤후 2:20
χρυσίον, -ου, τό	[12] 금, 금장식, 보석 ▮ 행 3:6
χρυσός, -οῦ, ὁ	[10] 황금 ▮ 마 2:11
χρυσόω	[2] 도금하다, 금으로 장식하다 ▮ 계 17:4
χώρα	
χώρα, -ας, ἡ	[28] 땅, 지방, 지역 ▮ 마 2:12
ἀναχωρέω	[14] 물러나다, 떠나다 ▮ 마 2:12
χωρίζω	[13] 나누다, 떠나다, 갈라 놓다 ▮ 마 19:6
χωρέω	[10] 가다, 향하다, 포함하다 ▮ 마 15:17
χωρίον, -ου, τό	[10] 땅, 밭, 토지 ▮ 마 26:36
περίχωρος, -ου, ἡ	[9] 이웃의, 인접한, 근방의 ▮ 마 3:5
στενοχωρία, -ας, ἡ	[4] 고난, 어려움, 옹색함 ▮ 롬 2:9
ἀποχωρέω	[3] 떠나가다, 떠나다 ▮ 마 7:23
στενοχωρέομαι	[3] 제한하다, 억제하다 ▮ 고후 4:8
ψεῦδος	
ψεύδομαι	[12] 거짓말하다 ▮ 마 5:11
ψευδοπροφήτης, -ου, ὁ	[11] 거짓 선지자 ▮ 마 7:15
ψεῦδος, -ους, τό	[10] 거짓, 거짓말, 허위 ▮ 요 8:44
ψεύστης, -ου, ὁ	[10] 거짓말쟁이 ▮ 요 8:44
ψευδομαρτυρέω	[5] 거짓 증언하다 ▮ 마 19:18
ψευδής, -ές	[3] 거짓된, 거짓말하는 ▮ 행 6:13
ὠφελέω	
ὠφελέω	[15] 유익하다, 돕다, 유익을 얻다 ▮ 마 15:5
ὠφέλιμος, -ον	[4] 도움이 되는, 유익한 ▮ 딤전 4:8

ὄφελος, -ους, τό   [3] 유익, 이득 ▌고전 15:32

ἀνωφελής, -ές   [2] 쓸모없는, 소용없는, 해로운 ▌딛 3:9

ὠφέλεια, -ας, ἡ   [2] 유익, 이익, 이득 ▌롬 3:1

제3부: 품사별 단어

제3부에서는 각 품사별로 주의 깊게 살펴야 할 단어 목록을 제시하였습니다. 특별히 일반적으로 학습자가 익히는 데 어려움을 느낄 수 있는 변화형을 가지는 단어입니다. 각 유형별로 분류함으로써, 단어의 의미에 더하여 본문에 나오는 변화형을 파악할 때도 도움을 주도록 구성되었습니다.

단어 수가 지나치게 많은 명사 등의 품사는 앞에서 다루었던 20번 이상 나타나는 단어를 제외하였지만, 기본적으로 순서는 빈도수에 따릅니다.

명사*

1변화 명사

α ας [여성]

κοινωνία, -ας, ἡ	교제, 사귐, 참여 ▌행 2:42
προφητεία, -ας, ἡ	예언 ▌마 13:14
Ἀντιόχεια, -ας, ἡ	안디옥 ▌행 11:19
ἀπώλεια, -ας, ἡ	낭비, 손실, 멸망, 파멸 ▌마 7:13
Ἀσία, -ας, ἡ	아시아 ▌행 2:9
βλασφημία, -ας, ἡ	모독, 비방, (명사)신성모독 ▌마 12:31
Καισάρεια, -ας, ἡ	가이사랴 ▌마 16:13
εὐλογία, -ας, ἡ	축복, 아첨, 선물, 찬송 ▌롬 15:29
σκοτία, -ας, ἡ	어둠 ▌마 4:16
ἀνομία, -ας, ἡ	불법, 불법적 행동 ▌마 7:23
ἐλαία, -ας, ἡ	올리브 나무나 열매 ▌마 21:1
εὐσέβεια, -ας, ἡ	경건함, 독실함 ▌행 3:12
εὐχαριστία, -ας, ἡ	감사, 감사한 마음 ▌행 24:3
πέτρα, -ας, ἡ	반석, 바위 ▌마 7:24
κληρονομία, -ας, ἡ	상속, 기업, 유산 ▌마 21:38
μακροθυμία, -ας, ἡ	인내, 오래 참음 ▌롬 2:4
Μάρθα, -ας, ἡ	마르다 ▌눅 10:38
Βηθανία, -ας, ἡ	베다니 ▌마 21:17
διάνοια, -ας, ἡ	생각, 사고방식, 인식 ▌마 22:37
λυχνία, -ας, ἡ	등경, 등잔대 ▌마 5:15
ἀπιστία, -ας, ἡ	믿지 아니함, 불신앙 ▌마 13:58
ἐλευθερία, -ας, ἡ	자유, 해방 ▌롬 8:21

---

* 명사 변화를 세밀하게 나누자면 상당히 여러 가지 유형으로 나눌 수 있으나, 여기서는 일반적인 경우에서 벗어나거나, 학습자가 분해에 어려움을 겪을 수 있는 유형 위주로 목록을 제시한다. 빈도수가 많고, 쉽게 분해할 수 있는 단어는 목록에서 제외될 수 있다.

κακία, -ας, ἡ	악함, 악, 불행 ‖ 마 6:34
Σαμάρεια, -ας, ἡ	사마리아 ‖ 눅 17:11
ἀκαθαρσία, -ας, ἡ	부정, 더러움, 깨끗하지 못한 ‖ 마 23:27
ἀσέλγεια, -ας, ἡ	방종, 부도덕함 ‖ 막 7:22
πλεονεξία, -ας, ἡ	탐욕, 탐심 ‖ 막 7:22

η ης [여성]

ἀνάγκη, -ης, ἡ	필연, 재난, 압박 ‖ 마 18:7
λύπη, -ης, ἡ	슬픔, 아픔 ‖ 눅 22:45
οἰκουμένη, -ης, ἡ	거주하는 땅, 세상 ‖ 마 24:14
ἐλεημοσύνη, -ης, ἡ	구호품, 구제, 자선행위 ‖ 마 6:2
ζύμη, -ης, ἡ	누룩, 효모 ‖ 마 13:33
παιδίσκη, -ης, ἡ	여종, 여자 노예 ‖ 마 26:69
πόρνη, -ης, ἡ	창녀, 음녀 ‖ 마 21:31
φιάλη, -ης, ἡ	대접, 사발 ‖ 계 5:8
λίμνη, -ης, ἡ	호수, 못 ‖ 눅 5:1
οἰκοδομή, -ῆς, ἡ	건물, 구조물, 세움 ‖ 마 24:1
συκῆ, -ῆς, ἡ	무화과나무 ‖ 마 21:19
τροφή, -ῆς, ἡ	음식, 먹을 것, 양식 ‖ 마 3:4
ὑπακοή, -ῆς, ἡ	순종, 복종 ‖ 롬 1:5
ἀναστροφή, -ῆς, ἡ	행동, 처신, 사는 모양 ‖ 갈 1:13
αὐλή, -ῆς, ἡ	관정, 저택, 궁전 ‖ 마 26:3
βουλή, -ῆς, ἡ	목적, 계획 ‖ 눅 7:30
Μαγδαληνή, -ῆς, ἡ	막달레네, 막달라 여인 ‖ 마 27:56
σπουδή, -ῆς, ἡ	부지런함, 열심 ‖ 막 6:25
ἀνατολή, -ῆς, ἡ	떠오름, 동방, 동쪽 ‖ 마 2:1
καταβολή, -ῆς, ἡ	기초, 처음 ‖ 마 13:35
πηγή, -ῆς, ἡ	근원, 우물, 샘물 ‖ 막 5:29

α, ης΄ [여성]

δόξα, -ης, ἡ	영광, 영예 ‖ 마 4:8

---

* 이렇게 변하는 명사는 대체로 어간이 치음으로 끝난다.

θάλασσα, -ης, ἡ	바다, 호수 ▮ 마 4:15
γλῶσσα, -ης, ἡ	혀, 언어 ▮ 막 7:33
μάχαιρα, -ης, ἡ	검, 칼 ▮ 마 10:34
ῥίζα, -ης, ἡ	뿌리 ▮ 마 3:10
τράπεζα, -ης, ἡ	탁상, 식탁 ▮ 마 15:27
ἄκανθα, -ης, ἡ	가시나무, 가시, 가시떨기 ▮ 마 7:16
γέεννα, -ης, ἡ	지옥, 게헨나 ▮ 마 5:22
σπεῖρα, -ης, ἡ	군대, 보병대 ▮ 마 27:27
μέριμνα, -ης, ἡ	근심, 염려, 배려, 관심 ▮ 마 13:22
ἔχιδνα, -ης, ἡ	독사, 뱀 ▮ 마 3:7
βασίλισσα, -ης, ἡ	여왕, 왕비 ▮ 마 12:42
σμύρνα, -ης, ἡ	몰약 ▮ 마 2:11
χάλαζα, -ης, ἡ	우박 ▮ 계 8:7

ας, ου [남성]

Ἠλίας, -ου, ὁ	엘리야 ▮ 마 11:14
Ἠσαΐας, -ου, ὁ	이사야 ▮ 마 3:3
Ἀνδρέας, -ου, ὁ	안드레, 안드레아 ▮ 마 4:18
Ἀνανίας, -ου, ὁ	아나니아 ▮ 행 5:1
Ζαχαρίας, -ου ὁ	사가랴, 자카리아스 ▮ 마 23:35
Ἰερεμίας, -ου ὁ	예레미야 ▮ 마 2:17
νεανίας, -ου ὁ	청년 ▮ 행 7:58

ης, ου [남성]

μαθητής -οῦ ὁ	제자 ▮ 마 5:1
προφήτης -ου ὁ	선지자, 예언자 ▮ 마 1:22
Ἰωάννης -ου ὁ	요한 ▮ 마 3:1
Ἡρῴδης -ου ὁ	헤롯 ▮ 마 2:1
στρατιώτης -ου ὁ	군인, 병사 ▮ 마 8:9
τελώνης -ου ὁ	세리, 세관원 ▮ 마 5:46
ἑκατοντάρχης -ου	백부장, 백인대장 ▮ 마 8:5
ὑπηρέτης -ου ὁ	하인, 관리, 수행원, 조력자 ▮ 마 5:25
κριτής -ου ὁ	재판관, 사사, 판관 ▮ 마 5:25

ὑποκριτής -οῦ ὁ	위선자 ▎마 6:2
ἐργάτης -ου ὁ	일꾼, 노동자, 품꾼 ▎마 9:37
κλέπτης -ου ὁ	도둑 ▎마 6:19
Ἰορδάνης -ου ὁ	요단, 요르단 ▎마 3:5
λῃστής -οῦ ὁ	강도, 도둑, 폭도 ▎마 21:13
οἰκοδεσπότης -ου ὁ	집안을 다스리는 자 ▎마 10:25
βαπτιστής -οῦ ὁ	세례자(요한) ▎마 3:1
ψευδοπροφήτης -ου ὁ	거짓 선지자 ▎마 7:15
ἄδης -ου ὁ	음부, 하데스 ▎마 11:23
δεσπότης -ου ὁ	주인, 주재 ▎눅 2:29

2변화 명사

ος ου [남성]

γεωργός, -οῦ, ὁ	농부, 포도원지기 ▎마 21:33
θυμός, -ου, ὁ	화, 분노, 진노 ▎눅 4:28
κόπος, -ου, ὁ	노력, 수고, 고난, 아려움 ▎마 26:10
πόλεμος, -ου, ὁ	전쟁, 싸움 ▎마 24:6
ἀριθμός, -οῦ, ὁ	수, 합계 ▎눅 22:3
δεσμός, -οῦ, ὁ	속박, 올가미, 차꼬 ▎막 7:35
ἵππος, -ου, ὁ	말 ▎약 3:3
θησαυρός, -οῦ, ὁ	보배함, 보물, 보화 ▎마 2:11
ποταμός, -οῦ, ὁ	강, 시내 ▎마 3:6
γάμος, -ου, ὁ	혼인, 혼인잔치, 결혼 ▎마 22:2
δέσμιος, -ου, ὁ	죄수, 수감자 ▎마 27:15
ζῆλος, -ου, ὁ	열심, 열정, 시기 ▎요 2:17
νυμφίος, -ου, ὁ	신랑 ▎마 9:15
κληρονόμος, -ου, ὁ	상속자 ▎마 21:38
Λάζαρος, -ου, ὁ	나사로, 라자로스 ▎눅 16:20
Σαῦλος, -ου, ὁ	사울 ▎행 7:58
τύπος, -ου, ὁ	모형, 형상, 양식 ▎요 20:25
χόρτος, -ου, ὁ	풀, 잔디 ▎마 6:30

θεμέλιος, -ου, ὁ	주추, 기초, 터, 기초석 ▎롬 15:20

ον ου [중성]

δῶρον, -ου, τό	선물, 예물, 제물 ▎마 2:11
μαρτύριον, -ου, τό	증거, 증언 ▎마 8:4
δεῖπνον, -ου, τό	연회, 정찬, 축제 ▎마 23:6
σκάνδαλον, -ου, τό	걸림돌, 넘어지게 하는 일 ▎마 13:41
μέτρον, -ου, τό	측량, 헤아림, 저울질 ▎마 7:2
μύρον, -ου, τό	향유, 향수 ▎마 26:7
τάλαντον, -ου, τό	달란트 ▎마 18:24
δίκτυον, -ου, τό	그물 ▎마 4:20
ὅριον, -ου, τό	지역, 경계, 구역 ▎마 2:16
χρυσίον, -ου, τό	금, 금장식, 보석 ▎행 3:6
εἴδωλον, -ου, τό	우상, 형상 ▎행 7:41
ἔλαιον, -ου, τό	올리브 기름, 감람유 ▎마 25:3
σπλάγχνον, -ου, τό	애타는 마음, 창자, 내부기관 ▎눅 1:78
δάκρυον, -ου, τό	눈물 ▎눅 7:38
χωρίον, -ου, τό	땅, 밭, 토지 ▎마 26:36

ος [여성]*

ὁδός, -οῦ, ἡ	길, 노선, 대로 ▎마 2:12
Αἴγυπτος, -ου, ἡ	애굽, 이집트 ▎마 2:13
Ἔφεσος, -ου, ἡ	에베소 ▎행 18:19
Δαμασκός, -οῦ, ἡ	다메섹 ▎행 9:2
παρθένος, -ου, ἡ	처녀, 동정 ▎마 1:23
ῥάβδος, -ου, ἡ	지팡이, 매, 막대기 ▎마 10:10
νόσος, -ου, ἡ	병, 질병 ▎마 4:23
Τύρος, -ου, ἡ	두로 ▎마 11:21
βίβλος, -ου, ἡ	책 ▎마 1:1

---

* 2변화에 속하면서, 여성인 명사는 지명(地名)에 관계된 단어가 많다. '광야' ἔρημος도 여기에 해당한다고 볼 수 있지만, 형용사가 명사화된 단어로, 여성으로만 나오지 않고, 남성과 중성으로도 본문에 나타난다.

ἄβυσσος, -ου, ἡ	무저갱, 심연, 지옥 ∥ 눅 8:31
ἄμπελος, -ου, ἡ	포도, 포도주, 포도나무 ∥ 마 26:29
νῆσος, -ου, ἡ	섬 ∥ 행 13:6
διάλεκτος, -ου, ἡ	말, 방언, (한 민족이나 지방의) 언어 ∥ 행 1:19
δοκός, -οῦ, ἡ	대들보 ∥ 마 7:3
κάμηλος, -ου, ὁ/ἡ	낙타, 약대 ∥ 마 3:4
κιβωτός, -οῦ, ἡ	나무 상자, 궤 ∥ 마 24:38
Κόρινθος, -ου, ἡ	고린도, 코린트 ∥ 행 18:1
ληνός, -οῦ, ἡ	포도주 짜는 틀, 즙 짜는 틀 ∥ 마 21:33

3변화 명사

-ευς, εως [남성]

ἀρχιερεύς, -έως, ὁ	대제사장, 제사장 ∥ 마 2:4
βασιλεύς, -έως, ὁ	왕, 임금 ∥ 마 1:6
γραμματεύς, -έως, ὁ	서기관, 선비 ∥ 마 2:4
ἱερεύς, -έως, ὁ	제사장 ∥ 마 8:4
γονεύς, -έως, ὁ	부모 ∥ 마 10:21
φονεύς, -έως, ὁ	살인자 ∥ 마 22:7
Θεσσαλονικεύς, -έως, ὁ	데살로니가 사람 ∥ 행 20:4
βυρσεύς, -έως, ὁ	무두장이, 가죽 장인 ∥ 행 9:43
κεραμεύς, -έως, ὁ	토기장이, 옹기장이 ∥ 마 27:7
Ἀλεξανδρεύς, -έως, ὁ	알렉산드리아 사람 ∥ 행 6:9
ἱππεύς, -έως, ὁ	기병, 기수 ∥ 행 23:23
Ταρσεύς, -έως, ὁ	다소 사람 ∥ 행 9:11
Ἀντιοχεύς, -έως, ὁ	안디옥 사람 ∥ 행 6:5
γναφεύς, -έως, ὁ	빨래하는 자, 세탁공 ∥ 막 9:3
καταγγελεύς, -έως, ὁ	선포자, 설교자, 전하는 자 ∥ 행 17:18
Λαοδικεύς, -έως, ὁ	라오디게아인 ∥ 골 4:16
Νηρεύς, -έως, ὁ	네레오 ∥ 롬 16:15
πανδοχεύς, -έως, ὁ	여관주인 ∥ 눅 10:35
χαλκεύς, -έως, ὁ	금속세공인, 금속노동자 ∥ 딤후 4:14

ις, εως [주로 여성]

πίστις, -εως, ἡ	믿음, 충성, 신앙, 신실함 ▪ 마 8:10
πόλις, -εως, ἡ	도시, 마을 ▪ 마 2:23
δύναμις, -εως, ἡ	힘, 권능, 능력 ▪ 마 7:22
κρίσις, -εως, ἡ	심판, 정죄, 판결, 죄 ▪ 마 5:21
θλῖψις, -εως, ἡ	환난, 고통, 괴로움 ▪ 마 13:21
ἀνάστασις, -εως, ἡ	일으킴, 부활 ▪ 마 22:23
συνείδησις, -εως, ἡ	양심 ▪ 요 8:9
γνῶσις, -εως, ἡ	지식, 앎 ▪ 눅 1:77
παράκλησις, -εως, ἡ	격려, 위로, 간청 ▪ 눅 2:25
ἐπίγνωσις, -εως, ἡ	지식, 인식 ▪ 롬 1:28
κτίσις, -εως, ἡ	창조, 피조물 ▪ 막 10:6
ἀποκάλυψις, -εως, ἡ	계시, 나타냄 ▪ 눅 2:32
δέησις, -εως, ἡ	기도, 간구 ▪ 눅 1:13
ἄφεσις, -εως, ἡ	용서, 탕감, 사함 ▪ 마 26:28
φύσις, -εως, ἡ	본성, 본질 ▪ 롬 1:26
παράδοσις, -εως, ἡ	전통, 전승 ▪ 마 15:2
πρόθεσις, -εως, ἡ	계획, 목적, 앞에 차린(진설병) ▪ 마 12:4
ἄλυσις, -εως, ἡ	쇠사슬, 사슬 ▪ 막 5:3
βρῶσις, -εως, ἡ	먹는 것, 양식, 음식물 ▪ 마 6:19
καύχησις, -εως, ἡ	자랑, 자랑하기 ▪ 롬 3:27
κλῆσις, -εως, ἡ	부름, 초대 ▪ 롬 11:29
ἀπολύτρωσις, -εως, ἡ	속량, 구원, 해방 ▪ 눅 21:28
αἵρεσις, -εως, ἡ	당파, 파, 이단 ▪ 행 5:17
ἐκδίκησις, -εως, ἡ	원한을 풀어줌, 보응 ▪ 눅 18:7
κατάπαυσις, -εως, ἡ	쉼, 안식, 안식처 ▪ 행 7:49
στάσις, -εως, ἡ	민란, 반란, 봉기 ▪ 막 15:7
τάξις, -εως, ἡ	질서, 정해진 순서 ▪ 눅 1:8

* 신약에 나오는 유일한 남성

ὄφις, -εως, ὁ	뱀 ▪ 마 7:10

-μα, -τος

πνεῦμα, -τος, τό	성령, 영혼 ▮ 마 1:18
ὄνομα, -τος, τό	이름, 명칭 ▮ 마 1:21
σῶμα, -τος, τό	몸 ▮ 마 5:29
αἷμα, -τος, τό	피, 혈(육) ▮ 마 16:17
στόμα, -τος, τό	입 ▮ 마 4:4
ῥῆμα, -τος, τό	말씀, 말 ▮ 마 4:4
θέλημα, -τος, τό	뜻, 의지 ▮ 마 6:10
σπέρμα, -τος, τό	씨, 자손, 후손 ▮ 마 13:24
κρίμα, -τος, τό	심판, 유죄선고 ▮ 마 7:2
βάπτισμα, -τος, τό	세례, 침례 ▮ 마 3:7
παράπτωμα, -τος, τό	잘못, 침해, 범죄 ▮ 마 6:14
βρῶμα, -τος, τό	먹을 것, 음식물, 양식, 밥 ▮ 마 14:15
πλήρωμα, -τος, τό	완성, 충만 ▮ 마 9:16
χάρισμα, -τος, τό	선물 ▮ 롬 1:11
πάθημα, -τος, τό	고통; 정욕, 욕망 ▮ 롬 7:5
γράμμα, -τος, τό	글, 편지, 문서 ▮ 눅 16:6
βῆμα, -τος, τό	재판 자리, 심판대 ▮ 마 27:19
ὅραμα, -τος, τό	환상, 광경, 현시 ▮ 마 17:9
καύχημα, -τος, τό	자랑, 자랑할 까닭 ▮ 롬 4:2
πρᾶγμα, -τος, τό	일, 사건, 행위 ▮ 마 18:19
δικαίωμα, -τος, τό	요구조건, 법령, 명령 ▮ 눅 1:6
ὑπόδημα, -τος, τό	샌들, 신 ▮ 마 3:11
κήρυγμα, -τος, τό	선포, 설교 ▮ 마 12:41
κλάσμα, -τος, τό	조각, 파편, 부스러기 ▮ 마 14:20
ὑστέρημα, -τος, τό	결핍, 부족함, 가난함 ▮ 눅 21:4

ος, ους

ἔθνος, -ους, τό	이방인, 민족, 족속, 열방 ▮ 마 4:15

---

* 지명에서 -μα로 끝나는 극소수 단어를 제외하고, μα로 끝나는 단어는 모두 이와 같이 변하며 중성이다.

ὄρος, -ους, τό	산, 산악, 언덕 ▮ 마 4:8
ἔτος, -ους, τό	해, 년(年) ▮ 마 9:20
μέρος, -ους, τό	부분, 몫 ▮ 마 2:22
τέλος, -ους, τό	끝, 마지막, 결말 ▮ 마 10:22
μέλος, -ους, τό	지체, 부분, 구성원 ▮ 마 5:29
σκότος, -ους, τό	흑암, 어둠 ▮ 마 6:23
πλῆθος, -ους, τό	군중, 무리, 다수 ▮ 막 3:7
ἔλεος, -ους, τό	긍휼, 자비, 연민 ▮ 마 9:13
σκεῦος, -ους, τό	그릇, 용기, 주전자 ▮ 마 12:29
γένος, -ους, τό	혈통, 족속, 동족, 민족 ▮ 마 13:47
κράτος, -ους, τό	권능, 힘, 능력 ▮ 눅 1:51
ἔθος, -ους, τό	관습, 전례, 습관 ▮ 눅 1:9
ψεῦδος, -ους, τό	거짓, 거짓말, 허위 ▮ 요 8:44
τεῖχος, -ους, τό	성벽, 성곽 ▮ 행 9:25
τάχος, -ους, τό	금방, 빠름, 속도, 곧 ▮ 눅 18:8
βρέφος, -ους, τό	아이, 아기,유아 ▮ 눅 1:41
βάθος, -ους, τό	깊음, 극심한, 깊이 ▮ 마 13:5
βροντή, -ους, ἡ	우레, 우렛소리, 천둥 ▮ 막 3:17

-ρος [속격]

πατήρ, πατρός, ὁ	아버지, 조상 ▮ 마 2:22
ἀνήρ, ἀνδρός, ὁ	남편, 사람, (성인)남성 ▮ 마 1:16
χείρ, χειρός, ἡ	손 ▮ 마 3:12
μήτηρ, -τρος, ἡ	어머니 ▮ 마 1:18
μάρτυς, -μάρτυρος	목격자, 증인, 순교자 ▮ 마 18:16
θυγάτηρ, -τρός, ἡ	딸 ▮ 마 9:18
σωτήρ, -ῆρος, ὁ	구주, 구원자 ▮ 눅 1:47
ἀλέκτωρ, -ορος, ὁ	닭, 수탉 ▮ 마 26:34
παντοκράτωρ, -ορος, ὁ	전능한, 능력있는 ▮ 고후 6:18
γαστήρ, -τρός, ἡ	자궁, 복부 ▮ 마 1:18
φωστήρ, -ῆρος, ὁ	빛, 광채, 빛줄기 ▮ 빌 2:15
πράκτωρ, -ορος, ὁ	교도관, 옥졸 ▮ 눅 12:58

χαρακτήρ, -ῆρος, ὁ | 형상, 표상 ▪ 히 1:3
στατήρ, -ῆρος, ὁ | 스타텔, 4 드라크마 ▪ 마 17:27
σπεκουλάτωρ, -ορος, ὁ | 시위병, 경비병, 밀사 ▪ 막 6:27
ῥήτωρ, -ορος, ὁ | 변호사, 연설가 ▪ 행 24:1
προπάτωρ, -ορος, ὁ | 조상, 선조 ▪ 롬 4:1
νιπτήρ, -ῆρος, ὁ | 물항아리, 대야 ▪ 요 13:5
Νικάνωρ, -ορος, ὁ | 니가노르, 니카노르 ▪ 행 6:5
κτήτωρ, -ορος, ὁ | 소유자 ▪ 행 4:34
κοσμοκράτωρ, -ορος, ὁ | 세상의 지배자, 주관자 ▪ 엡 6:12
κατήγωρ, -ορος, ὁ | 고소인, 비난하던 자 ▪ 계 12:10

ων ωνος/ονος

αἰών, -ῶνος, ὁ | 세대, 세세 ▪ 마 12:32
Σίμων, -ωνος, ὁ | 시몬 ▪ 마 4:18
ἀμπελών, -ῶνος, ὁ | 포도원 ▪ 마 20:1
πυλών, -ῶνος, ὁ | 입구, 문 ▪ 마 26:71
Σολομών, -ῶνος | 솔로몬 ▪ 마 1:6
Βαβυλών, -ῶνος, ἡ | 바벨론 ▪ 마 1:11
χιτών, -ῶνος, ὁ | 속옷, 내의, 튜닉 ▪ 마 5:40
Σιδών, -ῶνος, ἡ | 시돈 ▪ 마 11:21
χειμών, -ῶνος, ὁ | 겨울, 풍랑, 궂은 날씨 ▪ 마 16:3
ἀγών, -ῶνος, ὁ | 싸움, 경주, 분투 ▪ 빌 1:30
λεγιών, -ῶνος, ἡ | 군단, 군대, 레기온 ▪ 마 26:53
νυμφών, -ῶνος, ὁ | 결혼식장, 신방(新房) ▪ 마 9:15
κεντυρίων, -ωνος, ὁ | 백부장, 백인대장 ▪ 막 15:39
καύσων, -ωνος, ὁ | (타는 듯한) 더위, 뜨거움, 열 ▪ 마 20:12
Γαλλίων, -ωνος, ὁ | 갈리오 ▪ 행 18:12
ἀρραβών, -ῶνος, ὁ | 보증금, 공탁금, 첫 불입금 ▪ 고후 1:22

ις, ιδος

ἐλπίς, -ίδος, ἡ | 소망, 기대 ▪ 행 2:26
σφραγίς, -ῖδος, ἡ | 인장, 도장 ▪ 롬 4:11
ἔρις, -ιδος, ἡ | 분쟁, 다툼 ▪ 롬 1:29

πατρίς, -ίδος, ἡ	고향, 본향, 조국 ▌마 13:54
Ἄρτεμις, -ιδος, ἡ	아데미, 아르테미스 ▌행 19:24
μερίς, -ίδος, ἡ	부분, 몫 ▌눅 10:42
παγίς, -ίδος, ἡ	덫, 올무 ▌눅 21:35
σπυρίς, -ίδος, ἡ	광주리, 바구니 ▌마 15:37
ἴασπις, -ιδος, ἡ	벽옥 ▌계 4:3
ἀκρίς, -ίδος, ἡ	메뚜기, 황충 ▌마 3:4
ἶρις, -ιδος, ἡ	무지개 ▌계 4:3
προφῆτις, -ίδος, ἡ	여선지자 ▌눅 2:36
Σαμαρῖτις, -ιδος, ἡ	사마리아 여자 ▌요 4:9
ἀτμίς, -ίδος, ἡ	연기, 안개, 증기 ▌행 2:19
Ἑλληνίς, -ίδος, ἡ	헬라 여인 ▌막 7:26
θυρίς, -ίδος, ἡ	창문 ▌행 20:9
ῥαφίς, -ίδος, ἡ	바늘 ▌마 19:24

(τ)ης, τητος

πραΰτης, -ητος, ἡ	온유, 겸손 ▌고전 4:21
χρηστότης, -ητος, ἡ	선함, 너그러움 ▌롬 2:4
ἁπλότης, -ητος, ἡ	신실함, 진실함, 솔직함 ▌롬 12:8
ἐσθής, -ῆτος, ἡ	의복, 옷 ▌눅 23:11
κυριότης, -ητος, ἡ	통치권, 주권, 권위 ▌엡 1:21
νεότης, -ητος, ἡ	어림, 젊음, 연소함 ▌막 10:20
γυμνότης, -ητος, ἡ	적신, 헐벗음, 벌거벗음 ▌롬 8:35
ἰσότης, -ητος, ἡ	동등함, 공평, 균등 ▌고후 8:13
ματαιότης, -ητος, ἡ	허무, 목적 없음 ▌롬 8:20
μεγαλειότης, -ητος, ἡ	위대하심, 대단히 인상적임 ▌눅 9:43
σεμνότης, -ητος, ἡ	위엄, 존엄 ▌딤전 2:2
ἁγνότης, -ητος, ἡ	깨끗함, 순결함, 신실함 ▌고후 6:6
ἀδελφότης, -ητος, ἡ	형제된 이, 믿음의 식구 ▌벧전 2:17
ἑνότης, -ητος, ἡ	연합, 하나됨 ▌엡 4:3
καινότης, -ητος, ἡ	새로움, 새로운 것들 ▌롬 6:4
ὁμοιότης, -ητος, ἡ	같음, 유사, 닮음 ▌히 4:15

ὁσιότης, -ητος, ἡ	성결, 경건, 거룩함 ▌눅 1:75
τελειότης, -ητος, ἡ	완전함, 성숙함 ▌골 3:14
Κρής, -ητός, ὁ	그레데(크레테) 사람 ▌행 2:11

ων, οντος *

ἄρχων, -οντος, ὁ	통치자, 지도자, 관원 ▌마 9:18
δράκων, -οντος, ὁ	용, 뱀 ▌계 12:3
λέων, -οντος, ὁ	사자 ▌딤후 4:17
γέρων, -οντος, ὁ	노인, 늙은이 ▌요 3:4
θεράπων, -οντος, ὁ	시종, 수행원 ▌히 3:5
Φλέγων, -οντος, ὁ	블레곤, 플레곤 ▌롬 16:14
ὀδούς, ὀδόντος, ὁ	이, 치아 ▌마 5:38

ξ, ος

σάρξ, σαρκός, ἡ	몸, 육체 ▌마 16:17
θρίξ, τριχός, ἡ	털, 터럭 ▌마 3:4
σάλπιγξ, -ιγγος, ἡ	나팔 ▌마 24:31
Φῆλιξ, -ικος, ὁ	벨릭스, 펠릭스 ▌행 23:24
μάστιξ, -ιγος, ἡ	채찍, 고통, 매 ▌막 3:10
πλάξ, πλακός, ἡ	돌판, 판 ▌고후 3:3
χοῖνιξ, -ικος, ἡ	곡식의 양, 약 1리터 ▌계 6:6
νύξ, νυκτός, ἡ	밤, 밤에 ▌마 2:14

τος [기타]

χάρις, -ιτος, ἡ	은혜 ▌눅 1:30
ὕδωρ, ὕδατος, τό	물 ▌마 3:11
φῶς, φωτός, τό	빛 ▌마 4:16
οὖς, ὠτός, τό	귀 ▌마 10:27
τέρας, -ατος, τό	경이, 기사(奇事) ▌마 24:24
γόνυ, γόνατος, τό	무릎 ▌막 15:19
κέρας, -ατος, τό	뿔 ▌눅 1:69
ἅλας, -ατος, τό	소금 ▌마 5:13

---

* 이 변화는 분사의 변화이기도 하다.

φρέαρ, -ατος, τό	우물, 샘, (무저갱의) 구멍 ▮ 눅 14:5
γάλα, γαλακτος, τό	젖, 우유 ▮ 고전 3:2
ἱμάς, -άντος, ὁ	(신발)끈, 가죽 줄 ▮ 막 1:7
πέρας, -ατος, τό	끝, 최후 ▮ 마 12:42
μέλι, -ιτος, τό	꿀, 석청 ▮ 마 3:4
σής, σητός, ὁ	좀 ▮ 마 6:19

υς, υος

ἰχθύς, -ύος, ὁ	생선, 물고기 ▮ 마 7:10
ἰσχύς, -ύος, ἡ	힘, 능력 ▮ 막 12:30
ὀσφῦς, -ύος, ἡ	허리 ▮ 마 3:4
στάχυς, -υος, ὁ	이삭 ▮ 마 12:1
βότρυς, -υος, ὁ	포도송이 ▮ 계 14:18
ἀχλύς, -ύος, ἡ	안개 ▮ 행 13:11
ὀφρύς, -ύος, ἡ	허리, 허리부분 ▮ 마 3:4
ὗς, -ύός, ἡ	돼지, 암퇘지 ▮ 벧후 2:22

형용사

πᾶς, πᾶσα, πᾶν	모든, ~마다, 각각 ▮ 마 1:17
πολύς, πολλή, πολύ	많은, 큰, 위대한 ▮ 마 2:18
εἷς, μία, ἕν	하나(1) ▮ 마 5:18
μέγας, μεγάλη, μέγα	위대한, 커다란, 큰 ▮ 마 2:10
ἅγιος, -α, -ον	거룩한, 거룩한 자 ▮ 마 1:18
οὐδείς, οὐδεμία, οὐδέν	누구도, 어느 것도, 하나도 ~아닌 ▮ 마 5:13
Ἰουδαῖος, -α, -ον	유대인, 유대의 ▮ 마 2:2
ἄλλος, -η, -ο	다른 ▮ 마 2:12
πρῶτος, -η, -ον	처음, 먼저 ▮ 마 5:24
δύο	둘(2) ▮ 마 4:18
τὶς, τὶ	어떤 사람, 어떤 것 ▮ 마 5:23
νεκρός, -ά, -όν	죽은 ▮ 마 8:22

ἴδιος, -α, -ον	본, 자기, 개인, 따로, 혼자, 조용히 ▮ 마 9:1
μόνος, -η, -ον	다만, 홀로, 오직 ▮ 마 4:4
ὅλος, -η, -ον	모든, 온, 전체 ▮ 마 1:22
ἀγαθός, -ή, -όν	선한, 착한, 좋은 ▮ 마 5:45
καλός, -ή, -όν	좋은, 아름다운, 착한 ▮ 마 3:10
ἕτερος, -α, -ον	다른, 또 하나의 ▮ 마 6:24
μηδείς, μηδεμία, μηδέν	어느 누구도, 아무것도 아닌 ▮ 마 8:4
ἑπτά	일곱(7) ▮ 마 12:45
αὐτός, -ή, -ό	(바로) 그 ▮ 마 1:2
ἕκαστος, -η, -ον	각각, 각기, 일일이 ▮ 마 16:27
δίκαιος, -α, -ον	의로운, 옳은, 정직한 ▮ 마 1:19
πονηρός, -ά, -όν	악한, 나쁜 ▮ 마 5:11
δώδεκα	열두 번째 ▮ 마 9:20
αἰώνιος, -ον	영원한 ▮ 마 18:8
ἱερόν, -οῦ, τό	성전 ▮ 마 4:5
τρεῖς, -τρία	셋(3) ▮ 마 12:40
ἐμός, -ή, -όν	나의, 나의 것 ▮ 마 18:20
πιστός, -ή, -όν	충성된, 진실한, 신실한 ▮ 마 24:45
πρεσβύτερος, -α, -ον	장로, 어른, 늙은이 ▮ 마 15:2
ἀγαπητός, -ή, -όν	사랑하는, 사랑을 입은, 사랑 받는 ▮ 마 3:17
εὐθύς, -εῖα, -ύ	즉시, 바로 ▮ 마 3:3
μέσος, -η, -ον	가운데, ~중에서, 속에 ▮ 마 10:16
τρίτος, -η, -ον	셋째, 삼일, 세 번째 ▮ 마 16:21
λοιπός, -ή, -όν	남아 있는, 나머지 ▮ 마 22:6
δεξιός, -ά, -όν	오른손의, 오른편의 ▮ 마 5:29
ἔσχατος, -η, -ον	마지막, 최후의, 끝 ▮ 마 5:26
κακός, -ή, -όν	나쁜, 악한, 그릇된 ▮ 마 21:41
μακάριος, -α, -ον	복된, 행복한, 행운의 ▮ 마 5:3
τυφλός, -ή, -όν	맹인, 시각장애인 ▮ 마 9:27
ἔρημος, -ου, ἡ	한적한 곳, 광야, 사막 ▮ 마 3:1
ἁμαρτωλός, -όν	죄인, 범죄자 ▮ 마 9:10

μικρός, -ά, -όν	작은, 적은 ▮마 10:42
ὅμοιος, -α, -ον	같은, 비슷한 ▮마 11:16
δεύτερος, -α, -ον	둘째의, 두 번째의 ▮마 21:30
καινός, -ή, -όν	새로운 ▮마 9:17
ἄξιος, -α, -ον	합당한, 마땅한, 상당한 ▮마 3:8
τέσσαρες	넷(4) ▮마 24:31
ὀλίγος, -η, -ον	적은, 작은, 조금, 약간 ▮마 7:14
ἱκανός, -ή, -όν	자격있는, 충분한, 가치있는 ▮마 3:11
πέντε	다섯(5) ▮마 14:17
διάβολος, -ου, ὁ	마귀, 원수, 중상자 ▮마 4:1
ἅπας, -ασα, -αν	모두, 모든 사람, 모든 일, 전부 ▮마 6:32
πτωχός, -ή, -όν	가난한, 불쌍한 ▮마 5:3
ἀκάθαρτος, -ον	더러운, 부정한 ▮마 10:1
δυνατός, -ή, -όν	힘있는, 강한, 능력있는 ▮마 19:26
ἐχθρός, -ή, -όν	적대적인, 원수 ▮마 5:43
ἰσχυρός, -ά, -όν	강한, 힘있는, 능력있는 ▮마 3:11
φίλος, -ου, ὁ	친구, 벗 ▮마 11:19
ἀληθινός, -ή, -όν	참된, 옳은, 진실한 ▮눅 16:11
πλούσιος, -α, -ον	부요한, 풍부한 ▮마 19:23
καθαρός, -ά, -όν	청결한, 깨끗한, 맑은 ▮마 5:8
ἀληθής, -ές	참된, 진실된 ▮마 22:16
ἀσθενής, -ές	약한, 아픈, 병든 ▮마 25:43
πνευματικός, -ή, -όν	신령한, 영적인 ▮롬 1:11
χήρα, -ας, ἡ	과부 ▮막 12:40
δέκα	열(10) ▮마 20:24
λευκός, -ή, -όν	하얀, 빛나는 ▮마 5:36
ποῖος, -α, -ον	어느, 무엇, 어떤 종류의 ▮마 19:18
σός, -σή, -σόν	너의, 당신의 ▮마 7:3
νέος, -α, -ον	새로운, 젊은 ▮마 9:17
ἄπιστος, -ον	믿음 없는, 신실하지 않은 ▮마 17:17
ἐλεύθερος, -α, -ον	자유로운 ▮마 17:26

χιλιάς, -άδος, ἡ	천(1000) ∥ 눅 14:31
ἐκλεκτός, -ή, -όν	선택된, 뽑힌 ∥ 마 22:14
τεσσεράκοντα	사십(40) ∥ 마 4:2
σοφός, -ή, -όν	지혜로운, 지혜 있는 ∥ 마 11:25
ἐπουράνιος, -ον	하늘의, 하늘에 속한 ∥ 요 3:12
παλαιός, -ά, -όν	낡은, 묵은, 오래된 ∥ 마 9:16
τέλειος, -α, -ον	온전한, 장성한 ∥ 마 5:48
κενός, -ή, -όν	빈, 헛된, 허탄한 ∥ 막 12:3
φανερός, -ά, -όν	보이는, 알려진, 드러난 ∥ 마 12:16
χρυσοῦς, -ῆ, -οῦν	금, 금으로 된 ∥ 딤후 2:20
ἑκατόν	백(100) ∥ 마 13:8
ἕτοιμος, -η, -ον	갖춘, 준비된 ∥ 마 22:4
κρυπτός, -ή, -όν	감추인, 은밀한, 숨은 ∥ 마 6:4
περισσότερος, τέρα, ον	더 나은, 더 훌륭한 ∥ 마 11:9
πλήρης, -ες	가득 찬, 완전한, 충만한 ∥ 마 14:20
τίς, τί	[의문] 누가, 왜, 어떤 것 ∥ 마 3:7
γνωστός, -ή, -όν	아는, 알려진, 알 만한 ∥ 눅 2:44
γυμνός, -ή, -όν	벗은, 헐벗은 ∥ 마 25:36
κρείττων, ον	더 나은, 더 좋은, 우월한 ∥ 고전 7:9
νήπιος, -α, -ον	어린, 젖먹이, 어린아이 ∥ 마 11:25
ὄψιος, α, ον (ὀψέ)	늦은, 저녁 ∥ 마 8:16
ἀλλότριος, -α, -ον	다른 것에 속한, 타인 ∥ 마 17:25
ἀμφότεροι, -αι, -α	둘 다 ∥ 마 9:17
ἕκτος, -η, -ον	여섯째 ∥ 마 20:5
ἐλάχιστος, ίστη, ον	지극히 작은, 최소의, 하찮은 ∥ 마 2:6
κοινός, -ή, -όν	공통된, 평범한, 부정한 ∥ 막 7:2
κωφός, -ή, -όν	말 못하는, 농아, 청각장애인 ∥ 마 9:32
ξένος, -η, -ον	나그네, 이방인, 외국인 ∥ 마 25:35
πετεινός, ή, όν	새, 날짐승 ∥ 마 6:26
φρόνιμος, -ον	지혜로운, 현명한 ∥ 마 7:24
χωλός, -ή, -όν	못 걷는, 다리 저는 ∥ 마 11:5

ἕξ	여섯(6) ▎마 17:1
συνεργός, -οῦ, ὁ	동료 일꾼, 동역자 ▎롬 16:3
ταχύς, -εῖα	빠른, 빨리, 서둘러 ▎마 5:25
τίμιος, -α, -ον	존경받는, 귀중한, 보배로운 ▎행 5:34
ὕψιστος, -η, -ον	가장 높은, 지극히 높은 ▎마 21:9
ἄδικος, -ον	올바르지 못한, 불의한 ▎마 5:45
μωρός, -ά, -όν	어리석은, 미련한, 멍청한 ▎마 5:22
Ῥωμαῖος, -ου, ὁ	로마의, 로마 시민 ▎요 11:48
τοσοῦτος, -αύτη, -οῦτον	이만한, 이렇게 많은, 이렇게 오래 ▎마 8:10
ὕστερος, -α, -ον	최후에, 마침내, 끝내 ▎마 4:2
ἀρχαῖος, -α, -ον	오랜, 이전의(것), 옛 ▎마 5:21
ἄφρων, -ον	어리석은, 무지한 ▎눅 11:40
Γαλιλαῖος, -α, -ον	갈릴리 사람 ▎마 26:69
εἴκοσι	이십(20) ▎눅 14:31
πόσος, -η, -ον	얼마나 큰, 얼마나 많은 ▎마 6:23
πρότερος, -α, -ον	이전에, 일찍이, 예전에 ▎요 6:62
συγγενής, -οῦς	친척, 동포, 친족의 ▎막 6:4
τριάκοντα	서른(30) ▎마 13:8
ὑγιής, -ές	건강한, 성한, 온전한 ▎마 12:13
ὑψηλός, -ή, -όν	높은, 의기양양한, 높이 평가된 ▎마 4:8
χείρων, ον	더 나쁜, 더욱 심한, 더 악한 ▎마 9:16
χίλιοι, -αι, -α	천(1000) ▎벧후 3:8
ἀδύνατος, -ον	약한, 할 수 없는, 불가능한 ▎마 19:26
ἔνατος, -η, -ον	아홉 번째 ▎마 20:5
ἔνοχος, -ον	책임 있는, ~에 매인 ▎마 5:21
κλητός, -ή, -όν	부름을 받은, 초대받은 ▎마 22:14
παραλυτικός, -οῦ, ὁ	중풍 걸린, 마비된 ▎마 4:24
ποικίλος, -η, -ον	여러가지의, 다양한, 온갖 ▎마 4:24
τέταρτος, -η, -ον	넷째, 나흘 ▎마 14:25

동사

-ω동사

-αω

ἀγαπάω	사랑하다, 사모하다, 아끼다	마 5:43
ζάω	살다, 살아나다	마 4:4
ὁράω	보다, 보이다, 나타나다, 주의하다	마 5:8
γεννάω	낳다, 아버지가 되다	마 1:2
ἐρωτάω	청하다, 묻다	마 15:23
ἐπερωτάω	간구하다, 물어보다, 질문하다	마 12:10
πλανάω	오도하다, 기만하다, 속이다	마 18:12
ἐπιτιμάω	책망하다, 꾸짖다, 항변하다	마 8:26
νικάω	이기다, 정복하다, 극복하다	눅 11:22
μεριμνάω	염려하다, 근심하다, 보살피다	마 6:25
κοπιάω	지치다, 피곤하다, 애쓰다	마 6:28
πεινάω	주리다, 시장하다, 배고프다	마 4:2
τιμάω	존경하다, 가격을 매기다	마 15:4
διψάω	목마르다	마 5:6
προσδοκάω	기다리다, 찾다, 기대하다	마 11:3
τολμάω	감히 ~하다, 대담함을 보이다	마 22:46
κλάω	떼어 내다, 뜯다	마 14:19
καταντάω	~에 이르다, 도착하다, 오다	행 16:1
βοάω	외치다, 소리지르다, 부르짖다	마 3:3
κολλάω	합치다, 연합하다, 붙이다	마 19:5
σιωπάω	침묵 지키다, 잠잠하다	마 20:31
ἀγαλλιάω	기뻐하다	마 5:12
ἐάω	~하게 하다, 허락하다	마 24:43
τελευτάω	죽다	마 2:19
σιγάω	잠잠하다, 말을 마치다	눅 9:36
ὑπαντάω	만나다, 맞이하다	마 8:28

-εω

ποιέω	행하다, 만들다	마 1:24

λαλέω	말하다, 이르다, 소리나다 ‖ 마 9:18
καλέω	부르다, 이름하다, 청하다, 칭하다 ‖ 마 1:21
ζητέω	찾다, 구하다, 바라다 ‖ 마 2:13
παρακαλέω	위로하다, 간구하다, 촉구하다, 격려하다 ‖ 마 2:18
φοβέω	무서워하다, 두려워하다 ‖ 마 1:20
περιπατέω	걷다, 행하다 ‖ 마 4:18
ἀκολουθέω	따르다, 뒤좇다 ‖ 마 4:20
μαρτυρέω	증언하다, 증명하다 ‖ 마 23:31
αἰτέω	구하다, 요청하다, 묻다 ‖ 마 5:42
τηρέω	지키다, 보전하다, 간직하다 ‖ 마 19:17
δοκέω	생각하다, 의견을 밝히다, 여기다 ‖ 마 3:9
προσκυνέω	경배하다, 절하다, 예배하다 ‖ 마 2:2
θεωρέω	응시하다, 생각하다, 인식하다 ‖ 마 27:55
κρατέω	손에 넣다, 붙잡다, 체포하다 ‖ 마 9:25
κατοικέω	살다, 거하다, 머물러 있다 ‖ 마 2:23
φωνέω	부르다, 울다, 청하다 ‖ 마 20:32
εὐλογέω	축복하다, 찬양하다 ‖ 마 14:19
οἰκοδομέω	짓다, 세우다, 강하게 하다 ‖ 마 7:24
δέομαι	청하다, 기도하다, 빌다, 바라다 ‖ 마 9:38
εὐχαριστέω	감사하다, 축사하다, 감사 기도하다 ‖ 마 15:36
μισέω	미워하다, 무시하다 ‖ 마 5:43
διακονέω	수종들다, 섬기다, 봉사하다 ‖ 마 4:11
βλασφημέω	신성모독하다, 비방하다, 모욕하다 ‖ 마 9:3
μετανοέω	회개하다, 마음을 고쳐 먹다 ‖ 마 3:2
ἀδικέω	잘못하다, 해치다, 불의를 행하다 ‖ 마 20:13
ἀσθενέω	병들다, 앓다, 약하다 ‖ 마 10:8
ἐπικαλέω	부르다, 일컫다 ‖ 마 10:25
ἐλεέω	긍휼히 여기다, 불쌍히 여기다 ‖ 마 5:7
προσκαλέω	부르다, 불러들이다, 초청하다 ‖ 마 10:1
τελέω	마치다, 이루다, 성취하다 ‖ 마 7:28
γαμέω	장가들다, 시집가다, 혼인하다 ‖ 마 5:32

ἐκχέω	쏟아지다, (피)흘리다	마 9:17
καταργέω	무효로 하다, 폐하다, 폐지하다, 없애다	눅 13:7
λυπέω	슬퍼하다, 근심하다, 고민하다	마 14:9
ὁμολογέω	시인하다, 고백하다	마 7:23
φρονέω	생각하다, 관심 가지다, 숙고하다	마 16:23
φιλέω	사랑하다, 입맞추다	마 6:5
κατηγορέω	고발하다, 나무라다, 참소하다	마 12:10
ἀναιρέω	죽이다, 폐지하다; 데려가다, 얻다[중간태]	마 2:16
γρηγορέω	깨어 있다, 일깨다, 경성하다	마 24:42
πωλέω	팔다, 매매하다	마 10:29
ἀγνοέω	깨닫지 못하다, 알지 못하다, 모르다	막 9:32
ἐνεργέω	활동하다, 생산하다	마 14:2
εὐδοκέω	기뻐하다, 매우 좋아하다: 선택한	마 3:17
ἐπιθυμέω	열망하다, 음욕을 품다, 탐하다	마 5:28

-οω

πληρόω	이루어지다, 성취하다, 채우다	마 1:22
φανερόω	드러내다, 분명히 하다	막 4:22
σταυρόω	십자가에 못박다	마 20:19
δικαιόω	의롭다고 하다, 공의를 보이다, 의로 정하다	마 11:19
τελειόω	마치다, 완성하다, 이루다	눅 2:43
ὑψόω	들어 올리다, 높이다	마 11:23
ὁμοιόω	비교하다, ~과 같이 되다	마 6:8
κοινόω	속되게 하다, 더럽히다	마 15:11
ταπεινόω	낮아지다, 겸손하다	마 18:4
ζηλόω	질투하다, 사모하다, 부러워하다	행 7:9 ·
θανατόω	죽이다, 죽게 하다	마 10:21
φιμόω	입막음하다, 조용히 시키다, 재갈 물리다	마 22:12
βεβαιόω	견고하게 하다, 확인하다, 증명하다	막 16:20

-μι 동사

δίδωμι	주다, 선사하다, 바치다	마 4:9

ἵστημι	서다, 서 있다 ▎마 2:9	
ἀφίημι	떠나다, 용서하다, 허락하다 ▎마 3:15	
παραδίδωμι	배반하다, 내어주다, 전하다 ▎마 4:12	
ἀνίστημι	일으켜 세우다, 일어나다, 깨어나다 ▎마 9:9	
τίθημι	두다, 놓다 ▎마 5:15	
ἀπόλλυμι	파괴하다, 파멸시키다, 잃어버리다 ▎마 2:13	
ἀποδίδωμι	갚다, 되돌려주다 ▎마 5:26	
παρίστημι	보내다, 드리다, 이르다 ▎마 26:53	
ἐπιτίθημι	~위에 두다, 얹다, 씌우다 ▎마 9:18	
δείκνυμι	보이다, 알리다 ▎마 4:8	
συνίημι	이해하다, 깨닫다 ▎마 13:13	
πάρειμι	오다, 이르다, 나아오다 ▎마 26:50	
πίμπλημι	채우다, ~으로 채우다 ▎마 22:10	
καθίστημι	맡다, 맡기다, 세우다 ▎마 24:45	
ἐφίστημι	다가가다, 나아가다 ▎눅 2:9	
παρατίθημι	내놓다, 제시하다 ▎마 13:24	
προστίθημι	더하다, 다시 보내다, 공급하다 ▎마 6:27	
ἐξίστημι	놀라게 하다, 놀라다, 어쩔 줄 모르다 ▎마 12:23	
συνίστημι	함께 서 있다. 권하다, 추천하다 ▎눅 9:32	
ἀνθίστημι	대적하다, 저항하다, 거스르다, 견뎌내다 ▎마 5:39	
ἀφίστημι	떠나다, 거절하다, 떼어놓다 ▎눅 2:37	
ἐνδείκνυμι	보이다, 나타내다 ▎롬 2:15	

부사

ἔτι	아직, 여전히, 그대로 ▎마 5:13
ὅπου	~한 곳에서는, 어디에나 ▎마 6:19
μᾶλλον	더욱, 오히려, 대신에 ▎마 6:26
ἤδη	이제, 이미, 마침내 ▎마 3:10
ὧδε	여기, 이리, 이곳으로 ▎마 8:29

εὐθύς	즉시, 바로 ▮ 마 3:3
οὐκέτι	더이상 ~아니, 이제는 ~아니 ▮ 마 19:6
ἔξω	밖으로, 바깥 ▮ 마 5:13
πάντοτε	항상, 언제든지 ▮ 마 26:11
σήμερον	오늘 ▮ 마 6:11
ἐκεῖθεν	그곳으로부터, 거기에서 ▮ 마 4:21
καλῶς	잘, 아름답게, 알맞게, 옳게 ▮ 마 12:12
ἄρτι	지금, 바로, 즉시 ▮ 마 3:15
εὐθέως	즉시, 곧 ▮ 마 4:20
ὁμοίως	그렇게, 이와 같이, 동일한 방식으로 ▮ 마 22:26
οὔπω	아직 ~아니 ▮ 마 16:9
οὗ	~곳, ~곳으로, ~데를 ▮ 마 2:9
μηκέτι	더이상 ~아니, 다시는 ~아니 ▮ 마 21:19
ἐγγύς	가까이 ▮ 마 24:32
νυνί	지금, 이제, 그런즉 ▮ 행 22:1
ἀληθῶς	정말로, 진실로, 참으로 ▮ 마 14:33
παραχρῆμα	곧, 즉시, 당장에 ▮ 마 21:19
πολλάκις	자주, 여러 번 ▮ 마 17:15
ἐπαύριον	내일, 다음날, 이튿날 ▮ 마 27:62
ὡσαύτως	그와 같이, 마찬가지로, 유사하게 ▮ 마 20:5
ἔπειτα	그 후, 그리고 나서, 그 다음에 ▮ 눅 16:7
κακῶς	나쁘게, 흉악하게, 그릇되게 ▮ 마 4:24
οὐδέποτε	결코 ~이 아닌, 한번도 ~아니 ▮ 마 7:23
πλησίον	가까이, 이웃 ▮ 마 5:43
εἶτα	따라서, 다음으로 ▮ 막 4:17
λοιπός	남아 있는, 나머지 ▮ 마 22:6
ταχέως	급히, 빨리, 곧 ▮ 눅 14:21
ἅπαξ	한 번, 단번, 한꺼번에 ▮ 고후 11:25
αὔριον	내일, 이튿날 ▮ 마 6:30
μακρόθεν	멀찍이, 멀리서 ▮ 마 26:58
ἄνωθεν	위로부터, 위에서, 일찍부터, 다시 ▮ 마 27:51

ἔσωθεν	속에서, 안에, 내부에	마 7:15
λίαν	매우, 대단히	마 2:16
μάλιστα	무엇보다도, 특히	행 20:38
περισσοτέρως	더욱, 더 많이, 넘치도록	고후 1:12
ταχύς	빠른, 빨리, 서둘러	마 5:25
τρίς	세 번	마 26:34
ὁμοθυμαδόν	마음을 같이하여, 한 마음으로	행 1:14
ὄντως	과연, 참으로, 실로	막 11:32
σφόδρα	매우, 심히, 크게	마 2:10
ὕστερος	최후에, 마침내, 끝내	마 4:2
ἐντεῦθεν	여기서부터, 이것으로부터	눅 4:9
ἔξωθεν	외부, 바깥	마 23:25
μακράν	멀리, 먼, ~에서 떨어진	마 8:30
πρότερος	이전에, 일찍이, 예전에	요 6:62
ἀκριβῶς	자세히, 주의깊게	마 2:8
ἄνω	아귀, 위로, 위에서	요 2:7
δωρεάν	거저, 값없이, 무익하게, 헛되이	마 10:8
κάτω	밑에, 아래	마 4:6
ὀπίσω	다음, 뒤, 후에	마 3:11
ἅμα	함께, 동시에	마 13:29
ἐνθάδε	여기로, 이곳으로	눅 24:41
ἔσω	안에, 내부에	마 26:58
πάντως	반드시, 확실히, 의심없이	눅 4:23
πέραν	저편, 건너편, 건너	마 4:15
ἀεί	항상, 언제나	행 7:51
Ἑβραϊστί	히브리어로, 아람어로	요 5:2
ὀλίγος	적은, 작은, 조금, 약간	마 7:14
πάλαι	옛적에, 전에	마 11:21
πανταχοῦ	사방으로, 모든 곳으로	막 1:28
τρίτος	셋째, 삼일, 세 번째	마 16:21
ἀξίως	합당하게, 어울리게	롬 16:2

δίς	두 번, 두 번씩, 거듭 ‖ 막 14:30	
εἰκῇ	헛되이, 공연히, 이유 없이 ‖ 롬 13:4	
ἐξαυτῆς	곧, 즉시, ~하자마자 ‖ 막 6:25	
μηδέ	그리고 ~아니, ~도 아니며 ‖ 마 6:25	
μόλις	겨우, 간신히, 드물게 ‖ 행 14:18	
ὅθεν	~데서, ~로부터 ‖ 마 12:44	
περισσότερος	더 나은, 더 훌륭한 ‖ 마 11:9	
πώποτε	아무 때든지, 한번도, 아직(까지) ‖ 눅 19:30	
δεύτερος	둘째의, 두 번째의 ‖ 마 21:30	
δικαίως	의롭게, 당연하게, 공의로 ‖ 눅 23:41	
ἐξαίφνης	갑자기, 홀연히 ‖ 막 13:36	
ἑξῆς	그 후에, 다음에 ‖ 눅 7:11	
εὖ	잘, 좋게; [감탄사] 잘했어, 대단해 ‖ 마 25:21	
ἐφάπαξ	한번에, 단번에, 일시에 ‖ 롬 6:10	
ἡδέως	기쁘게, 즐겁게 ‖ 막 6:20	
καθεξῆς	차례대로, 두루, 이어서 ‖ 눅 1:3	
κύκλῳ	주위에, 도처에, 두루 ‖ 막 3:34	
ὄπισθεν	후에, 뒤에, ~뒤로부터 ‖ 마 9:20	

접속사*

καί	그리고, 또한, 그래서, 그리하면 ‖ 마 1:2	
δέ	그러나, 또한, 오직(개역개정) ‖ 마 1:2	
ὅτι	~한 바, 왜냐하면 ‖ 마 2:16	
μή	(뒤에 가능성을 나타내는 법/표현) 아니, 아닌 ‖ 마 1:19	
γάρ	왜냐하면, 실제로, 진실로, 과연 ‖ 마 1:20	
ἵνα	~하기 위하여, ~때문에, 도록 ‖ 마 1:22	
ἀλλά	그러나, 오직, 도리어 ‖ 마 4:4	

---

*   신약성경에 나타나는 모든 접속사를 수록했다.

ὡς	~같이, 처럼, ~로서 ▎마 1:24
εἰ	만일, ~인지 ▎마 4:3
οὖν	그러므로, 그래서, 따라서 ▎마 1:17
ἐάν	만일 ▎마 4:9
τέ	그리고, 또, ~와 ▎마 22:10
καθώς	~같이, ~대로, ~처럼, ~따라 ▎마 21:6
ἄν	(번역 안됨), ~다면 ▎마 2:13
ἕως	~까지, ~도록 ▎마 1:17
οὐδέ	~도 아니고, ~도 역시 아니 ▎마 5:15
ὅταν	~때마다, ~때에 ▎마 5:11
ὅτε	~때 ▎마 7:28
οὔτε	그리고 ~아니다, 또 ~아니 ▎마 6:20
ὥστε	이런 이유로, 그러므로, 그래서 ▎마 8:24
ὅπου	~한 곳에서는, 어디에나 ▎마 6:19
εἴτε	또는, 만약 ~이라면, 이거나 ▎롬 12:6
μηδέ	그리고 ~아니, ~도 아니며 ▎마 6:25
ὅπως	~하기 위하여, 하려고 ▎마 2:8
διό	그러므로, 이런 이유로 ▎마 27:8
ἄρα	그렇다면, 그래서 ▎마 7:20
ἄχρι	~까지, ~할 때까지, ~에 이르러, ~하도록 ▎마 24:38
ὥσπερ	바로 ~처럼, ~같이, ~처럼 ▎마 6:2
μήτε	~도 아니며 ▎마 5:34
πλήν	그럼에도 불구하고, 오직, 그러나 ▎마 11:22
ποτέ	전에, 예전에, ~때 ▎눅 22:32
ἐπεί	~때, ~때문에, ~이므로 ▎마 18:32
διότι	그러므로, ~때문에 ▎눅 1:13
ὅθεν	~데서, ~로부터 ▎마 12:44
καθάπερ	~같이, 꼭 ~처럼 ▎롬 4:6
πρίν	전에, 이전에 ▎마 1:18
ἐπειδή	~때, ~하고 나서, ~하였으므로 ▎눅 7:1
καθότι	~같이, ~하므로, 따라 ▎눅 1:7

εἴπερ	~도, 마찬가지로 ‖ 롬 3:30	
καίπερ	그러나, ~라도, 비록 ~일지라도 ‖ 빌 3:4	
ἐπάν	~때, ~할 때, ~하자마자 ‖ 마 2:8	
ἐάνπερ	만일 ~하면, 정말 ~라면 ‖ 히 3:14	
τοίνυν	그러면, 그래서 ‖ 눅 20:25	
ἡνίκα	~때, ~한 그때에, 언제든지 ‖ 고후 3:15	
τοιγαροῦν	그래서, 그러므로 ‖ 살전 4:8	
διόπερ	그러므로, 그래서, 바로 이런 이유로 ‖ 고전 8:13	
καίτοι	그래도, 그렇다 하더라도 ‖ 행 14:17	
καθά	~바와 같다, 마치 ~같이 ‖ 마 27:10	
πότερον	~인지 어떤지, 둘 중 어느 것 ‖ 요 7:17	

전치사*

ἐν	~안에, ~으로 ‖ 마 1:18
εἰς	~안으로, ~안에,위하여 ‖ 마 2:1
ἐκ	~에서, 로부터, 중에서 ‖ 마 1:3
ἐπί	~위에, ~에 ‖ 마 1:11
πρός	~에게로, ~을 향하여 ‖ 마 2:12
διά	[+속격] 통하여 [+대격] 때문에 ‖ 마 1:22
ἀπό	~로부터 ‖ 마 1:17
κατά	아래로, 밑에, ~에 따라서 ‖ 마 1:20
μετά	[+속격] 함께; [+대격] 후에,다음에 ‖ 마 1:12
περί	[+속격] 관하여, 대하여; [+대격] 더불어, 주위에 ‖ 마 2:8
ὑπό	[+속격]~에 의하여, ~아래; [+대격] 인접하여 ‖ 마 1:22
παρά	[+속격]~에서 [+여격] 함께; [+대격] 옆에 ‖ 마 2:4
ὑπέρ	[+속격] 위하여, 대신에 ‖ 마 5:44

*   유사 전치사도 포함되어 있다. 더불어 신약성경에 나타나는 모든 전치사를 수록했다.

σύν	함께, ~와 더불어 ▎마 25:27
ἕως	~까지, ~도록 ▎마 1:17
ὡς	~같이, 처럼, ~로서 ▎마 1:24
ἐνώπιον	앞에서, ~의 생각에 ▎눅 1:15
ἄχρι	~까지, ~할 때까지, ~에 이르러, ~하도록 ▎마 24:38
πρό	~전에, ~앞에 ▎마 5:12
ἔμπροσθεν	앞에, 면전에 ▎마 5:16
χωρίς	~외에, ~없이 ▎마 13:34
ἕνεκα	~때문에, ~을 위하여, ~로 말미암아 ▎마 5:10
ὀπίσω	다음, 뒤, 후에 ▎마 3:11
ἀντί	[+속격] 대신에, 대하여 ▎마 2:22
ἔξω	밖으로, 바깥 ▎마 5:13
ἐπάνω	위에, ~너머, ~에 ▎마 2:9
μέχρι	~까지, ~할 정도로 ▎마 11:23
ἀνά	위로, 위에, 각기, 가운데 ▎마 13:25
ἐγγύς	가까이 ▎마 24:32
πέραν	저편, 건너편, 건너 ▎마 4:15
ὑποκάτω	밑에, 아래 ▎마 22:44
χάριν	~을 위하여, ~때문에 ▎눅 7:47
κατέναντι	~앞에서, 맞은 편에 ▎마 21:2
μεταξύ	~사이에, 틈에서 ▎마 18:15
ἀπέναντι	맞은편, 앞에 ▎마 27:24
ἐναντίον	앞에, 보기에 ▎눅 1:6
ἐκτός	외부, 바깥, ~외에 ▎마 23:26
πλήν	그럼에도 불구하고, 오직, 그러나 ▎마 11:22
ὡσεί	~처럼, ~같이 ▎마 3:16
ἄνευ	~없이 ▎마 10:29
κατενώπιον	앞에 ▎엡 1:4
κύκλῳ	주위에, 도처에, 두루 ▎막 3:34
ὑπεράνω	위에 ▎엡 1:21
ἅμα	함께, 동시에 ▎마 13:29

ἄτερ	~없이, ~로부터 떨어져 ▮ 눅 22:6
ἔναντι	전에, 앞에 ▮ 눅 1:8
ἔξωθεν	외부, 바깥 ▮ 마 23:25
κυκλόθεν	주위에, 사방에, 돌리다 ▮ 계 4:3
ὄπισθεν	후에, 뒤에, ~뒤로부터 ▮ 마 9:20
παρεκτός	~제외하고, ~배제하여, ~외에는 ▮ 마 5:32
ὥσπερ	바로 ~처럼, ~같이, ~처럼 ▮ 마 6:2
ἄντικρυς	~앞, 바로 맞은편 ▮ 행 20:15
ἀντιπέρα	맞은 편, 건너편 ▮ 눅 8:26
ἐντός	안에, 내부에, 가운데 ▮ 마 23:26
ἐπέκεινα	더 멀리, 저편 너머로 ▮ 행 7:43
ἔσω	안에, 내부에 ▮ 마 26:58
καθώς	~같이, ~대로, ~처럼, ~따라 ▮ 마 21:6
ὀψέ	하루 중 늦은 시간, 저녁 ▮ 마 28:1
πλησίον	가까이, 이웃 ▮ 마 5:43
ὑπερέκεινα	넘어서, 지나서 ▮ 고후 10:16
ὡσπερεί	~같은, 마치 ~같이, 마치 ~인듯이 ▮ 고전 15:8

기타 품사(불변화사, 소사)*

οὐ, οὐκ, οὐχ	아니, 아닌 ▮ 마 1:25
μή	아니, 아닌, (뒤에 가능을 나타내는 표현) ▮ 마 1:19
ἰδού	보라, 보다 ▮ 마 1:20
ἄν	[뒤에 가정법] ~라면, ~자는 ▮ 마 2:13
ἀμήν	진실로, 아멘 ▮ 마 5:18
ἐάν	만일 ▮ 마 4:9
οὐχί	~아니, ~아닌 ▮ 마 5:46

---

* 감탄사처럼 사용되는 불변화사 중에는, 동사의 특정 형태가 그렇게 사용되는 경우가 있음에 유의하라.

οὐαί	화로다, 아 슬프도다 ‖ 마 11:21	
εἰ	만일, ~인지 ‖ 마 4:3	
ναί	예, 그렇다, 사실 ‖ 마 5:37	
ἴδε	자!, 여기, 보라 ‖ 마 25:20	
γέ	그러나, 하물며 ‖ 마 6:1	
χαίρω	기뻐하다, 즐거워 하다 ‖ 마 2:10	
μέν	~한 반면에, ~하기도 하고, 그리하여 ‖ 마 3:11	
μήτι	~도 아니다, 분명히 아닌, 혹시 ‖ 마 7:16	
ὦ	오 ‖ 마 15:28	
γάρ	왜냐하면, 실제로, 진실로, 과연 ‖ 마 1:20	
ἄρα	그렇다면, 그래서 ‖ 마 7:20	
ὡσαννά	호산나 ‖ 마 21:9	
δή	그러므로, 이제, 사실 ‖ 마 13:23	
ἄγω	이끌다, 데리고 가다, 인도하다 ‖ 마 10:18	
ἁλληλουϊά	할렐루야 ‖ 계 19:1	
ἐάν	만일 ‖ 마 4:9	
ὄφελον	~하기를 원한다, ~하기를 바란다 ‖ 고전 4:8	
ἆρα	그런즉, 그렇다면 ‖ 마 7:20	
μενοῦνγε	오히려, 한편 ‖ 롬 9:20	
ἴδε	자!, 여기, 보라 ‖ 마 25:20	
μήποτε	않게, ~못하도록 ‖ 마 4:6	
δήπου	확실히, 물론 ‖ 히 2:16	
ἔα	아! 아하! ‖ 눅 4:34	
εὖγε	잘했구나! 훌륭해! ‖ 눅 19:17	
μενοῦν	오히려, 한편 ‖ 눅 11:28	
μήν	달, 월(月) ‖ 눅 1:24	
νή	~을 두고, ~으로 ‖ 고전 15:31	
οὐά	아! 와! ‖ 막 15:29	
οὐδέ	~도 아니고, ~도 역시 아니 ‖ 마 5:15	
οὖν	그러므로, 그래서, 따라서 ‖ 마 1:17	
οὔπω	아직 ~아니 ‖ 마 16:9	

제4부: 책별 단어

제4부에서는 성경의 각 책별로 우선적으로 살펴야 할 단어 목록을 제시합니다. 다른 책에 드물게 나오지만 해당 책에 많이 나오는 단어들이 정리되었습니다. 각각 제시하는 단어의 수는 그 책이 포함하는 전체 단어의 100분의 1 정도입니다. 단 이렇게 정리할 경우 수가 너무 적어지는 짧은 성경의 경우는 단어 목록을 더 추가하기도 하였습니다.

목록에 나오는 단어의 순서는 '단어의 중요도'로서 신약의 다른 부분에는 나오지 않는데, 해당 성경에는 많이 등장할수록 중요도는 높아집니다. 단 본문의 길이에 따라 중요한 정도가 왜곡될 수 있으므로 본문의 길이에 따라 그에 적절한 별개의 계산식을 사용했습니다. 또한 다른 성경에 나오지 않고 해당 본문에만 나오는 경우는 옆에 *을 표시하였습니다. 단어 다음에 나오는 수는 "책/전체 빈도수"입니다. 그리고 참고 구절이 나오는데, 이것을 통하여 효율적인 학습을 도모할 수 있을 것입니다.

마태복음

προσέρχομαι	[51/86] 나아오다, 오다, 다가오다 ▌마 4:3
γεννάω	[45/97] 낳다, 아버지가 되다 ▌마 1:2
*τάλαντον, -ου, τό	[14/14] 달란트 ▌마 18:24
ὑποκριτής, -οῦ, ὁ	[13/17] 위선자 ▌마 6:2
συνάγω	[24/59] 모으다, 모이다 ▌마 2:4
ἐκβάλλω	[28/81] 내쫓다, 모욕하다, 몰아내다 ▌마 7:4
πονηρός, -ά, -όν	[26/78] 악한, 나쁜 ▌마 5:11
Φαρισαῖος, -ου, ὁ	[29/98] 바리새인 ▌마 3:7
μήτηρ, -τρος, ἡ	[26/83] 어머니 ▌마 1:18
ἀγρός, -οῦ, ὁ	[17/36] 들, 밭, 시골 ▌마 6:28
*ζιζάνιον, -ου, τό	[8/8] 가라지, 독보리 ▌마 13:25
γραμματεύς, -έως, ὁ	[22/63] 서기관, 선비 ▌마 2:4
ἐάν	[22/64] 만일 ▌마 4:9
ἀναχωρέω	[10/14] 물러나다, 떠나다 ▌마 2:12
ἀκολουθέω	[25/90] 따르다, 뒤쫓다 ▌마 4:20
ὀμνύω	[13/25] 맹세하다, 서원하다 ▌마 5:34
σκανδαλίζω	[14/29] 넘어뜨리다, 범죄하게 하다 ▌마 5:29
ἔμπροσθεν	[18/48] 앞에, 면전에 ▌마 5:16
ἀποδίδωμι	[18/48] 갚다, 되돌려주다 ▌마 5:26
οἰκία, -ας, ἡ	[25/93] 집 ▌마 2:11
ἔνδυμα, -τος, τό	[7/8] 외투, 의복, 예복 ▌마 3:4
συλλέγω	[7/8]]모으다, 거두다 ▌마 7:16
παιδίον, -ου, τό	[18/53] 아이, 어린아이 ▌마 2:8
*ὄναρ, τό	[6/6] 꿈 ▌마 1:20
θεραπεύω	[16/43] 고치다, 돌보다 ▌마 4:23
παραβολή, -ῆς, ἡ	[17/50] 비유, 상징 ▌마 13:3
τυφλός, -ή, -όν	[17/50] 맹인, 시각장애인 ▌마 9:27
ὀφθαλμός, -οῦ, ὁ	[24/100] 눈 ▌마 5:29
δένδρον, -ου, τό	[12/25] 나무 ▌마 3:10
σπείρω	[17/52] (씨)뿌리다 ▌마 6:26

καρπός, -οῦ, ὁ	[19/66] 열매, 결실, 소출, 곡식∥마 3:8
ἀπολύω	[19/66] 풀어주다, 구하다, 해방시키다∥마 1:19
ὅπως	[17/53] ~하기 위하여, 하려고∥마 2:8
φαίνω	[13/31] 나타나다, 비취다, 드러나다∥마 1:20
κλαυθμός, -οῦ, ὁ	[7/9] 울음, 통곡∥마 2:18
οὐράνιος, -ον	[7/9] 하늘의, 천국의∥마 5:48
ὀδούς, -ὀδόντος, ὁ	[8/12] 이, 치아∥마 5:38
ὧδε	[18/61] 여기, 이리, 이곳으로∥마 8:29
παραλαμβάνω	[16/49] 데려오다, 영접하다, 받다, 취하다∥마 1:20
βρυγμός, -οῦ, ὁ	[6/7] 이를 갊∥마 8:12
τάφος, -ου, ὁ	[6/7] 무덤, 묘∥마 23:27
γάμος, -ου, ὁ	[9/16] 혼인, 혼인잔치, 결혼∥마 22:2
ἡγεμών, -όνος, ὁ	[10/20] 통치자, 총독∥마 2:6
Δαυίδ, ὁ	[17/59] 다윗(히브리어 음역)∥마 1:1
προσφέρω	[15/47] ~에게 데려가다, 바치다, 드리다∥마 2:11
θησαυρός, -οῦ, ὁ	[9/17] 보배합, 보물, 보화∥마 2:11
εὐθέως	[13/36] 즉시, 곧∥마 4:20
ὑπάγω	[19/79] 떠나다, 가다∥마 4:10
ἄρτος, -ου, ὁ	[21/97] 빵, 떡, 덩어리∥마 4:3
σφόδρα	[7/11] 매우, 심히, 크게∥마 2:10
καλός, -ή, -όν	[21/100] 좋은, 아름다운, 착한∥마 3:10
ἀμπελών, -ῶνος, ὁ	[10/23] 포도원∥마 20:1
ὁμοιόω	[8/15] 비교하다, ~과 같이 되다∥마 6:8
δῶρον, -ου, τό	[9/19] 선물, 예물, 제물∥마 2:11
Γαλιλαία, -ας, ἡ	[16/61] 갈릴리∥마 2:22
συντέλεια, -ας, ἡ	[5/6] 완료, 끝, 종말∥마 13:39
γέεννα, -ης, ἡ	[7/12] 지옥, 게헨나∥마 5:22
οἰκοδεσπότης, -ου, ὁ	[7/12] 집안을 다스리는 자∥마 10:25
βαπτιστής, -οῦ, ὁ	[7/12] 세례자(요한)∥마 3:1
ὕστερος, -α, -ον	[7/12] 최후에, 마침내, 끝내∥마 4:2
ὄρος, -ους, τό	[16/63] 산, 산악, 언덕∥마 4:8

ἀργύριον, -ου, τό	[9/20] 돈, 은 ‖ 마 25:18
ἀπόλλυμι	[19/90] 파괴하다, 파멸시키다, 잃어버리다 ‖ 마 2:13
πίπτω	[19/90] 넘어지다, 떨어지다, 엎드리다 ‖ 마 2:11
*μετοικεσία, -ας, ἡ	[4/4] 이주, 추방, 사로잡혀 감 ‖ 마 1:11
κάθημαι	[19/91] 앉다, 자리잡다, 주저앉다 ‖ 마 4:16
Ἡρῴδης, -ου, ὁ	[13/43] 헤롯 ‖ 마 2:1
γενεά, -ᾶς, ἡ	[13/43] 세대 ‖ 마 1:17
ἐκεῖθεν	[12/37] 그곳으로부터, 거기에서 ‖ 마 4:21
φημί	[16/66] 말하다, 이르다 ‖ 마 4:7
πέντε	[12/38] 다섯(5) ‖ 마 14:17
δαιμονίζομαι	[7/13] 귀신들리다 ‖ 마 4:24
οὐαί	[13/46] 화로다, 아 슬프도다 ‖ 마 11:21
δίκαιος, -α, -ον	[17/79] 의로운, 옳은, 정직한 ‖ 마 1:19
πεινάω	[9/23] 주리다, 시장하다, 배고프다 ‖ 마 4:2
κωφός, -ή, -όν	[7/14] 말 못하는, 농아, 청각장애인 ‖ 마 9:32
Σαδδουκαῖος, -ου, ὁ	[7/14] 사두개인 ‖ 마 3:7
φρόνιμος, -ον	[7/14] 지혜로운, 현명한 ‖ 마 7:24
Ἰωσήφ, ὁ	[11/35] 요셉 ‖ 마 1:16
μισθός, -οῦ, ὁ	[10/29] 품삯, 보수, 상 ‖ 마 5:12
φοβέομαι	[18/95] 무서워하다, 두려워하다 ‖ 마 1:20
μακάριος, -α, -ον	[13/50] 복된, ‖ 행복한, ‖ 행운의 ‖ 마 5:3
ἐπάνω	[8/19] 위에, ~너머, ~에 ‖ 마 2:9
ὀψίος	[7/15] 늦은, 저녁 ‖ 마 8:16
νηστεύω	[8/20] 금식하다 ‖ 마 4:2
ὀλιγόπιστος, -ον	[4/5] 믿음이 작은 ‖ 마 6:30
Βηθλέεμ, ἡ	[5/8] 베들레헴 ‖ 마 2:1
συμβούλιον, -ου, τό	[5/8] 의논, 상의하다 ‖ 마 12:14
σαπρός, -ά, -όν	[5/8] 썩은, 무가치한, 못된 ‖ 마 7:17
συνίημι	[9/26] 이해하다, 깨닫다 ‖ 마 13:13
πρόβατον, -ου, τό	[11/39] 양 ‖ 마 7:15
πίνω	[15/73] 마시다 ‖ 마 6:31

κρατέω	[12/47] 손에 넣다, 붙잡다, 체포하다 ▌마 9:25
κρίσις, -εως, ἡ	[12/47] 심판, 정죄, 판결, 죄 ▌마 5:21
κακῶς	[7/16] 나쁘게, 흉악하게, 그릇되게 ▌마 4:24
τελώνης, -ου, ὁ	[8/21] 세리, 세관원 ▌마 5:46
δεῦτε	[6/12] 오라, (나를) 따르라 ▌마 4:19
μωρός, -ά, -όν	[6/12] 어리석은, 미련한, 멍청한 ▌마 5:22
ὅριον, -ου, τό	[6/12] 지역, 경계, 구역 ▌마 2:16
Ζεβεδαῖος, -ου, ὁ	[6/12] 세베대, 제베다이오스 ▌마 4:21
μεταβαίνω	[6/12] 떠나다, 자리를 옮기다, 지나가다 ▌마 8:34
*μαλακία, -ας, ἡ	[3/3] 연약함, 질병 ▌마 4:23
*ἐξώτερος, -α, -ον	[3/3] 가장 멀리 떨어진, 더 바깥의 ▌마 8:12
*ἑταῖρος, -ου, ὁ	[3/3] 동료, 친구, 동무 ▌마 20:13
*κουστωδία, -ας, ἡ	[3/3] 경비병 ▌마 27:65
*Ἰερεμίας, -ου, ὁ	[3/3] 예레미야 ▌마 2:17
*συναίρω	[3/3] 회계를 결산하다, 정리하다 ▌마 18:23
*συντάσσω	[3/3] 명령하다, 시키다, 지시하다 ▌마 21:6
πληρόω	[16/86] 이루어지다, 성취하다, 채우다 ▌마 1:22
ἱμάτιον, -ου, τό	[13/60] 겉옷, 옷 ▌마 5:40
προσκυνέω	[13/60] 경배하다, 절하다, 예배하다 ▌마 2:2
θάλασσα, -ης, ἡ	[16/91] 바다, 호수 ▌마 4:15
αἰτέω	[14/70] 구하다, 요청하다, 묻다 ▌마 5:42
Ἠλίας, -ου, ὁ	[9/29] 엘리야 ▌마 11:14
παρέρχομαι	[9/29] 지나가다, 통과하다, 간과하다 ▌마 5:18
ὥσπερ	[10/36] 바로 ~처럼, ~같이, ~처럼 ▌마 6:2
Ἰωνᾶς, -ᾶ, ὁ	[5/9] 요나 ▌마 12:39
λαμπάς, -άδος, ἡ	[5/9] 횃불, 등불 ▌마 25:1
εὐώνυμος, -ον	[5/9] 왼쪽, 좌편 ▌마 20:21
θερισμός, -οῦ, ὁ	[6/13] 추수 ▌마 9:37
κρύπτω	[7/18] 숨기다, 감추다, 가리다 ▌마 5:14
ὥστε	[15/83] 이런 이유로, 그러므로, 그래서 ▌마 8:24
δεξιός, -ά, -όν	[12/54] 오른손의, 오른편의 ▌마 5:29

παῖς, -παιδός, ὁ, ἡ	[8/24] 노예, 하인, 아이 ▍마 2:16
μάγος, -ου, ὁ	[4/6] 박사, 점성술사, 마술사 ▍마 2:1
προσεύχομαι	[15/85] 기도하다, 간구하다 ▍마 5:44
κράζω	[12/55] 소리지르다, 부르다, 외치다 ▍마 8:29
ἄνεμος, -ου, ὁ	[9/31] 바람 ▍마 7:25
ἔξεστιν	[9/31] 권한을 얻다, 위임받다, 허락받다 ▍마 12:2
μεριμνάω	[7/19] 염려하다, 근심하다, 보살피다 ▍마 6:25
πότε	[7/19] 언제, 어느 때에 ▍마 17:17
μήποτε	[8/25] 않게, ~못하도록 ▍마 4:6
σός, -σή, -σόν	[8/25] 너의, 당신의 ▍마 7:3
πλοῖον, -ου, τό	[13/67] 배, 선박 ▍마 4:21
ἔνοχος, -ον	[5/10] 책임 있는, ~에 매인 ▍마 5:21
παραλυτικός, -οῦ, ὁ	[5/10] 중풍 걸린, 마비된 ▍마 4:24
χρυσός, -οῦ, ὁ	[5/10] 황금 ▍마 2:11
σύνδουλος, -ου, ὁ	[5/10] 동료 노예 ▍마 18:28
ναί	[9/33] 예, 그렇다, 사실 ▍마 5:37
διδάσκαλος, -ου, ὁ	[12/59] 선생님, 교사, 스승 ▍마 8:19
Ἰορδάνης, -ου, ὁ	[6/15] 요단, 요르단 ▍마 3:5
Μαρία, -ας	[8/27] 마리아 ▍마 1:16
πόσος, -η, -ον	[8/27] 얼마나 큰, 얼마나 많은 ▍마 6:23
δέομαι	[10/43] 결박하다, 매다, 구류하다 ▍마 12:29
ἐλεέω	[8/28] 긍휼히 여기다, 불쌍히 여기다 ▍마 5:7
θυγάτηρ, -τρός, ἡ	[8/28] 딸 ▍마 9:18
ἀποκτείνω	[13/74] 죽이다 ▍마 10:28
Ἰούδας, -α, ὁ	[10/44] 유다 ▍마 1:2
Βαραββᾶς, -ᾶ, ὁ	[5/11] 바라바, 바라빠스 ▍마 27:16
ἀνατολή, -ῆς, ἡ	[5/11] 떠오름, 동방, 동쪽 ▍마 2:1
νόσος, -ου, ἡ	[5/11] 병, 질병 ▍마 4:23
τριάκοντα	[5/11] 30, 서른 ▍마 13:8
δώδεκα	[13/75] 열 두 번째 ▍마 9:20
ἐργάτης, -ου, ὁ	[6/16] 일꾼, 노동자, 품꾼 ▍마 9:37

νυμφίος, -ου, ὁ	[6/16] 신랑 ▮ 마 9:15
δηνάριον, -ου, ὁ	[6/16] 데나리온 ▮ 마 18:28
ἐκτείνω	[6/16] 뻗치다, 내밀다 ▮ 마 8:3
γέννημα, -τος, τό	[3/4] 자식, 새끼 ▮ 마 3:7
διορύσσω	[3/4] 구멍을 뚫다, 뚫고 들어가다 ▮ 마 6:19
κῆνσος, -ου, ὁ	[3/4] 세금, 인두세 ▮ 마 17:25
ἐθνικός, -ή, -όν	[3/4] 외국의, 이방의, 이방인 ▮ 마 5:47
ἀσφαλίζω	[3/4] 굳게 지키다 ▮ 마 27:64
πραῦς, -πραεῖα, -πραῦ	[3/4] 온유한, 친절한, 겸손한 ▮ 마 5:5
μαθητεύω	[3/4] 제자되다 ▮ 마 13:52
κυλλός, -ή, -όν	[3/4] 장애를 가진, 저는 ▮ 마 15:30
καθεύδω	[7/22] 자다, 주무시다 ▮ 마 8:24
σημεῖον, -ου, τό	[13/77] 표, 징조, 이적 ▮ 마 12:38
πρεσβύτερος, -α, -ον	[12/66] 장로, 어른, 늙은이 ▮ 마 15:2
σταυρόω	[10/46] 십자가에 못박다 ▮ 마 20:19
μηδέ	[11/56] 그리고 ~아니, ~도 아니며 ▮ 마 6:25
πέραν	[7/23] 저편, 건너편, 건너 ▮ 마 4:15
φυλακή, -ῆς, ἡ	[10/47] 감옥 ▮ 마 5:25
Ἰσραήλ, ὁ	[12/68] 이스라엘 ▮ 마 2:6
κερδαίνω	[6/17] 이익을 얻다 ▮ 마 16:26
τρεῖς, -τρία	[12/69] 셋, 3 ▮ 마 12:40
σπλαγχνίζομαι	[5/12] 불쌍히 여기다, 측은히 여기다 ▮ 마 9:36
κάλαμος, -ου, ὁ	[5/12] 줄기, 지팡이, 갈대, 측정 막대기 ▮ 마 11:7
Σολομών, -ῶνος	[5/12] 솔로몬 ▮ 마 1:6
φονεύω	[5/12] 살인하다, 죽이다 ▮ 마 5:21
ἅπτω	[9/39] 대다, 만지다 ▮ 마 8:3
ὅπου	[13/82] ~한 곳에서는, 어디에나 ▮ 마 6:19
λίθος, -ου, ὁ	[11/59] 돌 ▮ 마 3:9
ἕνεκα	[7/24] ~때문에, ~을 위하여, ~로 말미암아 ▮ 마 5:10

마가복음

εὐθύς, -εῖα, -ύ	[42/59] 즉시, 바로 ▎막 1:3	
ἐπερωτάω	[25/56] 간구하다, 물어보다, 질문하다 ▎막 5:9	
ἄρχω	[27/86] 시작하다, 주관하다, 다스리다 ▎막 1:45	
γραμματεύς, -έως, ὁ	[21/63] 서기관, 선비 ▎막 1:22	
Ἰάκωβος, -ου, ὁ	[15/42] 야고보 ▎막 1:19	
περιβλέπομαι	[6/7] 둘러보다 ▎막 3:5	
κρατέω	[15/47] 손에 넣다, 붙잡다, 체포하다 ▎막 3:21	
ἄρτος, -ου, ὁ	[21/97] 빵, 떡, 덩어리 ▎막 2:26	
πλοῖον, -ου, τό	[17/67] 배, 선박 ▎막 4:17	
ἐκβάλλω	[18/81] 내쫓다, 모욕하다, 몰아내다 ▎막 9:47	
*ἐκθαμβέομαι	[4/4] 혼비백산하다, 매우 놀라다 ▎막 9:15	
θάλασσα, -ης, ἡ	[19/91] 바다, 호수 ▎막 1:16	
ἀκάθαρτος, -ον	[11/32] 더러운, 부정한 ▎막 5:8	
ἐκπορεύομαι	[11/33] 나가다, 떠나다 ▎막 7:15	
ἀκολουθέω	[18/90] 따르다, 뒤좇다 ▎막 2:14	
συζητέω	[6/10] 논쟁하다, 말로 다투다, 토론하다 ▎막 1:27	
εἰσπορεύομαι	[8/18] 들어가다, 안으로 가다 ▎막 7:18	
οἰκία, -ας, ἡ	[18/93] 집 ▎막 3:15	
μήτηρ, -τρος, ἡ	[17/83] 어머니 ▎막 3:31	
φέρω	[15/66] 지다, 운반하다, 참다 ▎막 6:27	
παραβολή, -ῆς, ἡ	[13/50] 비유, 상징 ▎막 4:10	
κηρύσσω	[14/61] 선포하다, 설교하다, 가르치다 ▎막 13:10	
παραπορεύομαι	[4/5] 지나가다, 통과하다, 지나서 가다 ▎막 2:23	
διαστέλλομαι	[5/8] 지시하다, 명령하다 ▎막 5:43	
κοράσιον, -ου, τό	[5/8] 소녀, 여자 아이 ▎막 5:41	
ἅπτω	[11/39] 대다, 만지다 ▎막 5:27	
διαλογίζομαι	[7/16] 논의하다, 숙고하다, 생각하다 ▎막 2:6	
δώδεκα	[15/75] 열 두 번째 ▎막 4:10	
πρωΐ	[6/12] (아침에)일찍 ▎막 16:2	
*ἄλαλος, -ον	[3/3] 말 못하는, 무언의 ▎막 7:37	

*θαμβέομαι	[3/3] 놀라다, 놀라게 하다 ▮ 막 1:27
*Ἰωσῆς, -ῆ	[3/3] 요세, 요세스 ▮ 막 6:3
*κεντυρίων, -ωνος, ὁ	[3/3] 백부장, 백인대장 ▮ 막 15:39
διδάσκω	[17/97] 가르치다, 지도하다 ▮ 막 6:6
καθεύδω	[8/22] 자다, 주무시다 ▮ 막 4:27
ἴδε 〔	[9/28] 자!, 여기, 보라 ▮ 막 2:24
ὑπάγω	[15/79] 떠나다, 가다 ▮ 막 6:38
ἐπιτιμάω	[9/29] 책망하다, 꾸짖다, 항변하다 ▮ 막 8:30
Ἠλίας, -ου, ὁ	[9/29] 엘리야 ▮ 막 6:15
παιδίον, -ου, τό	[12/52] 아이, 어린아이 ▮ 막 5:39
σπείρω	[12/52] (씨)뿌리다 ▮ 막 4:3
ὅπου	[15/82] ~한 곳에서는, 어디에나 ▮ 막 2:4
δαιμόνιον, -ου, τό	[13/63] 귀신, 악령 ▮ 막 3:22
Ναζαρηνός, -οῦ, ὁ	[4/6] 나사렛 출신의, 나사렛 사람 ▮ 막 1:24
σινδών, -όνος, ἡ	[4/6] 세마포, 린넨 천 ▮ 막 14:51
παραλυτικός, -οῦ, ὁ	[5/10] 중풍 걸린, 마비된 ▮ 막 2:3
σιωπάω	[5/10] 침묵 지키다, 잠잠하다 ▮ 막 14:61
διδάσκαλος, -ου, ὁ	[12/59] 선생님, 교사, 스승 ▮ 막 12:14
ἱμάτιον, -ου, τό	[12/60] 겉옷, 옷 ▮ 막 5:27
ξηραίνω	[6/15] 건조하다, 마르다, 시들다 ▮ 막 3:1
Γαλιλαία, -ας, ἡ	[12/61] 갈릴리 ▮ 막 1:9
φωνέω	[10/43] 부르다, 울다, 청하다 ▮ 막 10:49
κράβαττος, -ου, ὁ	[5/11] 자리, 깔개, 들것, 침상 ▮ 막 2:4
ἀγρός, -οῦ, ὁ	[9/36] 들, 밭, 시골 ▮ 막 10:29
σκανδαλίζω	[8/29] 넘어뜨리다, 범죄하게 하다 ▮ 막 9:42
βαπτίζω	[13/77] 세례를 주다, 씻다 ▮ 막 6:14
ἀπολύω	[12/66] 풀어주다, 구하다, 해방시키다 ▮ 막 6:36
πέραν	[7/23] 저편, 건너편, 건너 ▮ 막 5:13
σάββατον, -ου, τό	[12/68] 안식일 ▮ 막 1:21
ὅριον, -ου, τό	[5/12] 지역, 경계, 구역 ▮ 막 7:31
ὥστε	[13/83] 이런 이유로, 그러므로, 그래서 ▮ 막 3:10

*ἀφρίζω	[2/2] (입에) 거품을 흘리다	막 9:18
*ἐναγκαλίζομαι	[2/2] 팔에 안다, 껴안다	막 9:36
*θυγάτριον, -ου, τό	[2/2] 어린 딸	막 5:23
*πρασιά, -ᾶς, ἡ	[2/2] 무리지어, 정원터	막 6:40
*Σαλώμη, -ης, ἡ	[2/2] 살로메	막 15:40
*συμπόσιον, -ου, τό	[2/2] 패거리, 모임	막 6:39
*συνθλίβω	[2/2] 함께 밀다, 에워싸 밀다	막 5:24
ἐκπλήσσομαι	[5/13] 깜짝 놀라다, 경악하다	막 1:22
παράδοσις, -εως, ἡ	[5/13] 전통, 전승	막 7:3
ὄρος, -ους, τό	[11/63] 산, 산악, 언덕	막 3:13
κράζω	[10/55] 소리지르다, 부르다, 외치다	막 10:47
Πιλᾶτος, -ου, ὁ	[10/55] 빌라도	막 15:1
κώμη, -ης, ἡ	[7/27] 마을, 촌락	막 6:6
νηστεύω	[6/20] 금식하다	막 2:18
ἄρρωστος, -ον	[3/5] 병든, 아픈	막 6:5
γαζοφυλάκιον, -ου, τό	[3/5] 보물, 금고, 헌금함, 성물궤	막 12:41
ψευδομαρτυρέω	[3/5] 거짓 증언하다	막 14:56
κοινόω	[5/14] 속되게 하다, 더럽히다	막 7:15
μακρόθεν	[5/14] 멀찍이, 멀리서	막 11:13
ἀρχισυνάγωγος, -ου, ὁ	[4/9] 회당장	막 5:22
κλάσμα, -τος, τό	[4/9] 조각, 파편, 부스러기	막 6:43
ἔρημος, -ου, ἡ	[9/48] 한적한 곳, 광야, 사막	막 1:3
ἐπιτίθημι	[8/39] ~위에 두다, 얹다, 씌우다	막 3:16
ὧδε	[10/61] 여기, 이리, 이곳으로	막 6:3
γρηγορέω	[6/22] 깨어 있다, 일깨다, 경성하다	막 13:34
ἀποκτείνω	[11/74] 죽이다	막 12:5
Σίμων, -ωνος, ὁ	[11/75] 시몬	막 1:16
Ἱεροσόλυμα, τό	[10/62] 예루살렘	막 3:8
μνημεῖον, -ου, τό	[8/40] 무덤, 기념물, 매장지	막 15:46
ἐπιτάσσω	[4/10] 명령하다, 지시하다	막 1:27
ἔξω	[10/63] 밖으로, 바깥	막 11:4

ἄνεμος, -ου, ὁ	[7/31] 바람 ‖ 막 4:37
ἐμβαίνω	[5/16] 오르다, 배를 타다, 들어가다 ‖ 막 8:10
φοβέομαι	[12/95] 무서워하다, 두려워하다 ‖ 막 4:41
ἐμπτύω	[3/6] 침뱉다, 모멸하다, 버리다 ‖ 막 10:34
Ἡρωδιάς, -άδος, ἡ	[3/6] 헤로디아 ‖ 막 6:17
μάστιξ, -ιγος, ἡ	[3/6] 채찍, 고통, 매 ‖ 막 5:29
στάχυς, -υος, ὁ	[3/6] 이삭 ‖ 막 4:28
φύλλον, -ου, τό	[3/6] 잎사귀, 잎 ‖ 막 11:13
δέομαι	[8/43] 결박하다, 매다, 구류하다 ‖ 막 11:4
Ἡρώδης, -ου, ὁ	[8/43] 헤롯 ‖ 막 6:14
Φαρισαῖος, -ου, ὁ	[12/98] 바리새인 ‖ 막 2:16
ἀπαρνέομαι	[4/11] 부인하다, 부정하다 ‖ 막 8:34
ἀναβλέπω	[6/25] 우러러 보다, 주목하여 보다, 보게되다 ‖ 막 6:41
καθίζω	[8/46] 앉다, 자리하다 ‖ 막 9:35
σταυρόω	[8/46] 십자가에 못박다 ‖ 막 15:13
ἱερόν, -οῦ, τό	[10/72] 성전 ‖ 막 11:11
πόσος, -η, -ον	[6/27] 얼마나 큰, 얼마나 많은 ‖ 막 8:5
ἀλέκτωρ, -ορος, ὁ	[4/12] 닭, 수탉 ‖ 막 14:30
ἀσκός, -οῦ, ὁ	[4/12] 가죽 부대, 포도주 부대 ‖ 막 2:22
Βηθανία, -ας, ἡ	[4/12] 베다니 ‖ 막 11:1
ἐμβλέπω	[4/12] 관찰하다, 응시하다, 주목하다 ‖ 막 8:25
Ζεβεδαῖος, -ου, ὁ	[4/12] 세베대, 제베다이오스 ‖ 막 1:19
κατάκειμαι	[4/12] 눕다, (식사를 위해) 앉다 ‖ 막 1:30
λίαν	[4/12] 매우, 대단히 ‖ 막 1:35
Μαγδαληνή, -ῆς, ἡ	[4/12] 막달레네, 막달라여인 ‖ 막 15:40
πῶλος, -ου, ὁ	[4/12] 망아지, 나귀 새끼 ‖ 막 11:2
σπλαγχνίζομαι	[4/12] 불쌍히 여기다, 측은히 여기다 ‖ 막 8:2
χοῖρος, -ου, ὁ	[4/12] 돼지 ‖ 막 5:11
Δεκάπολις, -εως, ἡ	[2/3] 데가볼리, 데카폴리스 ‖ 막 5:20
διαρπάζω	[2/3] 약탈하다, 털어가다 ‖ 막 3:27
ἐκπνέω	[2/3] 숨지다, 숨을 거두다 ‖ 막 15:37

Ἡρῳδιανοί, -ῶν, ὁ	[2/3] 헤롯 당원들, 헤롯일파 ‖ 막 3:6
κοπάζω	[2/3] (바람이) 잦다, 그치다, 사그라들다 ‖ 막 4:39
ὀψέ	[2/3] 하루 중 늦은 시간, 저녁 ‖ 막 11:19
πέδη, -ης, ἡ	[2/3] 족쇄, 고랑, 차꼬 ‖ 막 5:4
προστρέχω	[2/3] ~에게 달려가다, 달려오다 ‖ 막 9:15
πτύω	[2/3] 뱉다, 침 뱉다 ‖ 막 7:33
σκληροκαρδία, -ας, ἡ	[2/3] 굳은 마음, 마음의 완악함 ‖ 막 10:5
σπαράσσω	[2/3] 경련 일으키다, 찢다 ‖ 막 1:26
συνακολουθέω	[2/3] 따르다, 함께 따르다 ‖ 막 5:37

누가복음

ὑποστρέφω	[21/35] 돌아오다, 되돌아가다 ‖ 눅 4:1
ἄρχω	[31/86] 시작하다, 주관하다, 다스리다 ‖ 눅 3:8
ἕτερος, -α, -ον	[32/98] 다른, 또 하나의 ‖ 눅 3:18
Ἱεροσόλυμα, τό	[27/77] 예루살렘 ‖ 눅 2:25
Ζαχαρίας, -ου, ὁ	[10/11] 사가랴, 자카리아스 ‖ 눅 1:5
*Ἐλισάβετ, ἡ	[9/9] 엘리사벳 ‖ 눅 1:5
*μνᾶ, -ᾶς, ἡ	[9/9] 므나 ‖ 눅 19:13
δαιμόνιον, -ου, τό	[23/63] 귀신, 악령 ‖ 눅 4:33
ἄρα	[5/3] 그런즉, 그렇다면 ‖ 눅 1:66
ἀπόλλυμι	[27/90] 파괴하다, 파멸시키다, 잃어버리다 ‖ 눅 4:34
φίλος, -ου, ὁ	[15/29] 친구, 벗 ‖ 눅 11:5
ἐγγίζω	[18/42] 가깝다, 가까이 오다, 접근하다 ‖ 눅 19:29
Φαρισαῖος, -ου, ὁ	[27/98] 바리새인 ‖ 눅 11:37
πλήν	[15/31] 그럼에도 불구하고, 오직, 그러나 ‖ 눅 22:21
πίμπλημι	[13/24] 채우다, ~으로 채우다 ‖ 눅 2:21
*ἐπιστάτης, -ου, ὁ	[7/7] 선생, 스승, 지도자 ‖ 눅 5:5
ἁμαρτωλός, -όν	[18/47] 죄인, 범죄자 ‖ 눅 6:34
παραβολή, -ῆς, ἡ	[18/50] 비유, 상징 ‖ 눅 12:16
Μαριάμ	[13/27] 미리암, 마리아 ‖ 눅 1:27
οἰκία, -ας, ἡ	[24/93] 집 ‖ 눅 4:38

οὐχί	[18/54] ~아니, ~아닌 ▌눅 12:6
σάββατον, -ου, τό	[20/68] 안식일 ▌눅 6:1
φοβέομαι	[23/95] 무서워하다, 두려워하다 ▌눅 12:4
παραχρῆμα	[10/18] 곧, 즉시, 당장에 ▌눅 5:25
κώμη, -ης, ἡ	[12/27] 마을, 촌락 ▌눅 9:52
ῥῆμα, -τος, τό	[19/68] 말씀, 말 ▌눅 9:45
γενεά, -ᾶς, ἡ	[15/43] 세대 ▌눅 11:29
ἐπερωτάω	[17/56] 간구하다, 물어보다, 질문하다, ▌눅 20:21
ἐνώπιον	[22/94] 앞에서, ~의 생각에 ▌눅 15:10
*κατακλίνω	[5/5] (기대어 앉아)먹다 ▌눅 9:14
ἐπιτιμάω	[12/29] 책망하다, 꾸짖다, 항변하다 ▌눅 4:35
ἐκβάλλω	[20/81] 내쫓다, 모욕하다, 몰아내다 ▌눅 4:29
ἑτοιμάζω	[14/40] 준비하다, 예비하다 ▌눅 22:12
διδάσκαλος, -ου, ὁ	[17/59] 선생님, 교사, 스승 ▌눅 20:21
οὐαί	[15/46] 화로다, 아 슬프도다 ▌눅 6:24
δέκα	[11/25] 열(10) ▌눅 19:13
τελώνης, -ου, ὁ	[10/21] 세리, 세관원 ▌눅 18:10
ἰάομαι	[11/26] 낫다, 고치다, 나음을 얻다 ▌눅 6:18
ἔτος, -ους, τό	[15/49] 해, 년(年) ▌눅 13:7
δέχομαι	[16/56] 영접하다, 받다, 맞이하다 ▌눅 9:48
Ἡρῴδης, -ου, ὁ	[14/43] 헤롯 ▌눅 3:19
θεραπεύω	[14/43] 고치다, 돌보다 ▌눅 13:14
μακάριος, -α, -ον	[15/50] 복된, 행복한, 행운의 ▌눅 6:20
ἅπτω	[13/39] 대다, 만지다 ▌눅 8:44
πλούσιος, -α, -ον	[11/28] 부요한, 풍부한 ▌눅 16:19
προσεύχομαι	[19/85] 기도하다, 간구하다 ▌눅 11:1
εὐλογέω	[13/41] 축복하다, 찬양하다 ▌눅 24:50
ὁμοίως	[11/30] 그렇게, 이와같이, 동일한 방식으로 ▌눅 10:32
συναγωγή, -ῆς, ἡ	[15/56] 집회소, 회당 ▌눅 4:15
νομικός, -ή, -όν	[6/9] 율법사, 율법교사, 법률 전문가 ▌눅 11:45
*βαλλάντιον, -ου, τό	[4/4] 전대, 지갑, 돈주머니 ▌눅 10:4

*φάτνη, -ης, ἡ	[4/4] 여물통, 구유, 외양간 ▎눅 2:7
πίνω	[17/73] 마시다 ▎눅 12:19
θαυμάζω	[13/43] 깜짝 놀라다, 이상히 여기다 ▎눅 11:14
πούς, ποδός, ὁ	[19/93] 발 ▎눅 7:38
τόπος, -ου, ὁ	[19/93] 장소, 위치 ▎눅 4:17
ὡσεί	[9/21] ~처럼, ~같이 ▎눅 9:14
Σίμων, -ωνος, ὁ	[17/75] 시몬 ▎눅 4:38
ὕψιστος, -η, -ον	[7/13] 가장 높은, 지극히 높은 ▎눅 1:32
ὑπάρχω	[15/60] 실재하다, 있다 ▎눅 12:15
ὧδε	[15/61] 여기, 이리, 이곳으로 ▎눅 11:31
οἰκοδομέω	[12/40] 짓다, 세우다, 강하게 하다 ▎눅 11:47
ἐρωτάω	[15/63] 청하다, 묻다 ▎눅 14:18
ἅπας, -ασα, -αν	[11/34] 모두, 모든 사람, 모든 일, 전부 ▎눅 19:37
μήτηρ, -τρος, ἡ	[17/83] 어머니 ▎눅 8:19
μέσος, -η, -ον	[14/58] 가운데, ~중에서, 속에 ▎눅 22:55
παῖς, -παιδός, ὁ, ἡ	[9/24] 노예, 하인, 아이 ▎눅 8:51
λίθος, -ου, ὁ	[14/59] 돌 ▎눅 19:40
διαμερίζω	[6/11] 나누다, 분쟁하다, 갈라지다 ▎눅 11:17
ἀκολουθέω	[17/90] 따르다, 뒤좇다 ▎눅 5:11
πίπτω	[17/90] 넘어지다, 떨어지다, 엎드리다 ▎눅 8:5
παιδίον, -ου, τό	[13/53] 아이, 어린아이 ▎눅 9:47
βρέφος, -ους, τό	[5/8] 아이, 아기,유아 ▎눅 2:12
χήρα, -ας, ἡ	[9/26] 과부 ▎눅 21:2
γραμματεύς, -έως, ὁ	[14/63] 서기관, 선비 ▎눅 20:19
Ἀβραάμ, ὁ	[15/73] 아브라함, 많은 무리의 아버지 ▎눅 16:23
συλλαμβάνω	[7/16] 붙잡다, 파악하다, 임신하다 ▎눅 1:24
κλαίω	[11/40] 눈물 흘리다, 울다 ▎눅 23:28
συνέχω	[6/12] 에워싸다, 지키다, 통제하다 ▎눅 8:37
*δραχμή, -ῆς, ἡ	[3/3] 드라크마 ▎눅 15:8
*Ζακχαῖος, -ου, ὁ	[3/3] 삭개오, 자카이우스 ▎눅 19:2
*σιτευτός, -ή, -όν	[3/3] 살진, 기름진 ▎눅 15:23

*σκάπτω	[3/3] 파다 ▎눅 6:48
*σκιρτάω	[3/3] 뛰다, 기뻐 뛰다 ▎눅 1:41
*τετρααρχέω	[3/3] 영토 1/4의 영주가 되다, 분봉왕이 되다 ▎눅 3:1
διδάσκω	[17/97] 가르치다, 지도하다 ▎눅 11:1
ἀπολύω	[14/66] 풀어주다, 구하다, 해방시키다 ▎눅 6:37
σήμερον	[11/41] 오늘 ▎눅 13:32
πτωχός, -ή, -όν	[10/34] 가난한, 불쌍한 ▎눅 4:18
δέομαι	[8/22] 청하다, 기도하다, 빌다, 바라다 ▎눅 8:28
θυγάτηρ, -τρός, ἡ	[9/28] 딸 ▎눅 8:42
χώρα, -ας, ἡ	[9/28] 땅, 지방, 지역 ▎눅 15:13
ὀφθαλμός, -οῦ, ὁ	[17/100] 눈 ▎눅 6:41
Δαυίδ, ὁ	[13/59] 다윗(히브리어 음역) ▎눅 20:41
παρέρχομαι	[9/29] 지나가다, 통과하다, 간과하다 ▎눅 21:32
ἐπιδίδωμι	[5/9] 주다, 드리다, 포기하다 ▎눅 11:11
περίχωρος, -ου, ἡ	[5/9] 이웃의, 인접한, 근방의 ▎눅 3:3
Γαλιλαία, -ας, ἡ	[13/61] 갈릴리 ▎눅 23:49
ἱερόν, -οῦ, τό	[14/71] 성전 ▎눅 21:37
ἔτι	[16/93] 아직, 여전히, 그대로 ▎눅 22:47
προστίθημι	[7/18] 더하다, 다시 보내다, 공급하다 ▎눅 20:11
ἀπαγγέλλω	[11/45] 보고하다, 발표하다, 선포하다 ▎눅 8:34
πήρα, -ας, ἡ	[4/6] 배낭, 가죽 주머니, 여행주머니 ▎눅 22:35
Πιλᾶτος, -ου, ὁ	[12/55] 빌라도 ▎눅 23:11
διαλογισμός, -οῦ, ὁ	[6/14] 논쟁, 논의, 언쟁 ▎눅 9:46
εὐφραίνω	[6/14] 즐거워하다, 기뻐하다, 축하하다 ▎눅 15:23
λύχνος, -ου, ὁ	[6/14] 등잔, 등불 ▎눅 11:33
τίθημι	[16/100] 두다, 놓다 ▎눅 8:16
ἄγω	[13/67] 이끌다, 데리고 가다, 인도하다 ▎눅 19:27
ἀπολαμβάνω	[5/10] 데리고 가다, 받다, 얻다 ▎눅 6:34
ἀσπασμός, -οῦ, ὁ	[5/10] 인사, 문안 ▎눅 1:41
βίος, -ου, ὁ	[5/10] 생계, 생활 ▎눅 15:12
γέ	[8/26] 그러나, 하물며 ▎눅 5:36

ἰχθύς, -ύος, ὁ	[7/20] 생선, 물고기 ▎눅 5:6
μετανοέω	[9/34] 회개하다, 마음을 고쳐 먹다 ▎눅 13:3
ἐφίστημι	[7/21] 다가가다, 나아가다 ▎눅 2:9
στρέφω	[7/21] 돌리다, 돌아서다 ▎눅 7:9
διέρχομαι	[10/43] 다니다, 건너가다, 퍼지다 ▎눅 19:1
Ἰουδαία, -ας, ἡ	[10/43] 유대 ▎눅 1:65
φωνέω	[10/43] 부르다, 울다, 청하다 ▎눅 22:34
ἄρτος, -ου, ὁ	[15/97] 빵, 떡, 덩어리 ▎눅 24:30
ὄρος, -ους, τό	[12/63] 산, 산악, 언덕 ▎눅 19:29
ἰσχύω	[8/28] 능히 ~하다, 능력있다 ▎눅 14:29
κλίνω	[4/7] 놓다, 두다, 구부리다, 저물다 ▎눅 9:12
περισσότερος	[4/7] 더 나은, 더 훌륭한 ▎눅 12:4
προσφωνέω	[4/7] 부르다, 소환하다, 말하다 ▎눅 23:20
Γαλιλαῖος, -α, -ον	[5/11] 갈릴리 사람 ▎눅 13:1
λίμνη, -ης, ἡ	[5/11] 호수, 못 ▎눅 8:22
ἀγρός, -οῦ, ὁ	[9/36] 들, 밭, 시골 ▎눅 15:15
διαλογίζομαι	[6/16] 논의하다, 숙고하다, 생각하다 ▎눅 5:21
προσδοκάω	[6/16] 기다리다, 찾다, 기대하다 ▎눅 7:19
ἀπογράφω	[3/4] 호적하다, 기록하다 ▎눅 2:1
γείτων, -ονος, ὁ	[3/4] 친구, 이웃 ▎눅 15:6
δανείζω	[3/4] 꾸어주다, 빌리다 ▎눅 6:34
ἐκλείπω	[3/4] 실패하다, 죽다, 사라지다 ▎눅 16:9
κακοῦργος, -ου, ὁ	[3/4] 범죄자, 죄인, ▎행악자 ▎눅 23:32
Λώτ, ὁ	[3/4] 롯 ▎눅 17:28
μακρός, -ά, -όν	[3/4] 긴, 먼 ▎눅 15:13
μαμωνᾶς, -ᾶ, ὁ	[3/4] 부, 재산, 돈 ▎눅 16:9
ὀδυνάομαι	[3/4] 근심하다, 괴로워하다, 고통받다 ▎눅 2:48
ὀρθῶς	[3/4] 바르게, 옳게 ▎눅 7:43
συμπορεύομαι	[3/4] (더불어)함께 가다, 모여들다 ▎눅 7:11
κοιλία, -ας, ἡ	[7/22] 자궁, 복부, 배 ▎눅 1:41
πρόσωπον, -ου, τό	[13/76] 얼굴, 외모 ▎눅 9:51

καρπός, -οῦ, ὁ	[12/66] 열매, 결실, 소출, 곡식 ▮ 눅 6:43
πονηρός, -ά, -όν	[13/78] 악한, 나쁜 ▮ 눅 6:45
πέντε	[9/38] 다섯(5) ▮ 눅 19:18
εἰρήνη, -ης, ἡ	[14/92] 평화, 화평, 평안 ▮ 눅 10:5
ἀμπελών, -ῶνος, ὁ	[7/23] 포도원 ▮ 눅 20:13
Ἰσραήλ, ὁ	[12/68] 이스라엘 ▮ 눅 2:25
καταβαίνω	[13/81] 내리다, 내려오다, 강림하다 ▮ 눅 22:30
ἔμπροσθεν	[10/48] 앞에, 면전에 ▮ 눅 12:8
ἔρημος, -ου, ἡ	[10/48] 한적한 곳, 광야, 사막 ▮ 눅 3:2
ἱκανός, -ή, -όν	[9/39] 자격있는, 충분한, 가치있는 ▮ 눅 23:8
πλῆθος, -ους, τό	[8/31] 군중, 무리, 다수 ▮ 눅 23:1
νέος, -α, -ον	[7/24] 새로운, 젊은 ▮ 눅 5:37
ἐχθρός, -ή, -όν	[8/32] 적대적인, 원수 ▮ 눅 20:43
διανοίγω	[4/8] 열다, 설명하다, 해설하다 ▮ 눅 2:23
εἰσφέρω	[4/8] 가지고 들어오다, 가져 오다 ▮ 눅 5:18
Λευί, -Λευίς	[4/8] 레위 ▮ 눅 3:24
συγκαλέω	[4/8] 모으다, 불러모으다 ▮ 눅 15:6
*ἄγρα, -ας, ἡ	[2/2] (고기)잡이, 사냥 ▮ 눅 5:4
*ἀνάπειρος	[2/2] 장애가 있는, 저는 ▮ 눅 14:13
*ἀντιπαρέρχομαι	[2/2] 피하여 지나가다, 반대편으로 지나가다 ▮ 눅 10:31
*ἀπαιτέω	[2/2] 다시 달라 하다, 도로 찾다 ▮ 눅 6:30
*ἀποπνίγω	[2/2] 기운을 막다, 질식시키다, 숨을 막다 ▮ 눅 8:7
*ἀστράπτω	[2/2] 번쩍이다, 빛나다 ▮ 눅 17:24
*ἄτεκνος, -ον	[2/2] 자식이 없는, 아이가 없는 ▮ 눅 20:28
*ἄτερ	[2/2] ~없이, ~로부터 떨어져 ▮ 눅 22:6
*αὐστηρός, -ά, -όν	[2/2] 엄한, 깐깐한 ▮ 눅 19:21
*βουνός, -οῦ, ὁ	[2/2] 작은 산, 언덕 ▮ 눅 3:5
*Γαβριήλ, ὁ	[2/2] 가브리엘 ▮ 눅 1:19
*γελάω	[2/2] 웃다 ▮ 눅 6:21
*δεκαοκτώ	[2/2] 열여덟(18) ▮ 눅 13:4
*διαγογγύζω	[2/2] 수군거리다, 불평하다 ▮ 눅 15:2

*διαλαλέω   [2/2] 논의하다, 대화하다 ▮ 눅 1:65

*δοχή, -ῆς, ἡ   [2/2] 잔치, 환영회 ▮ 눅 5:29

*ἐκμυκτηρίζω   [2/2] 조롱하다, 비웃다 ▮ 눅 16:14

*ἐκτελέω   [2/2] 끝마치다, 완수하다, 이루다 ▮ 눅 14:29

*ἐπαιτέω   [2/2] 구걸하다, 빌어먹다 ▮ 눅 16:3

*ἐπανέρχομαι   [2/2] 돌아오다 ▮ 눅 10:35

*ἐφημερία, -ας, ἡ   [2/2] (제사장의) 분임조 ▮ 눅 1:5

*ζεῦγος, -ους, τό   [2/2] 쌍, 짝, 멍에, 굴레 ▮ 눅 2:24

*ἡγεμονεύω   [2/2] 통치하다, 지도자가 되다, 명령하다 ▮ 눅 2:2

*Ἰωάννα, -ας, ἡ   [2/2] 요안나 ▮ 눅 8:3

*Καϊνάμ, ὁ   [2/2] 가이난, 카이난 ▮ 눅 3:36

*κλινίδιον, -ου, τό   [2/2] 침대, 침상, 들것 ▮ 눅 5:19

*μαθθάτ   [2/2] 맛닷, 마땃 ▮ 눅 3:24

*Ματταθίας, -ου, ὁ   [2/2] 맛다디아 ▮ 눅 3:25

*Μελχί, ὁ   [2/2] 멜기 ▮ 눅 3:24

*μίσθιος, -ου, ὁ   [2/2] 일꾼, 날품팔이꾼 ▮ 눅 15:17

*ὀγδοήκοντα   [2/2] 팔십(80) ▮ 눅 2:37

*ὀρεινός   [2/2] 산골, 산지 ▮ 눅 1:39

*οὐσία, -ας, ἡ   [2/2] 재산, 부 ▮ 눅 15:12

*πράκτωρ, -ορος, ὁ   [2/2] 관리, 교도관, 옥졸 ▮ 눅 12:58

*πρεσβεία, -ας, ἡ   [2/2] 사절, 사신, 사자(使者) ▮ 눅 14:32

*προσρήσσω   [2/2] 부딪치다 ▮ 눅 6:48

*προφέρω   [2/2] 앞에 가져오다, 내놓다 ▮ 눅 6:45

*πτοέομαι   [2/2] 무섭게 하다, 겁주다 ▮ 눅 21:9

*Σαλά, ὁ   [2/2] 살라 ▮ 눅 3:32

*σπαργανόω   [2/2] 천으로 싸다 ▮ 눅 2:7

*συκοφαντέω   [2/2] 괴롭히다, 협박하다, 갈취하다 ▮ 눅 3:14

요한복음

ἐμός, -ή, -όν   [36/68] 나의, 나의 것 ▮ 요 7:16

μαρτυρέω   [33/76] 증언하다, 증명하다 ▮ 요 5:32

πέμπω	[32/79] 보내다	요 12:44
ὑπάγω	[32/79] 떠나다, 가다	요 8:21
κἀγώ	[30/84] 나도, 나역시	요 10:27
ὅπου	[30/82] ~한 곳에서는, 어디에나	요 7:34
ἐρωτάω	[28/63] 청하다, 묻다	요 16:19
Σίμων, -ωνος, ὁ	[25/75] 시몬	요 13:2
ἄρτος, -ου, ὁ	[24/97] 빵, 떡, 덩어리	요 6:31
θεωρέω	[24/58] 응시하다, 관찰하다, 생각하다, 인식하다	요 12:45
δοξάζω	[23/61] 영광 돌리다, 찬양하다	요 12:28
φῶς, -φωτός, τό	[23/73] 빛	요 3:19
ἐκεῖ	[22/95] 그곳에서, 거기서, 그 장소에서	요 18:2
ὕδωρ, ὕδατος, τό	[21/76] 물	요 2:9
Πιλᾶτος, -ου, ὁ	[20/55] 빌라도	요 18:29
Φαρισαῖος, -ου, ὁ	[20/98] 바리새인	요 9:13
ἀκολουθέω	[19/90] 따르다, 뒤좇다	요 13:36
πρόβατον, -ου, τό	[19/39] 양	요 10:11
γεννάω	[18/97] 낳다, 아버지가 되다	요 3:3
ὀφθαλμός, -οῦ, ὁ	[18/100] 눈	요 9:6
ποῦ	[18/45] 어디, 어디서, 곳, 어디로	요 8:14
τηρέω	[18/70] 지키다, 보전하다, 간직하다	요 8:51
τίθημι	[18/100] 두다, 놓다	요 10:11
*Ναθαναήλ, ὁ	[6/6] 나다나엘	요 1:45
αἰώνιος, -ον	[17/71] 영원한	요 3:15
Γαλιλαία, -ας, ἡ	[17/61] 갈릴리	요 4:43
ἑορτή, -ῆς, ἡ	[17/25] 명절, 절기, 축제	요 7:8
καταβαίνω	[17/81] 내리다, 내려오다, 강림하다	요 4:47
περιπατέω	[17/95] 걷다, 행하다	요 5:8
σημεῖον, -ου, τό	[17/77] 표, 징조, 이적	요 6:14
φέρω	[17/66] 지다, 운반하다, 참다	요 15:2
*Νικόδημος, -ου, ὁ	[5/5] 니고데모	요 3:1
*ὀψάριον, -ου, τό	[5/5] 물고기, 생선	요 6:9

ἀναβαίνω	[16/82] 올라가다, 넘어가다, 보내다, 향하다, 일어나다, 널리 퍼지다 ▮ 요 7:8
ἐμαυτοῦ, -ῆς	[16/37] 나 자신, 스스로 ▮ 요 5:30
ἤδη	[16/61] 이제, 이미, 마침내 ▮ 요 4:35
μνημεῖον, -ου, τό	[16/40] 무덤, 기념물, 매장지 ▮ 요 20:1
τόπος, -ου, ὁ	[16/94] 장소, 위치 ▮ 요 19:13
τυφλός, -ή, -όν	[16/50] 맹인, 시각장애인 ▮ 요 9:1
ἀλλήλων, -ους, -ους	[15/100] 서로, 피차, 각각 ▮ 요 13:34
ἑλκύω	[5/6] 끌다, (칼을) 빼다, 뽑다 ▮ 요 6:44
πηλός, -οῦ, ὁ	[5/6] 진흙 ▮ 요 9:6
ἴδε	[15/29] 자!, 여기, 보라 ▮ 요 19:4
πληρόω	[15/86] 이루어지다, 성취하다, 채우다 ▮ 요 17:12
ἀληθής, -ές	[14/26] 참된, 진실된 ▮ 요 6:55
μαρτυρία, -ας, ἡ	[14/37] 증언, 증거 ▮ 요 5:31
πούς, ποδός, ὁ	[14/93] 발 ▮ 요 13:5
ἄγω	[13/69] 이끌다, 데리고 가다, 인도하다 ▮ 요 11:7
βαπτίζω	[13/77] 세례를 주다, 씻다 ▮ 요 3:22
ἔξω	[13/63] 밖으로, 바깥 ▮ 요 19:4
Μωϋσῆς, -έως, ὁ	[13/80] 모세 ▮ 요 5:46
*ἀντλέω	[4/4] 뜨다, 긷다, 퍼내다 ▮ 요 2:8
*Κανά, ἡ	[4/4] 가나 ▮ 요 2:1
*κλῆμα, -τος, τό	[4/4] 가지 ▮ 요 15:2
*ψωμίον, -ου, τό	[4/4] 빵조각 ▮ 요 13:26
νίπτω	[13/17] 씻다, 씻기다 ▮ 요 13:5
πόθεν	[13/29] 어디서, 어디로부터 ▮ 요 7:27
σάββατον, -ου, τό	[13/68] 안식일 ▮ 요 5:9
φιλέω	[13/25] 사랑하다, 입맞추다 ▮ 요 21:15
φωνέω	[13/43] 부르다, 울다, 청하다 ▮ 요 11:28
ἀποκτείνω	[12/74] 죽이다 ▮ 요 7:19
ἑβραϊστί	[5/7] 히브리어로, 아람어로 ▮ 요 5:2
ἄρτι	[12/36] 지금, 바로, 즉시 ▮ 요 16:12

γραφή, -ῆς, ἡ	[12/50] 성경, 글, 문서 ▎요 19:24
Ἱεροσόλυμα, τό	[12/62] 예루살렘 ▎요 4:20
μισέω	[12/40] 미워하다, 무시하다 ▎요 15:18
οὐκέτι	[12/47] 더이상 ~아니, 이제는 ~아니 ▎요 16:10
ῥῆμα, -τος, τό	[12/68] 말씀, 말 ▎요 12:47
Φίλιππος, -ου, ὁ	[12/36] 빌립 ▎요 1:43
Ἀβραάμ, ὁ	[11/73] 아브라함, 많은 무리의 아버지 ▎요 8:33
παράκλητος, -ου, ὁ	[4/5] 조력자, 격려자, 중재자 ▎요 14:16
παροιμία, -ας, ἡ	[4/5] 비유, 속담, 격언, 잠언 ▎요 10:6
πλευρά, -ᾶς, ἡ	[4/5] 옆구리, 늑골 ▎요 19:34
αἰτέω	[11/70] 구하다, 요청하다, 묻다 ▎요 4:9
μέντοι	[5/8] 그러나, 비록 ~일지라도, 사실 ▎요 4:27
ἐγγύς	[11/31] 가까이 ▎요 6:4
θέλημα, -τος, τό	[11/62] 뜻, 의지 ▎요 6:38
ἱερόν, -οῦ, τό	[11/72] 성전 ▎요 2:14
*ἀποσυνάγωγος, -ον	[3/3] 회당에서 쫓겨난, 출교당한 ▎요 9:22
*ἀρχιτρίκλινος, -ου, ὁ	[3/3] 연회장 ▎요 2:8
*διαζώννυμι	[3/3] 두르다, 둘러 매다 ▎요 13:4
*Δίδυμος, -ου, ὁ	[3/3] 디두모, 디뒤무스 ▎요 11:16
*κολυμβήθρα, -ας, ἡ	[3/3] 못, 연못 ▎요 5:2
*σκέλος, -ους, τό	[3/3] 다리 ▎요 19:31
*Τιβεριάς, -άδος, ἡ	[3/3] 디베랴, 티베랴스 ▎요 6:1
*ὑδρία, -ας, ἡ	[3/3] 물항아리 ▎요 2:6
κρίσις, -εως, ἡ	[11/47] 심판, 정죄, 판결, 죄 ▎요 5:22
Λάζαρος, -ου, ὁ	[11/15] 나사로, 라자로스 ▎요 11:1
μικρός, -ά, -όν	[11/46] 작은, 적은 ▎요 16:16
οὔπω	[11/26] 아직 ~아니 ▎요 7:30
λιθάζω	[5/9] 돌던지다, 돌로 쳐죽이다 ▎요 10:31
πίνω	[11/73] 마시다 ▎요 4:7
προσκυνέω	[11/60] 경배하다, 절하다, 예배하다 ▎요 4:20
σταυρόω	[11/46] 십자가에 못박다 ▎요 19:6

Μαριάμ	[10/27] 미리암, 마리아 ▮ 요 11:2
πάσχα, τό	[10/29] 유월절 ▮ 요 18:28
ἀληθινός, -ή, -όν	[9/28] 참된, 옳은, 진실한 ▮ 요 4:23
Ἰούδας, -α, ὁ	[9/44] 유다 ▮ 요 18:2
Μάρθα, -ας, ἡ	[9/13] 마르다 ▮ 요 11:1
παρρησία, -ας, ἡ	[9/31] 확신, 대담함, 숨김없이 ▮ 요 7:4
πρό	[9/47] ~전에, ~앞에 ▮ 요 13:1
σεαυτοῦ, -ῆς	[9/43] (네) 스스로 ▮ 요 8:13
ὑπηρέτης, -ου, ὁ	[9/20] 하인, 관리, 수행원, 조력자 ▮ 요 18:3
φανερόω	[9/49] 드러내다, 분명히 하다 ▮ 요 21:1
ἀσθενέω	[8/33] 병들다, 앓다, 약하다 ▮ 요 11:1
ἐργάζομαι	[8/40] 일하다, 활동하다, 성취하다, 행하다 ▮ 요 5:17
κλαίω	[8/40] 눈물 흘리다, 울다 ▮ 요 20:11
πέραν	[8/23] 저편, 건너편, 건너 ▮ 요 6:17
ὁμοῦ	[3/4] 함께, 더불어 ▮ 요 4:36
οὐδέπω	[3/4] 아직 ~이 아닌 ▮ 요 7:39
πιάζω	[8/12] 잡다, 체포하다, 포획하다 ▮ 요 7:30
ῥαββί, ὁ	[8/15] 랍비, 선생 ▮ 요 3:2
σκοτία, -ας, ἡ	[8/16] 어둠 ▮ 요 12:35
ἀληθῶς	[7/18] 정말로, 진실로, 참으로 ▮ 요 7:26
Θωμᾶς, -ᾶ, ὁ	[7/11] 도마, 토마스 ▮ 요 20:24
κεῖμαι	[7/24] 눕다, 자리 잡다, 위치하다 ▮ 요 20:5
γονεύς, -έως, ὁ	[6/20] 부모 ▮ 요 9:2
διψάω	[6/16] 목마르다 ▮ 요 4:13
ἐντεῦθεν	[6/10] 여기서부터, 이것으로부터 ▮ 요 19:18
θεάομαι	[6/22] 보다, 응시보다, 주목하다 ▮ 요 1:32
κραυγάζω	[6/9] 소리지르다, 큰 소리를 내다 ▮ 요 19:6
*ἀνθρακιά, -ᾶς, ἡ	[2/2] 숯불 ▮ 요 18:18
*γλωσσόκομον, -ου, τό	[2/2] 돈궤, 지갑 ▮ 요 12:6
*ἐπιχρίω	[2/2] (마구) 바르다, 기름 붓다 ▮ 요 9:6
*ἧλος, -ου, ὁ	[2/2] 못 ▮ 요 20:25

*κρίθινος, -η, -ον	[2/2] 보리로 만든 ▮ 요 6:9
*λέντιον, -ου, τό	[2/2] 아마포, 수건 ▮ 요 13:4
*λίτρα, -ας, ἡ	[2/2] 근(무게 단위), 로마식 파운드 ▮ 요 12:3
*Μεσσίας, -ου, ὁ	[2/2] 메시아 ▮ 요 1:41
*μονή, -ῆς, ἡ	[2/2] 거처, 방, 머무름 ▮ 요 14:2
*Σαμαρῖτις, -ιδος, ἡ	[2/2] 사마리아 여자 ▮ 요 4:9
*συνεισέρχομαι	[2/2] 함께 들어가다 ▮ 요 6:22
*τίτλος, -ου, ὁ	[2/2] 칭호, 표제, 제목 ▮ 요 19:19
*χαμαί	[2/2] 땅에, 마당에 ▮ 요 9:6
ποιμήν, -ένος, ὁ	[6/18] 목동, 목자 ▮ 요 10:2
ταράσσω	[6/17] 뒤흔들다, 요동치게 하다 ▮ 요 14:1
τιμάω	[6/21] 존경하다, 가격을 매기다 ▮ 요 5:23
ὑγιής, -ές	[6/11] 건강한, 성한, 온전한 ▮ 요 5:6
ἀναπίπτω	[5/12] 기대어 앉다, 의지하다 ▮ 요 6:10
Ἀνδρέας, -ου, ὁ	[5/13] 안드레, 안드레아 ▮ 요 12:22
ἄνωθεν	[5/13] 위로부터, 일찍부터, 오래전부터, 다시 ▮ 요 3:3
ἰσκαριώθ	[5/11] 가룟, 이스카리옷 ▮ 요 13:2
Καϊάφας, -α, ὁ	[5/9] 가야바 ▮ 요 18:13
ἀναγγέλλω	[5/14] 말하다, 알리다, 밝히 이르다, 전하다 ▮ 요 4:25
τρώγω	[5/6] 먹다 ▮ 요 6:54
γογγύζω	[4/8] 원망하다, 투덜거리다, 수군거리다 ▮ 요 6:41
κῆπος, -ου, ὁ	[4/5] 정원, 동산 ▮ 요 18:1
μονογενής, -ές	[4/9] 유일한, 하나밖에 없는, 독특한 ▮ 요 3:16
ὀθόνιον, -ου, τό	[4/5] 아마, 린넨 천 ▮ 요 20:5
πλοιάριον, -ου, τό	[4/5] 작은 배, 배 ▮ 요 6:22
πραιτώριον, -ου, τό	[4/8] 지방 총독 관저, 프라이토리온 ▮ 요 18:28
πώποτε	[4/6] 아무 때든지, 한번도, 아직(까지) ▮ 요 1:18
Σαμαρίτης, -ου, ὁ	[4/9] 사마리아인 ▮ 요 4:9
ὑπαντάω	[4/10] 만나다, 맞이하다 ▮ 요 11:20
ἐκμάσσω	[3/5] 닦다, 물기를 닦아내다 ▮ 요 12:3
θυρωρός, -οῦ, ὁ	[3/4] 문지기, 문지키는 여종 ▮ 요 18:16

κατάγνυμι [3/4] 꺾다, 깨뜨리다 ‖ 요 19:31

사도행전

Βαρναβᾶς, -ᾶ, ὁ [23/28] 바나바 ‖ 행 4:36

Ἱεροσόλυμα, τό [37/77] 예루살렘 ‖ 행 1:8

ἀναιρέω [19/24] 죽이다, 취소하다, 데려가다, 얻다(중간태) ‖ 행 2:23

*Σαῦλος, -ου, ὁ [15/15] 사울 ‖ 행 7:58

Ἀντιόχεια, -ας, ἡ [16/18] 안디옥 ‖ 행 11:19

χιλίαρχος, -ου, ὁ [17/21] 천부장, 군사호민관 ‖ 행 21:31

ἐπικαλέω [20/30] 부르다, 일컫다 ‖ 행 1:23

Καισάρεια, -ας, ἡ [15/17] 가이사랴 ‖ 행 8:40

*Φῆστος, -ου, ὁ [13/13] 베스도, 페스투스 ‖ 행 24:27

ἀνάγω [17/23] 이끌다, 출범하다, 출항하다 ‖ 행 7:41

*Σίλας [12/12] 실라 ‖ 행 15:22

κελεύω [17/25] 명령하다, 명령내리다, 명하다 ‖ 행 4:15

Δαμασκός, -οῦ, ἡ [13/15] 다메섹, 다마스커스 ‖ 행 9:2

*Ἀγρίππας, -α, ὁ [11/11] 아그립바 ‖ 행 25:13

*Ἀνανίας, -ου, ὁ [11/11] 아나니아 ‖ 행 5:1

παραγίνομαι [20/37] 오다, 이르다, 도착하다 ‖ 행 5:21

κατέρχομαι [13/16] 내려오다, 이르다, 도착하다 ‖ 행 8:5

ὑπάρχω [25/60] 실재하다, 있다 ‖ 행 2:30

διέρχομαι [21/43] 다니다, 건너가다, 퍼지다 ‖ 행 8:4

ὅραμα, -τος, τό [11/12] 환상, 광경, 현시 ‖ 행 7:31

Ῥωμαῖος, -ου, ὁ [11/12] 로마의, 로마 시민 ‖ 행 2:10

*Ἰόππη, -ης, ἡ [10/10] 욥바 ‖ 행 9:36

ἀπόστολος, -ου, ὁ [28/80] 사도, 사자(使者) ‖ 행 1:0

ἄγω [26/69] 이끌다, 데리고 가다, 인도하다 ‖ 행 23:10

φημί [25/66] 말하다, 이르다 ‖ 행 2:38

κατοικέω [20/44] 살다, 거하다, 머물러 있다 ‖ 행 1:19

ὁμοθυμαδόν [10/11] 마음을 같이하여, 한 마음으로 ‖ 행 1:14

Αἴγυπτος, -ου, ἡ [15/25] 애굽, 이집트 ‖ 행 2:10

*μεταπέμπω	[9/9] 부르러 보내다, 소환하다 ‖ 행 10:5
*Σαούλ, ὁ	[9/9] 사울 ‖ 행 9:4
*Φῆλιξ, -ικος, ὁ	[9/9] 벨릭스, 펠릭스 ‖ 행 23:24
συνέδριον, -ου, τό	[14/22] 공회, 산헤드린 ‖ 행 4:15
ἱερόν, -οῦ, τό	[25/72] 성전 ‖ 행 2:46
συνέρχομαι	[16/30] 함께 오다, 모이다 ‖ 행 1:6
ἑκατοντάρχης, -ου	[13/20] 백부장, 백인대장 ‖ 행 10:1
ἱκανός, -ή, -όν	[18/39] 자격있는, 충분한, 가치있는 ‖ 행 8:11
πλῆθος, -ους, τό	[16/31] 군중, 무리, 다수 ‖ 행 2:6
Ἀσία, -ας, ἡ	[12/18] 아시아 ‖ 행 2:9
*Κορνήλιος, -ου, ὁ	[8/8] 고넬료, 코르넬리우스 ‖ 행 10:1
Ἱεροσόλυμα, τό	[22/62] 예루살렘 ‖ 행 1:4
διαλέγομαι	[10/13] 대화하다, 논의하다, 논쟁하다 ‖ 행 17:2
ἀτενίζω	[10/14] 주목하다, 자세히 쳐다보다 ‖ 행 1:10
Φίλιππος, -ου, ὁ	[16/36] 빌립, 필립 ‖ 행 1:13
διατρίβω	[8/9] 시간 보내다, 머물다, 지내다 ‖ 행 12:19
καταγγέλλω	[11/18] 엄숙히 선포하다, 전하다, 알게 하다 ‖ 행 3:24
γνωστός, -ή, -όν	[10/15] 아는, 알려진, 알 만한 ‖ 행 1:19
στρατιώτης, -ου, ὁ	[13/26] 군인, 병사 ‖ 행 10:7
συναγωγή, -ῆς, ἡ	[19/56] 집회소, 회당 ‖ 행 6:9
κἀκεῖθεν	[8/10] 그리고 거기(서부터), 그리고 그때로부터 ‖ 행 7:4
σέβω	[8/10] 경배하다, 경의를 표한다 ‖ 행 13:43
στρατηγός, -οῦ, ὁ	[8/10] 경비대장, 성전 관리 ‖ 행 4:1
καταντάω	[9/13] ~에 이르다, 도착하다, 오다 ‖ 행 16:1
Κιλικία, -ας, ἡ	[7/8] 길리기아 ‖ 행 6:9
*διάλεκτος, -ου, ἡ	[6/6] 말, 방언 (한 민족이나 지방의) 언어 ‖ 행 1:19
*διαφθορά, -ᾶς, ἡ	[6/6] 썩음, 파멸, 부패 ‖ 행 2:27
ἐπαύριον	[10/17] 내일, 다음날, 이튿날 ‖ 행 10:9
ἐπίσταμαι	[9/14] 이해하다, 깨닫다, 알다 ‖ 행 10:28
ἐφίστημι	[11/21] 다가가다, 나아가다 ‖ 행 4:1
βαπτίζω	[21/77] 세례를 주다, 씻다 ‖ 행 1:5

πείθω	[17/52] 설득하다, 확신시키다 ▎행 5:36
φυλακή, -ῆς, ἡ	[16/47] 감옥 ▎행 5:19
κατάγω	[7/9] 끌어내리다, 가져오다 ▎행 9:30
παρρησιάζομαι	[7/9] 자유로이 말하다, 담대히 말하다 ▎행 9:27
διαμαρτύρομαι	[9/15] 증언하다, 확증하다 ▎행 2:40
πλοῖον, -ου, τό	[19/67] 배, 선박 ▎행 20:13
μηδείς, μηδεμία, μηδέν	[22/90] 어느 누구도, 아무것도 아닌 ▎행 4:17
χρόνος, -ου, ὁ	[17/54] 시간, 때 ▎행 1:6
βῆμα, -τος, τό	[8/12] 재판 자리, 심판대 ▎행 7:5
ἐξάγω	[8/12] 인도해 내다, 데리고 나가다 ▎행 5:19
βούλομαι	[14/37] ~하고자 하다, 원하다 ▎행 5:28
τίθημι	[23/100] 두다, 놓다 ▎행 1:7
ἐγκαλέω	[6/7] 고소하다, 기소하다 ▎행 19:38
τέρας, -ατος, τό	[9/16] 경이, 기사 ▎행 2:19
ἐπιτίθημι	[14/39] ~위에 두다, 얹다, 씌우다 ▎행 6:6
ἀπαγγέλλω	[15/45] 보고하다, 발표하다, 선포하다 ▎행 4:23
*ἀνθύπατος, -ου, ὁ	[5/5] 총독 ▎행 13:7
*Ἄρτεμις, -ιδος, ἡ	[5/5] 아데미, 아르테미스 ▎행 19:24
*ἔπειμι	[5/5] 다가오는, (분사)이튿날 ▎행 7:26
*Ἐφέσιος, -α, -ον	[5/5] 에베소 사람, 에베소의 ▎행 19:28
*ζήτημα, -τος, τό	[5/5] 문제, 논쟁 ▎행 15:2
*Κύπρος, -ου, ἡ	[5/5] 구브로, 키프러스 ▎행 11:19
*Παμφυλία, -ας, ἡ	[5/5] 밤빌리아 ▎행 2:10
*συγχέω	[5/5] 혼란스럽게 하다, 충동하다, 소동하다 ▎행 2:6
ἀναλαμβάνω	[8/13] 올려지다, 데려가다, 집어 들다 ▎행 1:2
ἐλεημοσύνη, -ης, ἡ	[8/13] 구호품, 구제, 자선행위 ▎행 3:2
πρεσβύτερος, -α, -ον	[18/66] 장로, 어른, 늙은이 ▎행 2:17
ξενίζω	[7/10] 손님으로 받다, 접대하다 ▎행 10:6
χωρίον, -ου, τό	[7/10] 땅, 밭, 토지 ▎행 1:18
μάρτυς, -μάρτυρος	[13/35] 목격자, 증인, 순교자 ▎행 1:8
ἄχρι	[15/49] ~까지, ~할 때까지, ~에 이르러, ~하도록 ▎행 1:2

Μωϋσῆς, -έως, ὁ	[19/80] 모세 ▮ 행 3:22
καταβαίνω	[19/81] 내리다, 내려오다, 강림하다 ▮ 행 7:15
ἐάω	[7/11] ~하게 하다, 허락하다 ▮ 행 14:16
Σαμάρεια, -ας, ἡ	[7/11] 사마리아 ▮ 행 1:8
ἀναβαίνω	[19/82] 올라가다, 넘어가다, 보내다, 향하다,
	일어나다, 널리 퍼지다 ▮ 행 1:13
πράσσω	[13/39] 행하다, 실천하다 ▮ 행 3:17
ἅπας, -ασα, -αν	[12/34] 모두, 모든 사람, 모든 일, 전부 ▮ 행 2:7
νύξ, -νυκτός, ἡ	[16/61] 밤, 밤에 ▮ 행 5:19
εὐαγγελίζω	[15/54] 복음을 선포하다, 좋은 소식을 전하다 ▮ 행 5:42
ἐπιβαίνω	[5/6] 오르다, 타다, 멀리 가다 ▮ 행 20:18
Ἰκόνιον, -ου, τό	[5/6] 이고니온, 이코니움 ▮ 행 13:51
κακόω	[5/6] 해를 주다, 괴롭히다, 해하다 ▮ 행 7:6
λύστρα	[5/6] 루스드라, 리시트라 ▮ 행 14:6
παρίστημι	[13/41] 보내다, 드리다, 이르다 ▮ 행 1:3
βουλή, -ῆς, ἡ	[7/12] 목적, 계획 ▮ 행 2:23
ἔθος, -ους, τό	[7/12] 관습, 전례, 습관 ▮ 행 6:14
πυνθάνομαι	[7/12] 묻다, 질문하다 ▮ 행 4:7
γένος, -ους, τό	[9/20] 혈통, 족속, 동족, 민족 ▮ 행 4:6
Ἔφεσος, -ου, ἡ	[8/16] 에베소, 에페수스 ▮ 행 18:19
πλήρης, -ες	[8/16] 가득 찬, 완전한, 충만한 ▮ 행 6:3
αἵρεσις, -εως, ἡ	[6/9] 당파, 파, 이단 ▮ 행 24:5
νῆσος, -ου, ἡ	[6/9] 섬 ▮ 행 13:6
*ἀποπλέω	[4/4] 배타고 가다, 떠나다 ▮ 행 13:4
*δῆμος, -ου, ὁ	[4/4] 백성, 군중, 민중 ▮ 행 12:22
*δημόσιος, -α, -ον	[4/4] 공개적인, 공공연히, 공중 앞의 ▮ 행 5:18
*ἐκτίθημι	[4/4] 드러내다, 설명하다, 밝히다 ▮ 행 7:21
*ἔξειμι	[4/4] 나가다, 떠나다 ▮ 행 13:42
*ἐπιβουλή, -ῆς, ἡ	[4/4] 음모, 간계 ▮ 행 9:24
*ἐπιστηρίζω	[4/4] 힘있게 하다, 굳게 하다 ▮ 행 14:22
*κατασείω	[4/4] 움직이다, 신호하다 ▮ 행 12:17

*καταφέρω	[4/4] 가지고 내려오다, (수동)아래로 떨어지다 ▍행 20:9
*κατήγορος, -ου, ὁ	[4/4] 원고, 고소인, 고발자 ▍행 23:30
*μετακαλέομαι	[4/4] 부르다, 청하다, 소환하다 ▍행 7:14
*ὑπερῷον, -ου, τό	[4/4] 상층, 다락방 ▍행 1:13
πούς, ποδός, ὁ	[19/93] 발 ▍행 2:35
ἐπιγινώσκω	[13/44] 알다, 깨닫다, 인식하다 ▍행 3:10
παραγγέλλω	[11/32] 명령을 내리다, 명하다 ▍행 1:4
ἐξαποστέλλω	[7/13] 내보내다, 파송하다, 보내다 ▍행 7:12
Ναζωραῖος, -ου, ὁ	[7/13] 나사렛 사람 ▍행 2:22
ἐξίστημι	[8/17] 놀라게 하다, 놀라다, 어쩔 줄 모르다 ▍행 2:7
ὅπως	[14/53] ~하기 위하여, 하려고 ▍행 3:20
ἀπολογέομαι	[6/10] 대답하다, (스스로)변명하다 ▍행 19:33
παρεμβολή, -ῆς, ἡ	[6/10] 야영지, 진영, 본부 ▍행 21:34
προσκαρτερέω	[6/10] ~을 고집하다, 하려고 하다, ~에 독실하다 ▍행 1:14
ἀποδέχομαι	[5/7] 환영하다, 받다, 영접하다 ▍행 2:41
κατηγορέω	[9/23] 고발하다, 나무라다, 참소하다 ▍행 22:30
ὑποστρέφω	[11/35] 돌아오다, 되돌아가다 ▍행 1:12
Καῖσαρ, -ος, ὁ	[10/29] 가이사, 케사르, 황제 ▍행 17:7
τόπος, -ου, ὁ	[18/94] 장소, 위치 ▍행 1:25
ἀπολύω	[15/66] 풀어주다, 구하다, 해방시키다 ▍행 3:13
θεωρέω	[14/58] 응시하다, 관찰하다, 인식하다 ▍행 3:16
πίμπλημι	[9/24] 채우다, ~으로 채우다 ▍행 2:4
ἐπιστρέφω	[11/36] 돌이키다, 저버리다, 돌아오다 ▍행 3:19
δέομαι	[12/43] 결박하다, 매다, 구류하다 ▍행 9:2
Ἰουδαία, -ας, ἡ	[12/43] 유대 ▍행 1:8
ἀνοίγω	[16/77] 열다, 열리다 ▍행 5:19
Ἰσραήλ, ὁ	[15/68] 이스라엘 ▍행 1:6
εἰσάγω	[6/11] 끌어들이다, 안으로 데려오다 ▍행 7:45
ἐπιπίπτω	[6/11] ~위에 떨어지다, 달려들다 ▍행 8:16
ἄρχων, -οντος, ὁ	[11/37] 통치자, 지도자, 관원 ▍행 3:17
νομίζω	[7/15] 생각하다, 여기다, 믿다 ▍행 7:25

Ἕλλην, -ηνος, ὁ	[9/25] 헬라인, 그리스인 ‖ 행 14:1
αἰτία, -ας, ἡ	[8/20] 원인, 이유, 혐의 ‖ 행 28:18
Αἰγύπτιος, -α, -ον	[4/5] 애굽의, 이집트 사람 ‖ 행 7:22
Ἰάσων, -ονος, ὁ	[4/5] 야손 ‖ 행 17:5
Κρήτη, -ης, ἡ	[4/5] 그레데, 크레테 ‖ 행 27:7
διασῴζω	[5/8] 구하다, 구원하다, 무사히 데려가다 ‖ 행 23:24
ἐνθάδε	[5/8] 여기로, 이곳으로 ‖ 행 10:18
ἐξαιρέω	[5/8] 빼내다, 구조하다, 구하다 ‖ 행 7:10
εὐνοῦχος, -ου, ὁ	[5/8] 거세당한 사람 ‖ 행 8:27
ὁρίζω	[5/8] 결정하다, 임명하다, 준비하다 ‖ 행 2:23
Ῥώμη, -ης, ἡ	[5/8] 로마 ‖ 행 18:2
Συρία, -ας, ἡ	[5/8] 수리아, 시리아 ‖ 행 15:23
τροφή, -ῆς, ἡ	[7/16] 음식, 먹을 것, 양식 ‖ 행 2:46
προσεύχομαι	[16/85] 기도하다, 간구하다 ‖ 행 1:24
*ἀνατρέφω	[3/3] 기르다, 양육하다, 자라다 ‖ 행 7:20
*ἀποφθέγγομαι	[3/3] 담대히 말하다, 선포하다 ‖ 행 2:4
*ἄφνω	[3/3] 홀연히, 갑자기, 즉시 ‖ 행 2:2
*Βερνίκη, -ης, ἡ	[3/3] 버니게, 베르니케 ‖ 행 25:13
*βία, -ας, ἡ	[3/3] 위력, 폭력 ‖ 행 5:26
*βυρσεύς, -έως, ὁ	[3/3] 무두장이 ‖ 행 9:43
*Γαλλίων, -ωνος, ὁ	[3/3] 갈리오 ‖ 행 18:12
*Δέρβη, -ης, ἡ	[3/3] 더베 ‖ 행 14:6
*δεσμοφύλαξ, -ακος, ὁ	[3/3] 간수 ‖ 행 16:23
*διασπείρω	[3/3] 흩어 놓다, 흩뿌리다 ‖ 행 8:1
*Ἑβραΐς, -ιδος, ἡ	[3/3] 히브리어 ‖ 행 21:40
*ἐκπλέω	[3/3] 항해하다, (배타고) 떠나가다 ‖ 행 15:39
*ἐκψύχω	[3/3] 마지막 숨을 쉬다, 죽다, 혼이 떠나다 ‖ 행 5:5
*Ἑλληνιστής, -οῦ, ὁ	[3/3] 헬라파 사람, 헬라어 구사 유대인 ‖ 행 6:1
*Κλαύδιος, -ου, ὁ	[3/3] 글라우디오, 클라우디우스 ‖ 행 11:28
*Κύπριος, -ου, ὁ	[3/3] 구브로인, 키프러스 인 ‖ 행 4:36
*λιμήν, -ένος, ὁ	[3/3] 항구 ‖ 행 27:8

*Λύδδα, -ας	[3/3] 룻다, 리따 ▎행 9:32
*νεανίας, -ου, ὁ	[3/3] 청년 ▎행 7:58
*πατρῷος, -α, -ον	[3/3] 아버지의, 조상의 ▎행 22:3
*Πέργη, -ης, ἡ	[3/3] 버가, 페르게 ▎행 13:13
*πλόος (πλοῦς)	[3/3] 항해 ▎행 21:7
*πνικτός, -ή, -όν	[3/3] 목매어 죽인(죽은), 교살한 ▎행 15:20
*Πρίσκιλλα	[3/3] 브리스길라, 프리스킬라 ▎행 18:2
*προχειρίζω	[3/3] 임명하다, 정해두다 ▎행 3:20
*σκάφη, -ης, ἡ	[3/3] 배, 거룻배 ▎행 27:16
*στερεόω	[3/3] 강하게 하다, 견고히 하다 ▎행 3:7
*Ταρσός, -οῦ, ἡ	[3/3] 다소, 타르수스 ▎행 9:30
*ὑπηρετέω	[3/3] 섬기다, 도움이 되다 ▎행 13:36
*ὑπονοέω	[3/3] 생각하다, 추측하다, 짐작하다 ▎행 13:25
*Φοινίκη, -ης, ἡ	[3/3] 베니게, 페니키아 ▎행 11:19
*Φρυγία, -ας, ἡ	[3/3] 브루기아, 프리지아 ▎행 2:10
*φύλαξ, -ακος, ὁ	[3/3] 경계병, 감시병 ▎행 5:23
πληρόω	[16/86] 이루어지다, 성취하다, 채우다 ▎행 1:16
ἕτερος	[17/98] 다른, 또 하나의 ▎행 1:20

로마서

δικαιοσύνη, -ης, ἡ	[34/92] 의, 올바름 ▎롬 1:17
λογίζομαι	[19/40] 세다, 계산하다, 여기다, 생각하다 ▎롬 2:3
ἀσπάζομαι	[21/59] 문안하다, 평안하기를 빌다, 안부를 묻다 ▎롬 16:3
περιτομή, -ῆς, ἡ	[15/36] 할례 ▎롬 2:25
ἀκροβυστία, -ας, ἡ	[11/20] 무할례 ▎롬 2:25
*ἐγκεντρίζω	[6/6] 접붙이다, 접목하다 ▎롬 11:17
δικαιόω	[15/39] 의롭다고 하다, 공의를 보이다, 의로 정하다 ▎롬 2:13
κατεργάζομαι	[11/23] 성취하다, 행하다, 만들다 ▎롬 1:27
κακός, -ή, -όν	[15/50] 나쁜, 악한, 그릇된 ▎롬 1:30
παράπτωμα, -τος, τό	[9/19] 잘못, 침해, 범죄 ▎롬 4:25
ὀργή, -ῆς, ἡ	[12/36] 분노, 노여움 ▎롬 1:18

*φρόνημα, -τος, τό	[4/4] 사고방식, 마음의 태도 ▮ 롬 8:6
φύσις, -εως, ἡ	[7/14] 본성, 본질 ▮ 롬 1:26
ἄρα	[11/37] 그렇다면, 그래서 ▮ 롬 5:18
ὑπακοή, -ῆς, ἡ	[7/15] 순종, 복종 ▮ 롬 1:5
ἐλπίς, -ίδος, ἡ	[13/53] 소망, 기대 ▮ 롬 4:18
φρονέω	[9/26] 생각하다, 관심 가지다, 숙고하다 ▮ 롬 8:5
*ἐκκλάω	[3/3] 꺾어내다, 잘라 떼어내다 ▮ 롬 11:17
*κατάκριμα, -τος, τό	[3/3] 형벌, 심판, 정죄 ▮ 롬 5:16
*συμμαρτυρέω	[3/3] 확인하다, 함께 증언하다 ▮ 롬 2:15
μέλος, -ους, τό	[10/34] 지체, 부분, 구성원 ▮ 롬 6:13
οἰκέω	[5/9] 살다, 거하다 ▮ 롬 7:17
ὁμοίωμα, -τος, τό	[4/6] 형상, 형태, 외형 ▮ 롬 1:23
πρόσκομμα, -τος, τό	[4/6] 헛디딤, 실족 ▮ 롬 9:32
κτίσις, -εως, ἡ	[7/19] 창조, 피조물 ▮ 롬 1:20
πράσσω	[10/39] 행하다, 실천하다 ▮ 롬 1:32
δικαίωμα, -τος, τό	[5/10] 요구조건, 법령, 명령 ▮ 롬 1:32
χρηστότης, -ητος, ἡ	[5/10] 선함, 너그러움 ▮ 롬 2:4
ἐκλογή, -ῆς, ἡ	[4/7] 선택, 선거 ▮ 롬 9:11
ἐλευθερόω	[4/7] 자유롭게 하다, 풀어주다 ▮ 롬 6:18
κυριεύω	[4/7] 주가 되다, 다스리다, 주관하다 ▮ 롬 6:9
κλάδος, -ου, ὁ	[5/11] 가지 ▮ 롬 11:16
παραζηλόω	[3/4] 시기하게 하다, 질투를 불러 일으키다 ▮ 롬 10:19
χάρισμα, -τος, τό	[6/17] 선물 ▮ 롬 1:11
*ἀγριέλαιος, -ου, ἡ	[2/2] 야생 올리브나무, 돌감람나무 ▮ 롬 11:17
*ἀναπολόγητος, -ον	[2/2] 변명의 여지 없이 ▮ 롬 1:20
*ἀνόμως	[2/2] 율법 없이 ▮ 롬 2:12
*ἀνοχή, -ῆς, ἡ	[2/2] 관용, 너그러움 ▮ 롬 2:4
*ἀποτομία, -ας, ἡ	[2/2] 준엄함 ▮ 롬 11:22
*δικαίωσις, -εως, ἡ	[2/2] 의롭다 함, 무죄 선언 ▮ 롬 4:25
*καινότης, -ητος, ἡ	[2/2] 새로움, 새로운 것들 ▮ 롬 6:4
*μεταλλάσσω	[2/2] 바꾸다, 교환하다 ▮ 롬 1:25

*οἰκτίρω	[2/2] 동정심 갖다, 불쌍히 여기다ǁ롬 9:15
*παράκειμαι	[2/2] 함께 있다. 참석하다ǁ롬 7:18
*Σπανία, -ας, ἡ	[2/2] 스페인, 서바나ǁ롬 15:24
*χρῆσις, -εως, ἡ	[2/2] 관계, 기능ǁ롬 1:26
ἀλλήλων, -ους, -ους	[14/100] 서로, 피차, 각각ǁ롬 1:12
ἀδικία, -ας, ἡ	[7/25] 불의, 불행악, 공평하지 못한ǁ롬 1:18
δουλεύω	[7/25] 종이 되다, 종노릇 하다, 복종하다ǁ롬 6:6
σπέρμα, -τος, τό	[9/43] 씨, 자손, 후손ǁ롬 1:3
νυνί	[6/20] 지금, 이제, 그런즉ǁ롬 3:21
ἀσύνετος, -ον	[3/5] 미련한, 우매한ǁ롬 1:21
ἐντυγχάνω	[3/5] 호소하다, 중재하다ǁ롬 8:27
υἱοθεσία, -ας, ἡ	[3/5] 입양, 양자됨ǁ롬 8:15
φόρος, -ου, ὁ	[3/5] 세금, 공물ǁ롬 13:6
ἀπειθέω	[5/14] 불순종하다, 반역하다, 저항하다ǁ롬 2:8
Ἰσραήλ, ὁ	[11/68] 이스라엘ǁ롬 9:6
βασιλεύω	[6/21] 왕으로 다스리다, 왕노릇하다, 왕이 되다ǁ롬 5:14
ἀγνοέω	[6/22] 깨닫지 못하다, 알지 못하다, 모르다ǁ롬 6:3
κλητός, -ή, -όν	[4/10] 부름을 받은, 초대받은ǁ롬 1:1
παρίστημι	[8/41] 보내다, 드리다, 이르다ǁ롬 6:13
νοῦς, νοός, νοΐ, νοῦν, ὁ	[6/24] 마음, 영, 정신ǁ롬 1:28
εἴπερ	[3/6] ~도, 마찬가지로ǁ롬 3:30
ὅπλον, -ου, τό	[3/6] 무기, 갑옷, 도구ǁ롬 6:13
ῥίζα, -ης, ἡ	[5/17] 뿌리ǁ롬 11:16
ἀπιστία, -ας, ἡ	[4/11] 믿지 아니함, 불신앙ǁ롬 3:3
συγγενής, -οῦς	[4/11] 친척, 동포, 친족의ǁ롬 9:3
Ἕλλην, -ηνος, ὁ	[6/25] 헬라인, 그리스인ǁ롬 1:14
καταργέω	[6/27] 무효로 하다, 폐하다, 폐지하다, 없애다ǁ롬 3:3
κρίμα, -τος, τό	[6/27] 심판, 유죄선고ǁ롬 2:2
προσλαμβάνομαι	[4/12] 데리고 가다, 받다, 영접하다ǁ롬 14:1
διαστολή, -ῆς, ἡ	[2/3] 차별, 분별, 차이ǁ롬 3:22
ἐκκλίνω	[2/3] 이탈하다, 피하다ǁ롬 3:12

μακαρισμός, -οῦ, ὁ	[2/3] 축복, 찬양 ▎롬 4:6
μενοῦνγε	[2/3] 오히려, 한편 ▎롬 9:20
προτίθημι	[2/3] 계획, 목표, 의도 ▎롬 1:13
φυσικός, -ή, -όν	[2/3] 본래, 순리에 따른, 자연스러운 ▎롬 1:26

고린도전서

εἴτε	[27/65] 또는, 만약 ~이라면, 이거나 ▎고전 3:22
γλῶσσα, -ης, ἡ	[21/50] 혀, 언어 ▎고전 12:10
πνευματικός, -ή, -όν	[15/26] 신령한, 영적인 ▎고전 2:13
μέλος, -ους, τό	[16/34] 지체, 부분, 구성원 ▎고전 6:15
ἀνακρίνω	[10/16] 상세히 연구해보다, 조사하다, 심문하다, 따지다 ▎고전 2:14
σοφός, -ή, -όν	[11/20] 지혜로운, 지혜 있는 ▎고전 1:19
ἕκαστος, -η, -ον	[22/82] 각각, 각기, 일일이 ▎고전 1:12
σοφία, -ας, ἡ	[17/51] 지혜 ▎고전 1:17
ἄπιστος, -ον	[11/23] 믿음 없는, 신실하지 않은 ▎고전 6:6
φυσιόω	[6/7] 자랑하다, 뽐내다, 자만하다 ▎고전 4:6
*μωρία, -ας, ἡ	[5/5] 어리석음 ▎고전 1:18
ἀπολλῶς	[7/10] 아볼로, 아폴로 ▎고전 1:12
ἀσθενής, -ές	[11/26] 약한, 아픈, 병든 ▎고전 1:25
προφητεύω	[11/28] 예언하다, 점치다, 신탁을 주다 ▎고전 11:4
*ἄγαμος, -ου, ἡ	[4/4] 미혼의, 결혼하지 않은 ▎고전 7:8
*χοϊκός, -ή, -όν	[4/4] 흙에 속한, 흙으로 만든 ▎고전 15:4
γνῶσις, -εως, ἡ	[10/29] 지식, 앎 ▎고전 1:5
μετέχω	[5/8] 함께 나누다, 참여하다 ▎고전 9:10
καταργέω	[9/27] 무효로 하다, 폐지하다, 없애다 ▎고전 1:28
*διαίρεσις, -εως, ἡ	[3/3] 다양성, 차이, 구분 ▎고전 12:4
*ἴαμα, -τος, τό	[3/3] 병고침, 치유 ▎고전 12:9
*κατακαλύπτομαι	[3/3] 씌우다, 가리다, 덮다 ▎고전 11:6
*Στεφανᾶς, -ᾶ, ὁ	[3/3] 스데바나 ▎고전 1:16
γαμέω	[9/28] 장가들다, 시집가다, 혼인하다 ▎고전 7:9

χάρισμα, -τος, τό	[7/17] 선물 ▎고전 1:7
εἰδωλόθυτος	[5/9] 우상의 제물, 우상에게 바쳐진 봉헌물 ▎고전 8:1
πίνω	[14/73] 마시다 ▎고전 9:4
οὐχί	[12/54] ~아니, ~아닌 ▎고전 1:20
διερμηνεύω	[4/6] 설명하다, 번역하다, 통역하다 ▎고전 12:30
ἐπαινέω	[4/6] 찬양하다, 칭찬하다, 찬송하다 ▎고전 11:2
ψυχικός, -ή, -όν	[4/6] 육체적인, 영적이지 않은 ▎고전 2:14
νήπιος, -α, -ον	[6/15] 어린, 젖먹이, 어린아이 ▎고전 3:1
παρθένος, -ου, ἡ	[6/15] 처녀, 동정 ▎고전 7:25
ὥστε	[14/83] 이런 이유로, 그러므로, 그래서 ▎고전 1:7
ἀφθαρσία, -ας, ἡ	[4/7] 썩지 아니함, 불멸 ▎고전 15:42
εἰδωλολάτρης, -ου, ὁ	[4/7] 우상 숭배자 ▎고전 5:10
ἐποικοδομέω	[4/7] ~위에 세우다, 집짓다 ▎고전 3:10
ἔπειτα	[6/16] 그 후, 그리고 나서, 그 다음에 ▎고전 12:28
ἐξουσιάζω	[3/4] ~에 대한 권한을 발휘하다 ▎고전 6:12
νῖκος, -ους, τό	[3/4] 이김, 승리 ▎고전 15:54
ὅλως	[3/4] 전혀, 도무지 ▎고전 5:1
πλεονέκτης, -ου, ὁ	[3/4] 탐하는 자, 탐심 많은 사람 ▎고전 5:10
συνείδησις, -εως, ἡ	[8/30] 양심 ▎고전 8:7
ὑποτάσσω	[9/38] 굴복시키다, 복종시키다, 따르게 하다 ▎고전 14:32
βρῶμα, -τος, τό	[6/17] 먹을 것, 음식물, 양식, 밥 ▎고전 3:2
ποτήριον, -ου, τό	[8/31] 잔, 그릇 ▎고전 10:16
νοῦς, νοός, νοΐ, νοῦν, ὁ	[7/24] 마음, 영, 정신 ▎고전 1:10
κοιμάω	[6/18] 자다, 잠들다 ▎고전 7:39
ἐκτός	[4/8] 외부, 바깥, ~외에 ▎고전 6:18
πάντως	[4/8] 반드시, 확실히, 의심없이 ▎고전 5:10
*ἀκατακάλυπτος, -ον	[2/2] 쓴 것을 벗은, 쓰지 않은 ▎고전 11:5
*ἀσχημονέω	[2/2] 합당하지 못하게/무례하게 행동하다 ▎고전 7:36
*διόπερ	[2/2] 그러므로, 그래서, 바로 이런 이유로 ▎고전 8:13
*ἐγκρατεύομαι	[2/2] 절제하다, 스스로 삼가다 ▎고전 7:9
*ἐνέργημα, -τος, τό	[2/2] 효과, 행동 ▎고전 12:6

*ἐντροπή, -ῆς, ἡ   [2/2] 수치, 부끄럼 ▎고전 6:5

*ἑρμηνεία, -ας, ἡ   [2/2] 해석, 통역 ▎고전 12:10

*καταχράομαι   [2/2] 다 쓰다 ▎고전 7:31

*κομάω   [2/2] 긴 머리를 하다, 긴 머리를 덧붙이다 ▎고전 11:14

*λογεία, -ας, ἡ   [2/2] 수집, 수금, 연보 ▎고전 16:1

*λοίδορος, -ου, ὁ   [2/2] 욕하는 사람, 모욕하는 자 ▎고전 5:11

*μέθυσος, -ου, ὁ   [2/2] 술 취한 자, 주정뱅이 ▎고전 5:11

*μυρίος   [2/2] 1만, 무수히 많은 ▎고전 4:15

*σύμφορος   [2/2] 유익, 이득 ▎고전 7:35

*φρήν, φρενός, ἡ   [2/2] 이해, 생각, 지혜 ▎고전 14:20

οὔτε   [13/87] 그리고 ~아니다, 또 ~아니 ▎고전 3:7

καταισχύνω   [5/13] 모욕을 주다, 부끄러워하다, 욕되게 하다 ▎고전 1:27

ἅρπαξ, -αγος   [3/5] 탈취자, 사기꾼 ▎고전 5:10

ἰδιώτης, -ου, ὁ   [3/5] 알지 못하는 자, 평범한 인간 ▎고전 14:16

ἄνομος, -ον   [4/9] 불법적인, 율법을 따르지 않는 ▎고전 9:21

Κηφᾶς, -ᾶ, ὁ   [4/9] 게바 ▎고전 1:12

고린도후서

καυχάομαι   [20/37] 자랑하다, 뽐내다, 칭찬받다 ▎고후 5:12

κίνδυνος, -ου, ὁ   [8/9] 위험 ▎고후 11:26

Τίτος, -ου, ὁ   [9/13] 디도, 티투스 ▎고후 2:13

λυπέω   [12/26] 슬퍼하다, 근심하다, 고민하다 ▎고후 2:2

συνίστημι   [9/16] 함께 있다. 권하다, 추천하다 ▎고후 3:1

διακονία, -ας, ἡ   [12/34] 섬김, 봉사, 사역, 직무 ▎고후 3:7

παράκλησις, -εως, ἡ   [11/29] 격려, 위로, 간청 ▎고후 1:3

θαρρέω   [5/6] 자신을 가지다, 담대하다 ▎고후 5:6

νόημα, -τος, τό   [5/6] 생각, 마음, 목적 ▎고후 2:11

περισσοτέρως   [7/12] 더욱, 더 많이, 넘치도록 ▎고후 1:12

*κάλυμμα, -τος, τό   [4/4] 수건, 덮개, 너울 ▎고후 3:13

καύχησις, -εως, ἡ   [6/11] 자랑, 자랑하기 ▎고후 1:12

πλεονεκτέω   [4/5] 이용하다, 사취하다, 이득을 취하다 ▎고후 2:11

προθυμία, -ας, ἡ [4/5] 기꺼움, 준비됨 ▌고후 8:11

ἁπλότης, -ητος, ἡ [5/8] 신실함, 진실함, 솔직함 ▌고후 1:12

ὑπερβολή, -ῆς, ἡ [5/8] 특별한 정도로 ▌고후 1:8

εἴτε [14/65] 또는, 만약 ~이라면, 이거나 ▌고후 1:6

*ἐκδημέω [3/3] 따로 있다, 떠나다 ▌고후 5:6

*ἐνδημέω [3/3] 거주하다, 머무르다, 집에 있다 ▌고후 5:6

*καθαίρεσις, -εως, ἡ [3/3] 헐어내림, 파괴,분쇄 ▌고후 10:4

*καταναρκάω [3/3] 짐지우다, 누를 끼치다 ▌고후 11:9

*σπουδαῖος, -α, -ον [3/3] 열렬한, 간절한, 부지런한 ▌고후 8:17

*στενοχωρέομαι [3/3] 제한하다, 억제하다 ▌고후 4:8

ἐπιστολή, -ῆς, ἡ [8/24] 공문, 편지 ▌고후 3:1

πεποίθησις, -εως, ἡ [4/6] 확신, 믿음, 자신감, 담대함 ▌고후 1:15

περισσεύω [10/39] 자라다, 넉넉하다, 풍부하게되다 ▌고후 1:5

δοκιμή, -ῆς, ἡ [4/7] 증명, 검증, 평판, 특성 ▌고후 2:9

ἄφρων, -ον [5/11] 어리석은, 무지한 ▌고후 11:16

λύπη, -ης, ἡ [6/16] 슬픔, 아픔 ▌고후 2:1

ἀφροσύνη, -ης, ἡ [3/4] 우매함, 어리석음 ▌고후 11:1

κανών, -όνος, ὁ [3/4] 규칙, 표준, 한계, 규례 ▌고후 10:13

σπουδή, -ῆς, ἡ [5/12] 부지런함, 열심 ▌고후 7:11

ἄπειμι [4/8] 떠난, 사라진, (자리에)없는 ▌고후 10:1

*ἁγνότης, -ητος, ἡ [2/2] 깨끗함, 순결함, 신실함 ▌고후 6:6

*ἀγρυπνία, -ας, ἡ [2/2] 자지 못함 ▌고후 6:5

*ἄμετρος, -ον [2/2] 분수 이상의, 한도 이상의 ▌고후 10:13

*ἀνακαλύπτω [2/2] (너울을)벗기다, 밝히다 ▌고후 3:14

*αὐθαίρετος, -ον [2/2] 자원하는, 자발적인 ▌고후 8:3

*ἐξαπορέω [2/2] 매우 당황하다, 낙심하다 ▌고후 1:8

*ἐπενδύομαι [2/2] 덧입다 ▌고후 5:2

*ἐπιπόθησις, -εως, ἡ [2/2] 그리워함, 사모함 ▌고후 7:7

*ἐφικνέομαι [2/2] 오다, 도착하다, 이르다 ▌고후 10:13

*ἡνίκα [2/2] ~때, ~한 그때에, 언제든지 ▌고후 3:15

*κατάκρισις, -εως, ἡ [2/2] 정죄, 단죄 ▌고후 3:9

*μωμάομαι	[2/2] 흠잡다, 비방하다 ▎고후 6:3
*πέρυσι	[2/2] 일 년 전에, 일 년 전부터 ▎고후 8:10
*προαμαρτάνω	[2/2] 전에 죄를 짓다, 앞서 죄싯다 ▎고후 12:21
*προενάρχομαι	[2/2] 먼저 시작하다, 미리 시작하다 ▎고후 8:6
*προσαναπληρόω	[2/2] 공급하다, 보충하다 ▎고후 9:12
*σκῆνος, -ους, τό	[2/2] 천막, 거처, 장막 ▎고후 5:1
*συμπέμπω	[2/2] 함께 보내다 ▎고후 8:18
*ὑπερλίαν	[2/2] 지극히, 현저하게 ▎고후 11:5
*φειδομένως	[2/2] 아껴서, 절약하다 ▎고후 9:6
*φωτισμός, -οῦ, ὁ	[2/2] 계몽, 조명, 빛 ▎고후 4:4

갈라디아서˙

ἐπαγγελία, -ας, ἡ	[10/52] 서약, 약속 ▎갈 3:14
δικαιόω	[8/39] 의롭다고 하다, 공의를 보이다 ▎갈 2:16
περιτέμνω	[6/17] 잘라내다, 할례를 행하다 ▎갈 2:3
Ἀβραάμ, ὁ	[9/73] 아브라함, 많은 무리의 아버지 ▎갈 3:6
παιδίσκη, -ης, ἡ	[5/13] 여종, 여자 노예 ▎갈 4:22
περιτομή, -ῆς, ἡ	[7/36] 할례 ▎갈 2:7
ἐλεύθερος, -α, -ον	[6/23] 자유로운 ▎갈 3:28
Κηφᾶς, -ᾶ, ὁ	[4/9] 게바 ▎갈 1:18
εὐαγγελίζω	[7/54] 복음을 선포하다, 좋은 소식을 전하다 ▎갈 1:8
ἐλευθερία, -ας, ἡ	[4/11] 자유, 해방 ▎갈 2:4
εὐαγγέλιον, -ου, -ν	[7/76] 좋은 소식, 복음 ▎갈 1:6
εἰκῇ	[3/6] 헛되이, 공연히, 이유 없이 ▎갈 3:4
ἔνι	[3/6] ~이 있다 ▎갈 3:28
κατάρα, -ας, ἡ	[3/6] 저주 ▎갈 3:10

---

*   갈라디아서를 비롯한 성경의 짧은 책들은 긴 성경과 동일한 방법으로 중요
도를 측정할 경우, 결과가 왜곡되는 현상이 벌어진다. 따라서 10장 이하의 성경
에 대해서는 빈도수에 조금 더 가중치를 둔 별개의 방법으로 중요한 단어를 뽑
았다.

*Ἀγάρ, ἡ	[2/2] 하갈 ▮ 갈 4:24	
*Ἀραβία, -ας, ἡ	[2/2] 아라비아 ▮ 갈 1:17	
*ἐπικατάρατος, -ον	[2/2] 저주받은 ▮ 갈 3:10	
*Ἰουδαϊσμός, -οῦ, ὁ	[2/2] 유대교, 유대주의 ▮ 갈 1:13	
*προσανατίθημι	[2/2] 의논하다, 더하다, 공헌하다 ▮ 갈 1:16	
ἀλλήλων, -ους, -ους	[7/100] 서로, 피차, 각각 ▮ 갈 5:13	
ἄρα	[5/37] 그렇다면, 그래서 ▮ 갈 2:21	
ἐνεργέω	[4/21] 활동하다, 생산하다 ▮ 갈 2:8	
θερίζω	[4/21] 추수하다, 거두다, 수확하다 ▮ 갈 6:7	
ἀναγκάζω	[3/9] 재촉하다, 강권하다, 억지로 시키다 ▮ 갈 2:3	
σπέρμα, -τος, τό	[5/43] 씨, 자손, 후손 ▮ 갈 3:16	

에베소서

γνωρίζω	[6/25] 알리다, 드러내다 ▮ 엡 1:9
μυστήριον, -ου, τό	[6/28] 비밀, 신비 ▮ 엡 1:9
ποτέ	[6/29] 전에, 예전에, ~때 ▮ 엡 2:2
ἐπουράνιος, -ον	[5/19] 하늘의, 하늘에 속한 ▮ 엡 1:3
πλοῦτος, -ου, ὁ	[5/22] 재물, 부, 풍성함 ▮ 엡 1:7
εἰρήνη, -ης, ἡ	[8/92] 평화, 화평, 평안 ▮ 엡 1:2
θέλημα, -τος, τό	[7/62] 뜻, 의지 ▮ 엡 1:1
ὑπερβάλλω	[3/5] 능가하다, 탁월하다, 뛰어나다 ▮ 엡 1:19
περιπατέω	[8/95] 걷다, 행하다 ▮ 엡 2:2
κτίζω	[4/15] 창조하다, 짓다 ▮ 엡 2:10
*ἐκτρέφω	[2/2] 영양을 공급하다, 기르다, 양육하다 ▮ 엡 5:29
*ἑνότης, -ητος, ἡ	[2/2] 연합, 하나됨 ▮ 엡 4:3
*μεθοδεία, -ας, ἡ	[2/2] 술책, , 책략, 간계 ▮ 엡 4:14
*συμμέτοχος, -ου, ὁ	[2/2] 동료 공유자 ▮ 엡 3:6
*συναρμολογέομαι	[2/2] 연결하다 ▮ 엡 2:21
πλήρωμα, -τος, τό	[4/17] 완성, 충만 ▮ 엡 1:10
οἰκοδομή, -ῆς, ἡ	[4/18] 건물, 구조물, 세움 ▮ 엡 2:21
ἐνέργεια, -ας, ἡ	[3/8] 사역, 활동, 작업 ▮ 엡 1:19

ἐνεργέω	[4/21] 활동하다, 생산하다 ▌엡 1:11
οἰκονομία, -ας, ἡ	[3/9] 관리직, 청지기직, 경영 ▌엡 1:10
ἀπολύτρωσις, -εως, ἡ	[3/10] 속량, 구원, 해방 ▌엡 1:7
ὀνομάζω	[3/10] 이름하다, 부르다 ▌엡 1:21
ἀπαλλοτριόομαι	[2/3] 멀어지다, 소원해지다 ▌엡 2:12
πανοπλία, -ας, ἡ	[2/3] 전신무장, 완전무장 ▌엡 6:11
προσαγωγή, -ῆς, ἡ	[2/3] 접근, 들어감, 나아감 ▌엡 2:18
ὑπεράνω	[2/3] 위에 ▌엡 1:21

빌립보서

φρονέω	[10/26] 생각하다, 관심 가지다, 숙고하다 ▌빌 1:7
χαίρω	[9/74] 기뻐하다, 즐거워 하다 ▌빌 1:18
εὐαγγέλιον, -ου, -ν	[9/76] 좋은 소식, 복음 ▌빌 1:5
ἡγέομαι	[6/28] 지도하다, 다스리다, 통치하다 ▌빌 2:3
ὑπερέχω	[3/5] ~보다 낫다, 우세하다 ▌빌 2:3
πείθω	[6/52] 설득하다, 확신시키다 ▌빌 1:6
*Επαφρόδιτος, -ου, ὁ	[2/2] 에바브로디도, 에파프로디투스 ▌빌 2:25
*συναθλέω	[2/2] 협력하다, 함께 힘쓰다 ▌빌 1:27
δέησις, -εως, ἡ	[4/18] 기도, 간구 ▌빌 1:4
δεσμός, -οῦ, ὁ	[4/18] 속박, 올가미, 차꼬 ▌빌 1:7
εἴτε	[6/65] 또는, 만약 ~이라면, 이거나 ▌빌 1:18
περισσεύω	[5/39] 자라다, 넉넉하다, 풍부하게 되다 ▌빌 1:9
κέρδος, -ους, τό	[2/3] 이득, 유익 ▌빌 1:21
μορφή, -ῆς, ἡ	[2/3] 모양, 형상, 모습 ▌빌 2:6
προκοπή, -ῆς, ἡ	[2/3] 발전, 진전 ▌빌 1:12
μᾶλλον	[6/81] 더욱, 오히려, 대신에 ▌빌 1:9
χαρά, -ᾶς, ἡ	[5/59] 기쁨, 즐거움 ▌빌 1:4
Ἑβραῖος, -ου, ὁ	[2/4] 히브리인, 히브리어 구사자 ▌빌 3:5
ζημία, -ας, ἡ	[2/4] 손해, 손상 ▌빌 3:7
καταλαμβάνω	[3/15] 붙잡다, 얻다, 파악하다 ▌빌 3:12

골로새서

Λαοδίκεια, -ας, ἡ	[4/6] 라오디게아 ▮ 골 2:1
σοφία, -ας, ἡ	[6/51] 지혜 ▮ 골 1:9
*ἀπεκδύομαι	[2/2] 벗어버리다, 무력화하다 ▮ 골 2:15
ταπεινοφροσύνη, -ης, ἡ	[3/7] 겸손 ▮ 골 2:18
εἴτε	[6/65] 또는, 만약 ~이라면, 이거나 ▮ 골 1:16
ἐπίγνωσις, -εως, ἡ	[4/20] 지식, 인식 ▮ 골 1:9
ἀποκαταλλάσσω	[2/3] 화목하게 되다, 화합하다 ▮ 골 1:20
Ἐπαφρᾶς, -ᾶ, ὁ	[2/3] 에바브라, 에파프라스 ▮ 골 1:7
συνεγείρω	[2/3] 함께 일으키다 ▮ 골 2:12
μυστήριον, -ου, τό	[4/28] 비밀, 신비 ▮ 골 1:26
διάκονος, -ου, ὁ	[4/29] 하인, 사역자, 봉사자 ▮ 골 1:7
σύνδεσμος, -ου, ὁ	[2/4] 끈, 굴레, 족쇄 ▮ 골 2:19
κτίζω	[3/15] 창조하다, 짓다 ▮ 골 1:16
περιτομή, -ῆς, ἡ	[4/36] 할례 ▮ 골 2:11
ἀόρατος, -ον	[2/5] 보이지 않는 ▮ 골 1:15
φανερόω	[4/49] 드러내다, 분명히 하다 ▮ 골 1:26
χαρίζομαι	[3/23] 탕감하다, 베풀다 ▮ 골 2:13
ἀρχή, -ῆς, ἡ	[4/55] 처음, 시작, 통치자 ▮ 골 1:16
στοιχεῖον	[2/7] 기초 원리, 기초 ▮ 골 2:8
συμβιβάζω	[2/7] 연결시키다, 증언하다, 함께 붙잡다 ▮ 골 2:2
σύνεσις, -εως, ἡ	[2/7] 지혜, 통찰력, 이해 ▮ 골 1:9

데살로니가전서

ἀδιαλείπτως	[3/4] 쉬지 않고, 끊임 없이 ▮ 살전 1:2
πάντοτε	[6/41] 항상, 언제든지 ▮ 살전 1:2
καθάπερ	[4/13] ~같이, 꼭 ~처럼 ▮ 살전 2:11
*ἀμέμπτως	[2/2] 흠 없이, 흠 없게 ▮ 살전 2:10
*περιλείπομαι	[2/2] 남아있다, 남다 ▮ 살전 4:15
νύξ, -νυκτός, ἡ	[6/61] 밤, 밤에 ▮ 살전 2:9
καθεύδω	[4/22] 자다, 주무시다 ▮ 살전 5:6

εὐαγγέλιον, -ου, -ν	[6/76] 좋은 소식, 복음 ▮ 살전 1:5
ἁγιασμός, -οῦ, ὁ	[3/10] 거룩함, 거룩하게 함 ▮ 살전 4:3
παρουσία, -ας, ἡ	[4/24] 오심, 강림, 임함 ▮ 살전 2:19
ὑπερεκπερισσοῦ	[2/3] 훨씬 더 많이, 지극하게 ▮ 살전 3:10
παραμυθέομαι	[2/4] 응원하다, 위로하다, 격려하다 ▮ 살전 2:12
στέγω	[2/4] 참다, 덮다, 견디다, 주저하다 ▮ 살전 3:1
εἴσοδος, -ου, ἡ	[2/5] 들어감, 입장 ▮ 살전 1:9
ἀρέσκω	[3/17] 기쁘게 하다, 환심을 사다 ▮ 살전 2:4
κοιμάω	[3/18] 자다, 잠들다 ▮ 살전 4:13
κόπος, -ου, ὁ	[3/18] 노력, 수고, 고난, 아려움 ▮ 살전 1:3
οὔτε	[5/87] 그리고 ~아니다, 또 ~아니 ▮ 살전 2:5
ἔμπροσθεν	[4/48] 앞에, 면전에 ▮ 살전 1:3
μιμητής, -οῦ, ὁ	[2/6] 본받는 자, 모방자 ▮ 살전 1:6

데살로니가후서

*ἀτάκτως	[2/2] 무질서하게 ▮ 살후 3:6
*ἐνδοξάζομαι	[2/2] 영광을 받다, 찬양받다 ▮ 살후 1:10
ἐπιστολή, -ῆς, ἡ	[4/24] 공문, 편지 ▮ 살후 2:2
παραγγέλλω	[4/32] 명령을 내리다, 명하다 ▮ 살후 3:4
μιμέομαι	[2/4] 본받다, 흉내내다 ▮ 살후 3:7
ἐργάζομαι	[4/40] 일하다, 활동하다, 성취하다, 행하다 ▮ 살후 3:8
παρουσία, -ας, ἡ	[3/24] 오심, 강림, 임함 ▮ 살후 2:1
ἀποκαλύπτω	[3/26] 드러나다, 밝혀지다, 알려지다 ▮ 살후 2:3
ἐνέργεια, -ας, ἡ	[2/8] 사역, 활동, 작업 ▮ 살후 2:9
*ἀτακτέω	[1/1] 무질서하게/무책임하게 행하다 ▮ 살후 3:7
*ἐγκαυχάομαι	[1/1] 자랑하다 ▮ 살후 1:4
*ἔνδειγμα, -τος, τό	[1/1] 증거 ▮ 살후 1:5
*καλοποιέω	[1/1] 옳은 일(선)을 행하다 ▮ 살후 3:13
*περιεργάζομαι	[1/1] 설치다, 참견쟁이가 되다 ▮ 살후 3:11
*σημειόομαι	[1/1] 지목하다, 표하다, 구별하다 ▮ 살후 3:14
*τίνω	[1/1] 치르다, 지불하다 ▮ 살후 1:9

*ὑπεραυξάνω   [1/1] 더욱 자라다, 풍성하게 증가하다 ▮ 살후 1:3
θλίβω   [2/10] 좁다, 에워싸다, 우겨싸다 ▮ 살후 1:6
ψεῦδος, -ους, τό   [2/10] 거짓, 거짓말, 허위 ▮ 살후 2:9
μήτε   [3/34] ~도 아니며 ▮ 살후 2:2

디모데전서
εὐσέβεια, -ας, ἡ   [8/15] 경건함, 독실함 ▮ 딤전 2:2
διδασκαλία, -ας, ἡ   [8/21] 교훈, 가르침, 가르치는 일 ▮ 딤전 1:10
πιστός, -ή, -όν   [11/67] 충성된, 진실한, 신실한 ▮ 딤전 1:12
χήρα, -ας, ἡ   [8/26] 과부 ▮ 딤전 5:3
*ἀνεπίλημπτος, -ον   [3/3] 책망할 것 없는, 비난할 것이 없는 ▮ 딤전 3:2
*ἐπαρκέω   [3/3] 구제하다, 도와주다 ▮ 딤전 5:10
προΐστημι   [4/8] 지도하다, 진두에 서다 ▮ 딤전 3:4
ὄντως   [4/11] 과연, 참으로, 실로 ▮ 딤전 5:3
βέβηλος, -ον   [3/5] 망령된, 세속적인, 불경한 ▮ 딤전 1:9
ἐκτρέπομαι   [3/5] 돌리다, 방향을 바꾸다 ▮ 딤전 1:6
*ἁγνεία, -ας, ἡ   [2/2] 정절, 순결, 깨끗함 ▮ 딤전 4:12
*ἀπόδεκτος, -ον   [2/2] 받을 만한, 만족한 ▮ 딤전 2:3
*ἀποδοχή, -ῆς, ἡ   [2/2] 받아들임, 수납, 승인, 시인 ▮ 딤전 1:15
*ἔντευξις, -εως, ἡ   [2/2] 간구, 요청, 기도 ▮ 딤전 2:1
*ἑτεροδιδασκαλέω   [2/2] 다른 교훈을 가르치다 ▮ 딤전 1:3
*κόσμιος, -ον   [2/2] 훌륭한, 적당한 ▮ 딤전 2:9
*πορισμός, -οῦ, ὁ   [2/2] 이득의 수단 ▮ 딤전 6:5
παραγγέλλω   [5/32] 명령을 내리다, 명하다 ▮ 딤전 1:3
ἐμπίπτω   [3/7] 떨어지다, 빠지다 ▮ 딤전 3:6
ὡσαύτως   [4/17] 그와 같이, 마찬가지로, 유사하게 ▮ 딤전 2:9

디모데후서
ἐπιφάνεια, -ας, ἡ   [3/6] 나타남, 출현, 외모 ▮ 딤후 1:10
προκόπτω   [3/6] 발전하다, 진전하다 ▮ 딤후 2:16
*ἀθλέω   [2/2] 경기하다, 경주하다 ▮ 딤후 2:5

*Ὀνησίφορος, -ου, ὁ — [2/2] 오네시보로, 오네시포루스 ▌딤후 1:16

*συγκακοπαθέω — [2/2] 함께 더불어 고난을 받다 ▌딤후 1:8

εὔχρηστος, -ον — [2/3] 유용한, 쓸모있는 ▌딤후 2:21

κακοπαθέω — [2/3] 불행을 겪다, 어려움을 견디다, 고난받다 ▌딤후 2:9

παραθήκη, -ης, ἡ — [2/3] 맡긴 것, 신뢰 ▌딤후 1:12

ἐπαισχύνομαι — [3/11] 부끄러워하다 ▌딤후 1:8

σπουδάζω — [3/11] 열심내다, 힘쓰다 ▌딤후 2:15

ἀρνέομαι — [4/33] 부인하다, 숨기다, 외면하다 ▌딤후 2:12

ἀνθίστημι — [3/14] 대적하다, 저항하다, 견뎌내다 ▌딤후 3:8

ἐνοικέω — [2/5] 거하다, 살다 ▌딤후 1:5

ῥύομαι — [3/17] 구원하다, 구하다 ▌딤후 3:11

πληροφορέω — [2/6] 이루어지다, 전적으로 확신하다 ▌딤후 4:5

διδασκαλία, -ας, ἡ — [3/21] 교훈, 가르침, 가르치는 일 ▌딤후 3:10

ἀπολείπω — [2/7] 두다, 남기고 가다, 남아있다 ▌딤후 4:13

ἐνδυναμόω — [2/7] 강하게 하다, 견고히 하다 ▌딤후 2:1

μανθάνω — [3/25] 배우다 ▌딤후 3:7

ἔλεος, -ους, τό — [3/27] 긍휼, 자비, 연민 ▌딤후 1:2

디도서

σωτήρ, -ῆρος, ὁ — [6/24] 구주, 구원자 ▌딛 1:3

σώφρων, -ον — [3/4] 지각 있는, 신중한 ▌딛 1:8

ὑγιαίνω — [4/12] 건강하다, 건전하다, 바르다 ▌딛 1:9

διδασκαλία, -ας, ἡ — [4/21] 교훈, 가르침, 가르치는 일 ▌딛 1:9

ἀνυπότακτος, -ον — [2/4] 복종하지 않는, 통제를 벗어난, 독립적인 ▌딛 1:6

ἐπιφαίνω — [2/4] 보이다, 비치다, 나타나다 ▌딛 2:11

ἀνέγκλητος, -ον — [2/5] 책망할 것 없는, 결백한 ▌딛 1:6

μιαίνω — [2/5] 더럽혀 지다, 오염되다 ▌딛 1:15

ἐλέγχω — [3/17] 드러나다, 책망하다, 유죄선고하다 ▌딛 1:9

ἀπειθής, -ές — [2/6] 불순종하는, 반역하는, 거스르는 ▌딛 1:16

λείπω — [2/6] 부족하다, 불충분하다 ▌딛 1:5

ἐπιταγή, -ῆς, ἡ — [2/7] 명령, 권위 ▌딛 1:3

καθαρός, -ά, -όν   [3/27] 청결한, 깨끗한, 맑은 ▎딛 1:15
προΐστημι   [2/8] 지도하다, 진두에 서다 ▎딛 3:8

빌레몬서

σπλάγχνον, -ου, τό   [3/11] 애타는 마음, 창자, 내부기관 ▎몬 7
*ἀποτίνω   [1/1] 갚다 ▎몬 19
*Ἀπφία, -ας, ἡ   [1/1] 압비아, 압피아 ▎몬 2
*ἄχρηστος, -ον   [1/1] 무익한, 소용없는, 가치없는 ▎몬 11
*ἑκούσιος, -α, -ον   [1/1] 자발적인, 자원한 ▎몬 14
*ὀνίνημι   [1/1] 유익을 얻다 ▎몬 20
*προσοφείλω   [1/1] 또 빚지다, 이 외에 빚지다 ▎몬 19
*Φιλήμων, -ονος, ὁ   [1/1] 빌레몬, 필레몬 ▎몬 0
ἀναπαύω   [2/12] 생기를 되찾다, 쉬다, 조용히 머무르다 ▎몬 7
συνεργός, -οῦ, ὁ   [2/13] 동료 일꾼, 동역자 ▎몬 1
δέσμιος, -ου, ὁ   [2/16] 죄수, 수감자 ▎몬 1
Ἄρχιππος, -ου, ὁ   [1/2] 아킵보, 아르킵푸스 ▎몬 2
ἐλλογέω   [1/2] 외상거래를 하다, 계산에 넣다, 여기다 ▎몬 18
ξενία, -ας, ἡ   [1/2] 숙소, 응접실 ▎몬 22
Ὀνήσιμος, -ου, ὁ   [1/2] 오네시모 ▎몬 10
συστρατιώτης, -ου, ὁ   [1/2] 전우, 동료 군인 ▎몬 2
τάχα   [1/2] 혹, 잠시, 아마도 ▎몬 15
δεσμός, -οῦ, ὁ   [2/18] 속박, 올가미, 차꼬 ▎몬 10
νυνί   [2/20] 지금, 이제, 그런즉 ▎몬 9

히브리서

κρείττων   [12/15] 더 나은, 더 좋은, 우월한 ▎히 1:4
διαθήκη, -ης, ἡ   [17/33] 언약, 유언, 조약 ▎히 7:22
προσφέρω   [20/47] ~에게 데려가다, 바치다, 드리다 ▎히 5:1
θυσία, -ας, ἡ   [15/28] 제사, 제물, 희생 ▎히 5:1
*Μελχισέδεκ, ὁ   [8/8] 멜기세덱 ▎히 5:6
κατάπαυσις, -εως, ἡ   [8/9] 쉼, 안식, 안식처 ▎히 3:11

ἱερεύς, -έως, ὁ	[14/31] 제사장 ▎히 5:6
σκηνή, -ῆς, ἡ	[10/20] 천막, 장막, 거처 ▎히 8:2
ἅπαξ	[8/14] 한 번, 단번, 한꺼번에 ▎히 6:4
αἷμα, -τος, τό	[21/97] 피, 혈(육) ▎히 2:14
μέτοχος, -ου, ὁ	[5/6] 함께 나누는, ~에 참여하는 ▎히 1:9
χωρίς	[13/41] ~외에, ~없이 ▎히 4:15
τάξις, -εως, ἡ	[6/9] 질서, 정해진 순서 ▎히 5:6
*διηνεκής, -ές	[4/4] 항상, 늘, 영원히 ▎히 7:3
*ὁρκωμοσία, -ας, ἡ	[4/4] 맹세, 맹세하기 ▎히 7:20
*ῥαντίζω	[4/4] 뿌리다 ▎히 9:13
*τράγος, -ου, ὁ	[4/4] 수염소 ▎히 9:12
ἐπαγγελία, -ας, ἡ	[14/52] 서약, 약속 ▎히 4:1
τελειόω	[9/23] 마치다, 완성하다, 이루다 ▎히 2:10
κατασκευάζω	[6/11] 준비하다, 짓다, 세우다 ▎히 3:3
ἐπεί	[9/26] ~때, ~때문에, ~이므로 ▎히 2:14
*ἐάνπερ	[3/3] 만일 ~하면, 정말 ~라면 ▎히 3:6
*εὐαρεστέω	[3/3] 기쁘게 하다, 흡족하다 ▎히 11:5
*ἱερωσύνη, -ης, ἡ	[3/3] 제사장 직분 ▎히 7:11
*μετάθεσις, -εως, ἡ	[3/3] 제거, 변화 ▎히 7:12
*μισθαποδοσία, -ας, ἡ	[3/3] 보상, 보응 ▎히 2:2
*φοβερός, -ά, -όν	[3/3] 무서운, 두려운, 놀라운 ▎히 10:27
προσφορά, -ᾶς, ἡ	[5/9] 바침, 예물, 제사 ▎히 10:5
παιδεία, -ας, ἡ	[4/6] 교육, 양육, 훈련 ▎히 12:5
σκληρύνω	[4/6] 마음이 굳다, 굳어지다 ▎히 3:8
ὅθεν	[6/15] ~데서, ~로부터 ▎히 2:17
δέκατος, -η, -ον	[4/7] [서수] 열 번째, [명사] 십분의 일, 십 ▎히 7:2
διατίθημι	[4/7] 맡기다, 위임하다, 다스리게 하다 ▎히 8:10
ἀντιλογία, -ας, ἡ	[3/4] 논박, 논쟁, 반역, 반란 ▎히 6:16
διάφορος, -ον	[3/4] 다른, 뛰어난 ▎히 1:4
καταπαύω	[3/4] 멈추다, 끝내다, 쉬다 ▎히 4:4
παλαιόω	[3/4] 낡아지다, 닳아 버리다 ▎히 1:11

βέβαιος, -α, -ον　　[4/8] 견고한, 확실한, [부사] 견고히 ‖ 히 2:2
*ἀθέτησις, -εως, ἡ　　[2/2] 폐지, 폐기 ‖ 히 7:18
*ἀμετάθετος, -ον　　[2/2] 불변의, 변경할 수 없는 ‖ 히 6:17
*δεκατόω　　[2/2] 십분의 일을 취하다, 십일조를 모으다 ‖ 히 7:6
*ἐγκαινίζω　　[2/2] 세우다, 새롭게 하다, 시작을 알리다 ‖ 히 9:18
*εὐλάβεια, -ας, ἡ　　[2/2] 하나님을 두려워함, 경외, 경건함 ‖ 히 5:7
*κακουχέομαι　　[2/2] 학대하다, 고문하다 ‖ 히 11:37
*μερισμός, -οῦ, ὁ　　[2/2] 나눔, 분배, 할당 ‖ 히 2:4
*νομοθετέομαι　　[2/2] 율법을 받다, 세우다, 입법하다 ‖ 히 7:11
*νωθρός, -ά, -όν　　[2/2] 둔한, 게으른, 뒤처지든 ‖ 히 5:11
*ὁμοιότης, -ητος, ἡ　　[2/2] 같음, 유사, 닮음 ‖ 히 4:15
*παραπικρασμός, -οῦ, ὁ　　[2/2] 도발, 진노하게 함 ‖ 히 3:8
*πεῖρα, -ας, ἡ　　[2/2] 시련, 경험, 시험, 시도 ‖ 히 11:29
*προσοχθίζω　　[2/2] ~에 분노하다, 염증나다 ‖ 히 3:10
*Σαλήμ, ἡ　　[2/2] 살렘 ‖ 히 7:1

야고보서

ποιητής, -οῦ, ὁ　　[4/6] ~하는 사람, 제작자, 시인 ‖ 약 1:22
ἀκροατής, -οῦ, ὁ　　[3/4] 듣는 자, 청자 ‖ 약 1:22
δαμάζω　　[3/4] 제어하다, 길들이다 ‖ 약 3:7
τέλειος, -α, -ον　　[5/19] 온전한, 장성한 ‖ 약 1:4
καταλαλέω　　[3/5] ~에 반대하다, 나쁘게 말하다, 비방하다 ‖ 약 4:11
πταίω　　[3/5] 발을 헛디디다, 비틀거리다 ‖ 약 2:10
φονεύω　　[4/12] 살인하다, 죽이다 ‖ 약 2:11
λείπω　　[3/6] 부족하다, 불충분하다 ‖ 약 1:4
πλούσιος, -α, -ον　　[5/28] 부요한, 풍부한 ‖ 약 1:10
*ἀκατάστατος, -ον　　[2/2] 불안한, 쉬지 아니하는 ‖ 약 1:8
*ἀποκυέω　　[2/2] 낳다, 출산하다 ‖ 약 1:15
*δίψυχος, -ον　　[2/2] 두 마음을 품은, 우유부단한, 주저하는 ‖ 약 1:8
*ἔοικα　　[2/2] 마치 ~처럼 ‖ 약 1:6
*μετάγω　　[2/2] 인도하다, 이끌다, 가져가다 ‖ 약 3:3

*πικρός, -ά, -όν	[2/2] 쓴, 가혹한, 독한 ▮ 약 3:11
*φλογίζω	[2/2] 불사르다 ▮ 약 3:6
*χαλιναγωγέω	[2/2] 재갈 물리다, 굴레 씌우다 ▮ 약 1:26
ἐσθής, -ῆτος, ἡ	[3/8] 의복, 옷 ▮ 약 2:2
κριτής, -ου, ὁ	[4/19] 재판관, 사사, 판관 ▮ 약 2:4
μακροθυμέω	[3/10] 참다, 인내하다 ▮ 약 5:7

베드로전서

πάσχω	[12/42] 경험하다, 겪다, 고생하다 ▮ 벧전 2:19
ἀναστροφή, -ῆς, ἡ	[6/13] 행동, 처신, 사는 모양 ▮ 벧전 1:15
*κακοποιός, -οῦ, ὁ	[3/3] 행악자, 악인 ▮ 벧전 2:12
ἀγαθοποιέω	[4/9] 선대하다, 선한 일을 하다 ▮ 벧전 2:15
ὑποτάσσω	[6/38] 굴복시키다, 복종시키다, 따르게 하다 ▮ 벧전 2:13
ἀπειθέω	[4/14] 불순종하다, 반역하다, 저항하다 ▮ 벧전 2:8
νήφω	[3/6] 정신을 차리다, 신중하다, 근신하다 ▮ 벧전 1:13
πάθημα, -τος, τό	[4/16] 고통; 정욕, 욕망 ▮ 벧전 1:11
*ἀδελφότης, -ητος, ἡ	[2/2] 형제된 이, 믿음의 식구 ▮ 벧전 2:17
*ἀναγεννάω	[2/2] 거듭나게 하다 ▮ 벧전 1:3
*ἐποπτεύω	[2/2] 감시하다, 보다, 조사하다 ▮ 벧전 2:12
*ἱεράτευμα, -τος, τό	[2/2] 제사장, 제사장직 ▮ 벧전 2:5
ἄφθαρτος, -ον	[3/8] 썩지 아니하는, 죽지 않는 ▮ 벧전 1:4
ἐκλεκτός, -ή, -όν	[4/22] 선택된, 뽑힌 ▮ 벧전 1:1
ἄνευ	[2/3] ~없이 ▮ 벧전 3:1
λοιδορία, -ας, ἡ	[2/3] 욕설, 책망, 비방 ▮ 벧전 3:9
παρεπίδημος, -ου, ὁ	[2/3] 체류인, 거주 외부인 ▮ 벧전 1:1
φόβος, -ου, ὁ	[5/47] 두려움, 경외 ▮ 벧전 1:17
κακός, -ή, -όν	[5/50] 나쁜, 악한, 그릇된 ▮ 벧전 3:9
ἀγαλλιάω	[3/11] 기뻐하다 ▮ 벧전 1:6
δόλος, -ου, ὁ	[3/11] 속임, 교활함, 간교, 거짓말 ▮ 벧전 2:1

베드로후서

*ἀποφεύγω	[3/3] 피하다, ~에서 도망하다 ▮ 벧후 1:4
*ἐξακολουθέω	[3/3] 따르다, 추구하다 ▮ 벧후 1:16
φθορά, -ᾶς, ἡ	[4/9] 부패, 멸망, 타락 ▮ 벧후 1:4
ἀπώλεια, -ας, ἡ	[5/18] 낭비, 손실, 멸망, 파멸 ▮ 벧후 2:1
ἀρετή, -ῆς, ἡ	[3/5] 덕, 덕성, 품성의 탁월함 ▮ 벧후 1:3
σωτήρ, -ῆρος, ὁ	[5/24] 구주, 구원자 ▮ 벧후 1:1
εὐσέβεια, -ας, ἡ	[4/15] 경건함, 독실함 ▮ 벧후 1:3
*ἄθεσμος, -ον	[2/2] 무법한, 무도한 ▮ 벧후 2:7
*ἀστήρικτος, -ον	[2/2] 굳세지 못한, 약한 ▮ 벧후 2:14
*ἔκπαλαι	[2/2] 오랫동안, 예전부터 ▮ 벧후 2:3
*ἐπάγγελμα, -τος, τό	[2/2] 약속, 예고 ▮ 벧후 1:4
*ἡττάομαι	[2/2] 패배하다, 무너지다, 굴복하다 ▮ 벧후 2:19
*καυσόομαι	[2/2] 타버리다, 불타다, 맹렬히 타다 ▮ 벧후 3:10
*ταχινός, -ή, -όν	[2/2] 임박한, 신속한, 곧 오는 ▮ 벧후 1:14
ἀγαπητός, -ή, -όν	[6/61] 사랑하는, 사랑을 입은, 사랑 받는 ▮ 벧후 1:17
ἐπίγνωσις, -εως, ἡ	[4/20] 지식, 인식 ▮ 벧후 1:2
ἀσέλγεια, -ας, ἡ	[3/10] 방종, 부도덕함 ▮ 벧후 2:2
δελεάζω	[2/3] 유인하다, 꾀다 ▮ 벧후 2:14
δωρέομαι	[2/3] 주다, 선사하다, 부여하다 ▮ 벧후 1:3
ἐπάγω	[2/3] 가져오다, 야기하다, 초래하다 ▮ 벧후 2:1
θεῖος, -α, -ον	[2/3] 신적인, 신성한, 신적 존재 ▮ 벧후 1:3
σκήνωμα, -τος, τό	[2/3] 거주 ▮ 벧후 1:13
ὑπόμνησις, -εως, ἡ	[2/3] 생각함, 기억 ▮ 벧후 1:13
φθέγγομαι	[2/3] 말하다, 선포하다 ▮ 벧후 2:16

요한일서

ἐντολή, -ῆς, ἡ	[14/67] 계명 ▮ 요일 2:3
τεκνίον, -ου, τό	[6/7] (작은) 아이 ▮ 요일 2:1
ἁμαρτάνω	[10/43] 죄짓다, 범죄하다, 죄가 있다 ▮ 요일 1:10
φανερόω	[9/49] 드러내다, 분명히 하다 ▮ 요일 1:2

σκοτία, -ας, ἡ	[6/16] 어둠 ▌요일 1:5
ἀντίχριστος, -ου, ὁ	[4/5] 적그리스도 ▌요일 2:18
ψεύστης, -ου, ὁ	[5/10] 거짓말쟁이 ▌요일 1:10
γεννάω	[10/97] 낳다, 아버지가 되다 ▌요일 2:29
ἀρχή, -ῆς, ἡ	[8/55] 처음, 시작, 통치자 ▌요일 1:1
*χρῖσμα, -τος, τό	[3/3] 기름 부음, 도유(塗油) ▌요일 2:20
νικάω	[6/28] 이기다, 정복하다, 극복하다 ▌요일 2:13
μαρτυρία, -ας, ἡ	[6/37] 증언, 증거 ▌요일 5:9
τηρέω	[7/70] 지키다, 보전하다, 간직하다 ▌요일 2:3
ὁμολογέω	[5/26] 시인하다, 고백하다 ▌요일 1:9
*ἀγγελία, -ας, ἡ	[2/2] 소식, 말씀 ▌요일 1:5
*ἱλασμός, -οῦ, ὁ	[2/2] 속죄, 화해, 화목제물 ▌요일 2:2
ἀγαπητός, -ή, -όν	[6/61] 사랑하는, 사랑을 입은, 사랑 받는 ▌요일 2:7
κοινωνία, -ας, ἡ	[4/19] 교제, 사귐, 참여 ▌요일 1:3
μισέω	[5/40] 미워하다, 무시하다 ▌요일 2:9
αἰώνιος, -ον	[6/71] 영원한 ▌요일 1:2

요한이서

*κυρία, -ας, ἡ	[2/2] 여주인, 귀부인 ▌요이 1
πλάνος, -ον	[2/5] 사기꾼, 속이는 (자), 미혹하는 (자) ▌요이 7
*χάρτης, -ου, ὁ	[1/1] 종이 ▌요이 12
ἐντολή, -ῆς, ἡ	[4/67] 계명 ▌요이 4
διδαχή, -ῆς, ἡ	[3/30] 가르치심, 교훈 ▌요이 9
χαίρω	[3/74] 기뻐하다, 즐거워 하다 ▌요이 4
ἐκλεκτός, -ή, -όν	[2/22] 선택된, 뽑힌 ▌요이 1
περιπατέω	[3/95] 걷다, 행하다 ▌요이 4
τέκνον, -ου, τό	[3/99] 아이, 자손 ▌요이 1
ἀντίχριστος, -ου, ὁ	[1/5] 적그리스도 ▌요이 7
μέλας, -αινα, -αν	[1/6] 검은, 먹, 잉크 ▌요이 12
ἀρχή, -ῆς, ἡ	[2/55] 처음, 시작, 통치자 ▌요이 5
κοινωνέω	[1/8] 공유하다, 나눠 갖다 ▌요이 11

στόμα, -τος, τό	[2/78] 입 ▎요이 12
ἀπολαμβάνω	[1/10] 데리고 가다, 받다, 얻다 ▎요이 8
λίαν	[1/12] 매우, 대단히 ▎요이 4
πλήρης, -ες	[1/16] 가득 찬, 완전한, 충만한 ▎요이 8
προάγω	[1/20] 앞서 가다, 잡아 (끌어)내다 ▎요이 9
ἀδελφή, -ῆς, ἡ	[1/26] 자매, 누이 ▎요이 13
ὁμολογέω	[1/26] 시인하다, 고백하다 ▎요이 7

요한삼서

*ἐπιδέχομαι	[2/2] 영접하다, 받아들이다 ▎요삼 9
εὐοδόομαι	[2/4] 번창하다, 성공하다 ▎요삼 2
ἀγαπητός, -ή, -όν	[4/61] 사랑하는, 사랑을 입은, 사랑 받는 ▎요삼 1
*Διοτρέφης, -ους, ὁ	[1/1] 디오드레베, 디오트레페스 ▎요삼 9
*φιλοπρωτεύω	[1/1] 첫째 되기를 원하다, 책임맡기 좋아하는 ▎요삼 9
*φλυαρέω	[1/1] 비방하다, 험담하다 ▎요삼 10
μαρτυρέω	[4/76] 증언하다, 증명하다 ▎요삼 3
Δημήτριος, -ου, ὁ	[1/3] 데메드리오, 데메트리우스 ▎요삼 12
φίλος, -ου, ὁ	[2/29] 친구, 벗 ▎요삼 15
ἐθνικός, -ή, -όν	[1/4] 외국의, 이방의, 이방인 ▎요삼 7
κακοποιέω	[1/4] 잘못하다, 악을 행하다 ▎요삼 11
μιμέομαι	[1/4] 본받다, 흉내내다 ▎요삼 11
Γάϊος, -ου, ὁ	[1/5] 가이오 ▎요삼 1
ὑπολαμβάνω	[1/5] 생각하다, 추측하다, 믿다 ▎요삼 8
ἀξίως	[1/6] 합당하게, 어울리게 ▎요삼 6
μέλας, -αινα, -αν	[1/6] 검은, 먹, 잉크 ▎요삼 13
εὔχομαι	[1/7] 기도하다, 원하다, 간구하다 ▎요삼 2
ὑπομιμνῄσκω	[1/7] 되새기다, 생각나다 ▎요삼 10
ἀσπάζομαι	[2/59] 문안하다, 평안하기를 빌다, 안부를 묻다 ▎요삼 15
ἀρκέω	[1/8] 만족하다, 충분하다 ▎요삼 10

유다서

ἐλεάω	[2/4] 긍휼을 베풀다, 자비를 베풀다 ‖ 유 22	
τηρέω	[5/70] 지키다, 보전하다, 간직하다 ‖ 유 1	
ζόφος, -ου, ὁ	[2/5] 어둠, 암흑, 흑암 ‖ 유 6	
ἀσέβεια, -ας, ἡ	[2/6] 불경건, 불신앙 ‖ 유 15	
ἀσεβής, -ές	[2/8] 경건하지 못하게, 불경스럽게 ‖ 유 4	
*ἀποδιορίζω	[1/1] 분열을 일으키다, 나누다, 분리하다 ‖ 유 19	
*ἄπταιστος, -ον	[1/1] 넘어짐 없이, 실족하지 않도록 ‖ 유 24	
*γογγυστής, -οῦ, ὁ	[1/1] 원망하는 자, 불평자 ‖ 유 16	
*δεῖγμα, -τος, τό	[1/1] 거울, 보기, 모범 ‖ 유 7	
*ἐκπορνεύω	[1/1] 성적인 죄를 범하다 ‖ 유 7	
*ἐπαγωνίζομαι	[1/1] 싸우다, 투쟁하다 ‖ 유 3	
*ἐπαφρίζω	[1/1] 거품을 내다 ‖ 유 13	
*Κόρε, ὁ	[1/1] 고라 ‖ 유 11	
*μεμψίμοιρος, -ον	[1/1] 불평꾼 ‖ 유 16	
*παρεισδύω	[1/1] 가만히 들어오다, 몰래 침투하다 ‖ 유 4	
*πλανήτης, -ου, ὁ	[1/1] 떠돌이, 방랑자 ‖ 유 13	
*σπιλάς, -άδος, ἡ	[1/1] (바다의) 바위, 암초 ‖ 유 12	
*ὑπέχω	[1/1] (형벌을)겪다, 받다 ‖ 유 7	
*φθινοπωρινός, -ή, -όν	[1/1] 늦가을의 ‖ 유 12	
*φυσικῶς	[1/1] 자연적으로, 본능으로 ‖ 유 10	

요한계시록

θρόνος, -ου, ὁ	[47/62] 왕좌, 보좌 ‖ 계 1:4	
ἑπτά	[55/88] 일곱 ‖ 계 1:4	
θηρίον, -ου, τό	[39/46] 짐승, 맹수, 들짐승 ‖ 계 6:8	
ἀρνίον, -ου, τό	[29/30] 어린 양, 새끼 양 ‖ 계 5:6	
τέσσαρες	[29/41] 4(넷) ‖ 계 4:4	
ζῷον, -ου, τό	[20/23] 짐승, 생물 ‖ 계 4:6	
χιλιάς, -άδος, ἡ	[19/23] 천(1000) ‖ 계 5:11	
βιβλίον, -ου, τό	[23/34] 책, 두루마리 ‖ 계 1:11	

ἵππος, -ου, ὁ | [16/17] 말 ▮ 계 6:2
φυλή, -ῆς, ἡ | [21/31] 민족, 족속 ▮ 계 1:7
ἐνώπιον | [35/94] 앞에서, ~의 생각에 ▮ 계 1:4
*δράκων, -οντος, ὁ | [13/13] 용, 뱀 ▮ 계 12:3
χρυσοῦς, -ῆ, -οῦν | [15/18] 금, 금으로 된 ▮ 계 1:12
*φιάλη, -ης, ἡ | [12/12] 대접, 사발 ▮ 계 5:8
κάθημαι | [33/91] 앉다, 자리잡다, 주저앉다 ▮ 계 4:2
πληγή, -ῆς, ἡ | [16/22] 구타, 때림, 태형(笞刑) ▮ 계 9:18
καπνός, -οῦ, ὁ | [12/13] 연기, 향연(香煙) ▮ 계 8:4
σφραγίς, -ῖδος, ἡ | [13/16] 인장, 도장, 인침 ▮ 계 5:1
νικάω | [17/28] 이기다, 정복하다, 극복하다 ▮ 계 2:7
λευκός, -ή, -όν | [16/25] 하얀, 빛나는 ▮ 계 1:14
ὅμοιος, -α, -ον | [21/45] 같은, 비슷한 ▮ 계 1:13
προσκυνέω | [24/60] 경배하다, 절하다, 예배하다 ▮ 계 3:9
πῦρ, -ός, τό | [26/71] 불, 불꽃 ▮ 계 1:14
ἀνοίγω | [27/77] 열다, 열리다 ▮ 계 3:7
τρίτος, -η, -ον | [23/56] 셋째, 삼 일, 세 번째 ▮ 계 4:7
κέρας, -ατος, τό | [10/11] 뿔 ▮ 계 5:6
βροντή, -ους, ἡ | [10/12] 우레, 우렛소리, 천둥 ▮ 계 4:5
σαλπίζω | [10/12] 나팔 불다, 나팔 소리가 나다 ▮ 계 8:6
ἀστήρ, -έρος, ὁ | [14/24] 별 ▮ 계 1:16
παντοκράτωρ, -ορος, ὁ | [9/10] 전능한, 능력있는 ▮ 계 1:8
*μέτωπον, -ου, τό | [8/8] 앞면, 이마 ▮ 계 7:3
θάλασσα, -ης, ἡ | [26/91] 바다, 호수 ▮ 계 4:6
χίλιοι, -αι, -α | [9/11] 천(1000) ▮ 계 11:3
δώδεκα | [23/75] 열두 번째 ▮ 계 7:5
πυλών, -ῶνος, ὁ | [11/18] 입구, 문 ▮ 계 21:12
σφάζω | [8/10] 도살하다, 거칠게 죽이다 ▮ 계 5:6
περιβάλλω | [12/23] (옷)입다, 두르다 ▮ 계 3:5
στόμα, -τος, τό | [22/78] 입 ▮ 계 1:16
δρέπανον, -ου, τό | [7/8] 낫, 곡식 수확에 쓰는 칼 ▮ 계 14:14

ὀξύς, -εῖα, -ύ	[7/8] 빠른, 날카로운 ▮ 계 1:16
χάραγμα, -τος, τό	[7/8] 표, 낙인 ▮ 계 13:16
*βασανισμός, -οῦ, ὁ	[6/6] 고난, 고문, 고통 ▮ 계 9:5
πίπτω	[23/90] 넘어지다, 떨어지다, 엎드리다 ▮ 계 1:17
ναός, -οῦ, ὁ	[16/45] 성전, 성소 ▮ 계 3:12
ἀριθμός, -οῦ, ὁ	[10/18] 수, 합계 ▮ 계 5:11
θυμός, -ου, ὁ	[10/18] 화, 분노, 진노 ▮ 계 12:12
ἄβυσσος, -ου, ἡ	[7/9] 무저갱, 심연, 지옥 ▮ 계 9:1
ἥλιος, -ου, ὁ	[13/32] 태양, 해 ▮ 계 1:16
ἔτι	[22/93] 아직, 여전히, 그대로 ▮ 계 3:12
θεῖον, -ου, τό	[6/7] 유황 ▮ 계 9:17
πολεμέω	[6/7] 싸우다, 전쟁을 일으키다 ▮ 계 2:16
ῥομφαία, -ας, ἡ	[6/7] 크고 폭이 넓은 칼, 검 ▮ 계 1:16
*βύσσινος, -η, -ον	[5/5] 세마포의, 고운 아마포 ▮ 계 18:12
*οὐρά, -ᾶς, ἡ	[5/5] 꼬리 ▮ 계 9:10
*πέτομαι	[5/5] 날아가다 ▮ 계 4:7
ὅδε, ἥδε, τόδε	[7/10] 이것, 이런 것과 같은 ▮ 계 2:1
τέταρτος, -η, -ον	[7/10] 넷째, 나흘 ▮ 계 4:7
κεφαλή, -ῆς, ἡ	[19/75] 머리 ▮ 계 1:14
πόλεμος, -ου, ὁ	[9/18] 전쟁, 싸움 ▮ 계 9:7
γέμω	[7/11] 가득하다, 가득차다 ▮ 계 4:6
εἰκών, -όνος, ἡ	[10/23] 형상, 우상 ▮ 계 13:14
ἀδικέω	[11/28] 잘못하다, 해치다, 불의를 행하다 ▮ 계 2:11
σφραγίζω	[8/15] 인치다, 봉인하다, 확증하다 ▮ 계 7:3
ὕδωρ, ὕδατος, τό	[18/76] 물 ▮ 계 1:15
οὐαί	[14/46] 화로다, 아 슬프도다 ▮ 계 8:13
μετανοέω	[12/34] 회개하다, 마음을 고쳐 먹다 ▮ 계 2:5
λυχνία, -ας, ἡ	[7/12] 등경, 등잔대 ▮ 계 1:12
λέων, -οντος, ὁ	[6/9] 사자 ▮ 계 4:7
τεῖχος, -ους, τό	[6/9] 성벽, 성곽 ▮ 계 21:12
*ἁλληλουϊά	[4/4] 할렐루야 ▮ 계 19:1

*ἴασπις, -ιδος, ἡ	[4/4] 벽옥 ‖ 계 4:3
*πέμπτος, -η, -ον	[4/4] 다섯째, 5번째 ‖ 계 6:9
*χάλαζα, -ης, ἡ	[4/4] 우박 ‖ 계 8:7
δεύτερος, -α, -ον	[13/43] 둘째의, 두 번째의 ‖ 계 2:11
κατοικέω	[13/44] 살다, 거하다, 머물러 있다 ‖ 계 2:13
ποταμός, -οῦ, ὁ	[8/17] 강, 시내 ‖ 계 8:10
αἷμα, -τος, τό	[19/97] 피, 혈(육) ‖ 계 1:5
ἀληθινός, -ή, -όν	[10/28] 참된, 옳은, 진실한 ‖ 계 3:7
ᾠδή, -ῆς, ἡ	[5/7] 노래 ‖ 계 5:9
στέφανος, -ου, ὁ	[8/18] 관, 면류관 ‖ 계 2:10
σεισμός, -οῦ, ὁ	[7/14] 지진, 소동 ‖ 계 6:12
εἴκοσι	[6/11] 이십(20) ‖ 계 4:4
λίμνη, -ης, ἡ	[6/11] 호수, 못 ‖ 계 19:20
σάλπιγξ, -ιγγος, ἡ	[6/11] 나팔 ‖ 계 1:10
δέκα	[9/25] 열(10) ‖ 계 2:10
ἔμπορος, -ου, ὁ	[4/5] 상인, 장사꾼 ‖ 계 18:3
ληνός, -οῦ, ἡ	[4/5] 포도주 짜는 틀, 즙짜는 틀 ‖ 계 14:19
πένθος, -ους, τό	[4/5] 애통, 슬픔, 비탄 ‖ 계 18:7
σιδηροῦς, -ᾶ, -οῦν	[4/5] 쇠, 철 ‖ 계 2:27
σκηνόω	[4/5] 살다, 거주하다, 거하다 ‖ 계 7:15
πορνεύω	[5/8] 성적으로 부도덕한 일을 행하다, 음행하다 ‖ 계 2:14
ἀποκτείνω	[15/74] 죽이다 ‖ 계 2:13
ἐκχέω	[9/27] 쏟아지다, (피)흘리다 ‖ 계 16:1
Βαβυλών, -ῶνος, ἡ	[6/12] 바벨론 ‖ 계 14:8
*ἄλφα, τό	[3/3] 알파 ‖ 계 1:8
*βιβλαρίδιον, -ου, τό	[3/3] 작은 두루마리, 소책자 ‖ 계 10:2
*διάδημα, -τος, τό	[3/3] 왕관, 왕권의 상징 ‖ 계 12:3
*ζεστός, -ή, -όν	[3/3] 뜨거운 ‖ 계 3:15
*κεράννυμι	[3/3] 혼합하다, 섞다 ‖ 계 14:10
*κυκλόθεν	[3/3] 주위에, 사방에, 돌리다 ‖ 계 4:3
*μεσουράνημα, -τος, τό	[3/3] 하늘 꼭대기, 중천 ‖ 계 8:13

*ὄρνεον, -ου, τό	[3/3] 새 ‖ 계 18:2
*Σάρδεις, -εων, ἡ	[3/3] 사데, 사르디스 ‖ 계 1:11
*ὑάλινος, -η, -ον	[3/3] 유리로 된, 유리의 ‖ 계 4:6

제5부: 헬라어 단어 구성 원리(조어법)

제5부에서는 헬라어 단어 구성 원리를 살펴보고, 그에 따른 의미의 기본 단위, 의미소(意味素)에 따라 단어를 익힙니다. 조어법(造語法)이란 단어를 만드는 법이라는 뜻의 한자어로 영어처럼 헬라어도 접두어, 접미어, 어근을 익히면 단어를 훨씬 수월하게 학습할 수 있으며, 처음 만나는 단어의 경우도 의미를 대략 파악할 수 있는 경우가 많습니다. 특히 헬라어는 영어보다도 그 구성 요소를 살피기가 더 쉽습니다.

제1장
접미사

명사[*]

일반

-ος

θεός, -οῦ, ὁ	하나님, 신 [1317]
κύριος, -ου, ὁ	주인, 주님 [716]
ἄνθρωπος, -ου, ὁ	인간, 남 [550]
Χριστός, -οῦ, ὁ	그리스도, 메시아, 기름 부음 받은 자 [529]
υἱός, -οῦ, ὁ	아들 [377]

-α/η

ἡμέρα, -ας, ἡ	날/낮 [389]
γυνή, -αικός, ἡ	여인, 아내 [215]
δόξα, -ης, ἡ	영광 [166]
φωνή, -ῆς, ἡ	소리, 목소리 [139]

---

[*] 명사를 어미에 따라 그 의미를 분류하기가 쉬운 일은 아니다. 그리고 영역이 분리되지 않고 겹쳐지기도 한다. 그러나 대략적인 단어의 구성 원리와 의미를 알기 위하여 본 단원의 분류가 도움이 될 것이다. 따라서 자료에 따라 어미를 더 자세히 나열하는 경우도 있으나, 학습을 위해서는 크게 도움이 되지 않으므로 이 정도로 정리함을 밝혀 둔다. 또한 제시된 단어는 해당 분류의 빈도수 순으로 정리되었으나, 빈도수에 따라 모든 단어를 정리하지는 않고, 적절한 단어를 선택하였다.

ζωή, -ῆς, ἡ 생명 [135]

-ον

ἔργον, -ου, τό 일, 행위 [169]

τέκνον, -ου, τό 아이 [99]

πρόσωπον, -ου, τό 얼굴, 표면 [76]

σάββατον, -ου, τό 안식일 [68]

δαιμόνιον, -ου, τό 귀신, 마귀 [63]

행위자

-της

μαθητής, -οῦ, ὁ 제자 [261]

προφήτης, -ου, ὁ 예언자 [144]

στρατιώτης, -ου, ὁ 군인 [26]

ὑπηρέτης, -ου, ὁ 하인, 수행원 [20]

κριτής, -ου, ὁ 재판관 [19]

-τηρ

σωτήρ, -ῆρος, ὁ 구원자, 구주 [24]

* 가족을 나타내는 어미로 사용될 때도 있다.

πατήρ, πατρός, ὁ 아버지 [413]

μήτηρ, -τρος, ἡ 어머니 [83]

θυγάτηρ, -τρός, ἡ 딸 [28]

-ευς

ἀρχιερεύς, -έως, ὁ 대제사장 [122]

βασιλεύς, -έως, ὁ 왕 [115]

γραμματεύς, -έως, ὁ 서기관 [63]

ἱερεύς, -έως, ὁ 제사장 [31]

γονεύς, -έως, ὁ 부모 [20]

행위

-τις

πίστις, -εως, ἡ 믿음, 신앙, 신뢰 [243]

* 여성을 나타내는 어미로도 사용된다.

προφῆτις, -ιδος, ἡ　　여선지자 [2]

Σαμαρῖτις, -ιδος, ἡ　　사마리아 여인 [2]

πρεσβῦτις, -ιδος, ἡ　　나이든 여인, 노파, 할머니 [1]

-σις

κρίσις, -εως, ἡ　　심판 [47]

ἀνάστασις, -εως, ἡ　　부활, 다시 일어남 [42]

συνείδησις, -εως, ἡ　　인식, 자각 [30]

γνῶσις, -εως, ἡ　　지혜, 지식 [29]

παράκλησις, -εως, ἡ　　위로, 권면 [29]

-ια

ἁμαρτία, -ας, ἡ　　죄 [173]

βασιλεία, -ας, ἡ　　왕국 [162]

ἐπαγγελία, -ας, ἡ　　약속 [52]

σωτηρία, -ας, ἡ　　구원 [46]

ἐπιθυμία, -ας, ἡ　　강한 욕구, 열정, 욕심 [38]

행위의 결과

-μα

πνεῦμα, -τος, τό　　영, 성령 [379]

ὄνομα, -τος, τό　　이름 [229]

σῶμα, -τος, τό　　몸 [142]

αἷμα, -τος, τό　　피 [97]

στόμα, -τος, τό　　입 [78]

추상화/특성

-ια

καρδία, -ας, ἡ　　마음 [156]

οἰκία, -ας, ἡ　　집 [93]

σοφία, -ας, ἡ　　지혜 [51]

ἀδικία, -ας, ἡ　　불의 [25]

κοιλία, -ας, ἡ	배, 복부, 자궁 [22]

-σια

ἐκκλησία, -ας, ἡ	모임, 교회 [114]
ἐξουσία, -ας, ἡ	권세 [102]
παρρησία, -ας, ἡ	드러냄, 자신감 [31]
παρουσία, -ας, ἡ	임재, 오심 [24]
ἀκαθαρσία, -ας, ἡ	부정, 깨끗하지 못함 [10]

-συνη

δικαιοσύνη, -ης, ἡ	의, 옳바름 [92]
ἐλεημοσύνη, -ης, ἡ	구제금 [13]
ταπεινοφροσύνη, -ης, ἡ	비천함, 겸손 [7]
ἀγαθωσύνη, -ης, ἡ	선함, 좋음 [4]
ἀφροσύνη, -ης, ἡ	멍청함 [4]

-εια

ἀλήθεια, -ας, ἡ	진리 [109]
πορνεία, -ας, ἡ	음란 [25]
ἀπώλεια, -ας, ἡ	재난, 멸망 [18]
εὐσέβεια, -ας, ἡ	경건 [15]
ἀσέλγεια, -ας, ἡ	방종, 부도덕함 [10]

-οτης

χρηστότης, -ητος, ἡ	선함, 친절함 [10]
ἁπλότης, -ητος, ἡ	진실함, 솔직함 [8]
κυριότης, -ητος, ἡ	주인됨, 통치권, 권위 [4]
νεότης, -ητος, ἡ	젊음 [4]
γυμνότης, -ητος, ἡ	노출, 벌거벗음 [3]

지소(축소)

-ιον*

---

* 이 어미는 단순히 작다는 의미뿐 아니라 구체적인 내용을 나타낼 때도 있다.

σημεῖον, -ου, τό	표적 [77]
εὐαγγέλιον, -ου, τό	복음, 기쁜 소식 [76]
πλοῖον, -ου, τό	작은 배 [67]
βιβλίον, -ου, τό	책 [34]
ποτήριον, -ου, τό	컵 [31]

-ιδιον

παιδίον, -ου, τό	유아, 아이 [52]
βιβλαρίδιον, -ου, τό	작은 책 [3]
κλινίδιον, -ου, τό	간이 침대 [2]
πινακίδιον, -ου, τό	작은 서판 [1]

-ισκος

νεανίσκος, -ου, ὁ	청년, 젊은이 [11]

형용사·

일반

-ος

οὗτος, αὕτη, τοῦτο	이(가까운 곳 지시) [433]
ἅγιος, -α, -ον	거룩한; 성도(복수) [157]
ἐκεῖνος, -η, -ο	저(먼곳 지시) [148]
ὅλος, -η, -ον	전체, 전부, 온 [105]
καλός, -ή, -όν	좋은, 훌륭한, 아름다운 [89]

특성, 속성, 재료

- (ι)νος

ἀληθινός, -ή, -όν	참된 [23]

---

* 표시된 수는 빈도수이다. 헬라어의 품사 분류는 특히 명확한 구분이 어렵다. 명사화된 형용사는 과연 어느 품사로 분류해야 할지 결정하기 어렵다. 본 형용사 통계에서는 지시대명사라 분류될 수도 있는 지시 형용사도 포함했다.

γυμνός, -ή, -όν   벌거벗은 [14]
ἀνθρώπινος, -η, -ον   인간의 [6]
κόκκινος, -η, -ον   붉은, 진홍색의 [3]
λίθινος, -η, -ον   돌로 만든 [3]
σάρκινος, -η, -ον   육체의, 육신의 [3]
ὑάλινος, -η, -ον   유리, 수정으로 된 [3]

-ρος
νεκρός, -ά, -όν   죽은 [128]
ἕτερος, -α, -ον   다른 [98]
πονηρός, -ά, -όν   악한 [78]
ἱερός, -ά, -όν   거룩한, 구별된 [74]
μικρός, -ά, -όν   작은 [48]

-ης, -ες
πλήρης, -ες   충만한, 가득찬 [16]
αὐθάδης, -ες   고집센, 교만한 [2]

소속

-ικος
πνευματικός, -ή, -όν   영적인 [14]
ἄδικος, -ον   불의한, 부당한 [5]
σαρκικός, -ή, -όν   육체적인, 육신의 [5]
ψυχικός, -ή, -όν   자연적인, 세상적인 [5]
ἡλίκος, -η, -ον   얼마나 큰, 작은 [3]
φυσικός, -ή, -όν   자연적인, 자연에 따른 [3]

동사

일반

-ω
λέγω   말하다 [1327]

ἔχω	있다, 가지다 [705]
ποιέω	행하다, 만들다 [564]
ἀκούω	듣다 [429]
λαλέω	말하다 [295]
-ζω*	
σῴζω	구원하다, 구하다 [104]
βαπτίζω	세례주다 [74]
δοξάζω	영광 돌리다 [61]
κράζω	소리 지르다, 외치다 [54]
εὐαγγελίζω	좋은 소식을 알리다, 복음 전하다 [53]
καθίζω	앉다, 자리잡다 [48]
θαυμάζω	(깜짝) 놀라다, 기이하게 여기다. [44]
ἐγγίζω	가까이 오다. [41]
ἑτοιμάζω	준비하다 [40]
πειράζω	시험하다 [37]
ἐλπίζω	소망하다 [31]
καθαρίζω	깨끗하게 하다 [31]
ἀγοράζω	사다 [30]

부사

방법

-ως*	
οὕτω, οὕτως,	이렇게, 그러므로 [208]
εὐθέως	즉시 [36]
ὁμοίως	비슷하게, 유사하게 [30]
ὡσαύτως	만큼, 유사하게 [17]

---

* 이 어미로 끝나는 동사는 다른 품사의 단어에서 그렇게 만든다는 의미로 동사화된 경우가 많다.

περισσοτέρως   더욱 풍부하게 [12]*

출처

-θεν

πόθεν   어디에서? [29]

ἐκεῖθεν   거기에서, 그 곳에서, 거기로부터 [27]

μακρόθεν   멀찌기, 멀리 떨어져 [26]

κἀκεῖθεν   그리고 거기에서, 거기에서도 [20]

ἄνωθεν   위로부터, 다시, 거듭 [15]

언어

-ιστι

Ἑβραϊστί   히브리어 [7]

Ἑλληνιστί   헬라어 [2]

Λυκαονιστί   루가오니아어 [1]

Ῥωμαϊστί   라틴어 [1]

횟수

-κις

πολλάκις   자주, 여러 번 [18]

ἑπτάκις   70번 [6]

ποσάκις   얼마나 자주? 얼마나 여러 번? [3]

ἑβδομηκοντάκις   일곱 번 [1]

πεντάκις   다섯 번 [1]

---

* ως 어미는 가장 일반적인 부사 어미다. 형용사에서 이 어미로 바꾸어 부사를 만드는 경우가 많다.

제2장
접두사*

전치사**

ἀνα- (ἀν-) [위, 다시, 강조]

ἀνίστημι	일으키다, 일어서다 [110]
ἀναβαίνω	오르다, 올라 가다 [80]
ἀναγινώσκω	읽다 [32]
ἀναβλέπω	올려다 보다, 시력을 회복하다 [25]
ἀνάγω	데리고 오르다, 바다로 나가다, 항해하다(중간태) [22]
ἀναιρέω	치워 버리다, 없애다, 죽이다 [22]
ἀνακρίνω	조사하다 [16]
ἀναπαύω	기운을 차리다, 쉬다(중간태) [16]

---

*　자음 동화: 전치사 등이 동사 또는 기타 다른 품사와 연결되어 합성어를 만들 때, 합성되는 단어의 앞이 모음이면 탈락할 수 있고, 자음끼리 만날 경우에는 자음 동화된 현상이 일어난다. 거센 숨소리를 가진 모음이면 γ, κ이 χ으로 β, π이 φ으로 δ, τ가 θ로 바뀐다. 또한 ν이 입술소리 계열을 만날 때에 μ으로 바뀌거나 λ, γ앞에서 동일한 글자로 동화된다. 그리고　γ다음에 γ, κ, χ 등이 올 때에는 철자는 바뀌지 않더라도 같은 구개음 개통인 잉어, 붕어 할 때 받침의 발음인 우리말 고어의 꼭지 이응(ng) 발음을 해야한다.

**　전치사에서 유래된 접두어를 가지는 단어는 매우 다양하다. 하나가 아니라 여럿이 합쳐지는 경우도 있다. 품사도 다양하지만, 다른 품사도 동사에서 유래한 경우가 많으므로 예시 단어와 통계는 동사에 한정한다.

ἀνέχομαι,	견디다 [15]
ἀναγγέλλω	알리다, 보고하다 [14]

ἀντι- (ἀντ-, ἀνθ-) [반대하여, 대신에]

ἀνθίστημι	반대하다, 맞서다 [14]
ἀντιλέγω	반대하다, 반대하여 말하다 [9]
ἀντίκειμαι	(반대편에 눕다), 즉, 반대하다, 견디다 [8]
ἀντιτάσσομαι	맞써 싸우다, 저항하다 [5]
ἀντιλαμβάνομαι	돕다, 참여하다 [3]

ἀπο- (ἀπ-, ἀφ-) [분리, 강조]

ἀποκρίνομαι	대답하다 [231]
ἀφίημι	내버려두다, 허락하다, 용서하다 [145]
ἀποστέλλω	보내다 [132]
ἀπέρχομαι	떠나다, 가버리다 [121]
ἀποθνήσκω	죽다 [104]
ἀπόλλυμι	파괴하다; 멸망하다 (중간태) [89]
ἀποκτείνω	죽이다 [73]
ἀπολύω	놓아 주다, 풀어 주다 [66]
ἀποδίδωμι	갚아 주다, 지불하다; 팔다(중간태) [50]
ἀπαγγέλλω	알리다, 보고하다 [45]
ἀποκαλύπτω	드러내다, 계시하다 [23]

δια- (δι-) [강조, 구분]

διέρχομαι	지나가다 [42]
διακονέω	섬기다 [37]
διακρίνω	구분하다, 판단하다; 의심하다(중간태) [19]
διατάσσω	명령하다 [16]
διαλογίζομαι	논쟁하다 [15]
διαμαρτύρομαι	엄숙히 증언하다 [15]
διαλέγομαι	논쟁하다, 따지다 [13]
διαφέρω	구별하다 [13]
διαμερίζω	나누다, 분배하다 [10]

εἰς- [안으로, 안에]

εἰσέρχομαι	들어가다, 들어오다, 입장하다 [200]
εἰσπορεύομαι	들어가다 [17]
εἰσφέρω	안으로 옮기다, 가지고 들어오다 [12]
εἰσάγω	안으로 인도하다, 들이다 [10]
εἰσακούω	듣다, 경청하다 [5]

ἐκ- (ἐξ-) [밖으로, 기원, 강조]

ἐξέρχομαι	나오다, 나가다 [220]
ἐκβάλλω	쫓아 내다 [80]
ἐκπορεύομαι	나가다 [31]
ἐκχέω	쏟아 붓다 [27]
ἐκλέγω	뽑다, 선택하다 [22]
ἐξίστημι	놀라다 [17]
ἐκτείνω	뻗다, 펴다 [15]
ἐκπλήσσομαι	놀라다, 깜짝 놀라다 [13]
ἐξαποστέλλω	앞서 보내다 [13]
ἐξουθενέω	업신 여기다 [13]
ἐκκόπτω	자르다, 잘라 내다 [12]
ἐξάγω	데리고 나가다 [12]

ἐν- (ἐγ-, ἐμ-) [안에, 안으로]

ἐνδύω	입다, 걸치다 [28]
ἐνεργέω	일하다, 효력있다 [21]
ἐμβαίνω	배타다 [16]
ἐντέλλομαι	명령하다 [15]
ἐμπαίζω	비웃다 [13]
ἐμβλέπω	응시하다 [12]
ἐνδείκνυμι	내보이다, 제시하다 [11]
ἐγκαταλείπω	뒤에 남겨두다, 포기하다 [10]
ἐμφανίζω	드러내다, 명백하게 하다 [9]
ἐντρέπω	돌이키다, 경외하다, 존경하다 [9]
ἐγκακέω	상심하다 [8]

ἐπι- (ἐπ-, ἐφ-) [위치, 위, 구체성]

ἐπερωτάω   묻다, 질문하다, 요청하다 [56]

ἐπιγινώσκω   알게 되다, 인식하다 [44]

ἐπιτίθημι   ~에 두다 [39]

ἐπιστρέφω   ~로 돌이키다, 되돌아 가다 [36]

ἐπικαλέω   부르다, 이름하다, 항의하다 (중간태) [30]

ἐπιτιμάω   경고하다, 꾸짖다 [29]

ἐπιθυμέω   바라다, 욕심내다 [20]

ἐφίστημι   가까이 서 있다, 다가가다 [20]

ἐπαίρω   들어 올리다 [19]

ἐπιλαμβάνομαι   붙잡다 [19]

ἐπιβάλλω   ~에 두다 [18]

ἐπιτρέπω   ~을 허락하다, 용인하다 [18]

κατα- (κατ-, καθ-) [아래, 반대, 강조]

καταβαίνω   내려가다 [81]

καθίζω   앉다, 자리 잡다 [48]

κατοικέω   살다, 거주하다 [43]

καταργέω   무효로 하다, 취소하다 [27]

καταλείπω   남겨 두다 [23]

κατεργάζομαι   결과를 내다, 생산하다 [23]

κατηγορέω   고소하다 [23]

καθίστημι   설정하다, 구성하다, 담당하다 [21]

κατακρίνω   저주하다 [20]

μετα- (μετ-, μεθ-) [변화, 후에, 함께]

μετανοέω   회개하다, 마음 고쳐먹다 [34]

μεταβαίνω   떠나다, 자리를 옮기다 [12]

μεταπέμπομαι   뒤따르다, 호출하다 [9]

μεθερμηνεύω   번역하다, 해설하다 [8]

μετέχω   참석하다, 공유하다 [8]

μεταλαμβάνω   자기 몫을 받다, 나누다 [7]

μεταμέλομαι   후회하다, 뉘우치다 [6]

μετατίθημι   이동하다, 바꾸다 [6]

μεθίστημι	제거하다 옮기다 [5]
μεθύσκομαι	술 [5]
μεθύω	술취하다 [5]
μεταδίδωμι	나눠주다 [5]
μετασχηματίζω	변형시키다 [5]

παρα- (παρ-) [옆, 가까이, 빗나감]

παραδίδωμι	넘겨 주다, 배반하다 [114]
παρακαλέω	간청하다, 격려하다, 권면하다 [108]
παραλαμβάνω	받다, 취하다 [49]
παρίστημι	존재한다, 곁에 서있다 [41]
παραγίνομαι	오다, 도착하다 [37]
παραγγέλλω	명령 내리다, 지시하다 [32]
παρέρχομαι	지나가다, 지나치다, 도착하다 [29]
παρατίθημι	내놓다, 제시하다, 일을 맡기다(중간태) [19]
παρέχω	베풀다, 제공하다, 보이다 [16]
παραιτέομαι	양해하다, 사양하다 [12]
παράγω	지나가다 [10]

περι- [둘레, 주변]

περιπατέω	걷다, 행하다 [95]
περισσεύω	풍부하다, 부요하다, 더하다 [38]
περιβάλλω	두르다, 옷입다 [22]
περιτέμνω	할례하다 [17]
περιτίθημι	둘러 위치하다 [8]
περιβλέπομαι	둘러 보다 [7]
περιάγω	여기저기 데리고 다니다, 두루 다니다 [6]

προ- [(장소나 시간이) 앞서다]

προφητεύω	예언하다 [28]
προάγω	앞서 인도하다, 먼저 가다 [18]
προλέγω	미리 말하다 [12]
προέρχομαι	먼저 가다, 진행하다 [9]
προπέμπω	미리 보내다, 앞서 보내다 [9]

προΐστημι	다스리다, 진두 지휘하다 [8]
προκόπτω	자라다, 발전하다 [6]
προορίζω	미리 결정하다, 예정하다 [6]

προσ- [향하여, 가까이에]

προσέρχομαι	~에 이르다 [86]
προσεύχομαι	기도하다 [78]
προσκυνέω	경배하다 [64]
προσφέρω	바치다, 예물드리다 [47]
προσκαλέομαι	소환하다, 부르다 [29]
προσέχω	~에 참석하다, 주의를 기울이다 [24]
προστίθημι	더하다, 추가하다 [18]
προσδοκάω	기다리다, 찾다 [13]
προσδέχομαι	받다, 기다리다 [12]
προσλαμβάνομαι	끌어 당기다, 받다, 영접하다 [12]

συν- (συ-, συγ-, συλ-, συμ-) [함께, 더불어, 강조]

συνάγω	함께 모이다, 모으다 [56]
συνέρχομαι	함께 오다 [29]
συνίημι	이해하다 [26]
συλλαμβάνω	잡다, 파악하다, 임신하다 [16]
συνίστημι	추천하다, 함께 서다, 연합하다 [16]
συμφέρω	함께 가져오다, 적합하다 [15]
συνέχω	에워싸다, 지키다, 통제하다 [11]
συγκαλέω	함께 부르다 [8]
συλλέγω	모으다, 거두다 [8]

ὑπερ- [위, 이상]

ὑπερβάλλω	능가하다, 탁월하다 [5]
ὑπερέχω	~보다 낫다, 우세하다 [5]
ὑπεραίρομαι	자만하다, 스스로 높이다 [3]
ὑπερπερισσεύω	매우 풍성하다, 넘치다 [2]

ὑπο- [아래]

ὑπάγω	떠나다 [79]

ὑπάρχω	있다, 존재하다 [58]
ὑποτάσσω	복종시키다, 따르게 하다 [37]
ὑποστρέφω	돌아가다 [33]
ὑπακούω	순종하다 [21]
ὑπομένω	견디다, 참다 [17]
ὑπαντάω	만나다, 만나러 가다 [10]
ὑποδείκνυμι	보이다, 지시하다, 드러내다 [6]
ὑπομιμνήσκω	기억하다, 상기하다 [6]
ὑπολαμβάνω	생각하다, 추측하다, 받아들이다 [5]

기타

ἀ- (ἀν-) [아닌, 없는, 하나의]

ἀδικέω	잘못 하다, 그릇 행하다, 해를 끼치다 [32]
ἀγνοέω	알지 못하다, 인식하지 못하다 [21]
ἀθετέω	거절하다, 거부하다 [16]
ἀπειθέω	불신하다, 불순종하다 [14]
ἀπιστέω	불신하다, 믿음이 없다 [8]

εὐ- [좋은, 훌륭한]

εὐαγγέλιον, -ου, -ν	좋은 소식, 복음 [76]
εὐαγγελίζω	좋은 소식을 전하다, 복음을 선포하다 [54]
εὐλογέω	축복하다, 찬양하다 [41]
εὐχαριστέω	감사하다 [38]
εὐδοκέω	좋게 여기다, ~으로 기뻐하다 [21]
εὐλογία, -ας, ἡ	축복 [16]
εὐσέβεια, -ας, ἡ	경건 [15]
εὐχαριστία, -ας, ἡ	감사 [15]
εὐφραίνω	기뻐하다 [14]

δυσ- [어려운, 잘못된]

δυσκόλως	어렵게 [3]

δυσβάστακτος, -ον   견디기 어려운 [2]
δυσεντέριον, -ου, τό   이질, 설사 [1]
δυσερμήνευτος, -ον   설명하기 어려운 [1]
δυσνόητος, -ον   이해하기 어려운 [1]
δυσφημέω   중상하다, 모함하다 [1]
δυσφημία, -ας, ἡ   중상, 모함, 악의적인 보고 [1]

ὁμο- [동일한, 같은]

ὁμοίως,   동일하게, 비슷하게 [30]
ὁμολογέω   자백하다, 인정하다 [26]
ὁμοιόω   동일하게 만들다, 비교하다 [17]
ὁμοθυμαδόν   한 마음으로, 일치하여 [11]
ὁμοίωμα, -τος, τό   유사함, 형태, 겉모양 [6]
ὁμολογία, -ας, ἡ   고백, 자백 [6]
ὁμοῦ   함께 [4]
ὁμοιοπαθής, -ές   본질상 동일한 [2]
ὁμοιότης, -ητος, ἡ   유사성, 동일함 [2]

부록: 빈도수 2회 이상 단어

여기에서는 신약 성경에 2회 이상 나오는 단어를 모두 정리했습니다. 앞에 나오는 정리들과 함께 빠진 단어를 점검하는데 도움이 될 것입니다.

A α

Ἀαρών 아론
ἀββά 아빠
Ἄβελ 아벨
Ἀβιά 아비야
Ἀβιούδ 아비훗
Ἀβραάμ 아브라함
ἄβυσσος 무저갱
Ἄγαβος 아가보
ἀγαθοεργέω 선행하다
ἀγαθοποιέω 선대하다
ἀγαθός 선한
ἀγαθωσύνη 선함
ἀγαλλίασις 기쁨
ἀγαλλιάω 기뻐하다
ἄγαμος 미혼의
ἀγανακτέω 분히 여기다
ἀγαπάω 사랑하다
ἀγάπη 사랑
ἀγαπητός 사랑하는
Ἀγάρ 하갈
ἀγγαρεύω 징발
ἀγγελία 소식
ἄγγελος 사자
ἀγέλη (짐승의) 떼
ἁγιάζω 거룩하게 하다
ἁγιασμός 거룩함
ἅγιος 거룩한
ἁγιωσύνη 성결
ἄγκυρα 닻
ἄγναφος 새로운
ἁγνεία 정절
ἁγνίζω 성결하게 하다
ἀγνοέω 깨닫지 못하다
ἄγνοια 무지함
ἁγνός 깨끗한
ἁγνότης 깨끗함
ἀγνωσία 알지 못함
ἀγορά 장터
ἀγοράζω 사다
ἀγοραῖος 일반 대중
ἄγρα (고기)잡이
ἀγριέλαιος 야생 올리브 나무
ἄγριος 들에서 나는
Ἀγρίππας 아그립바
ἀγρός 들
ἀγρυπνέω 깨어있다
ἀγρυπνία 자지 못함

ἄγω 이끌다
ἀγών 싸움
ἀγωνίζομαι 힘쓰다
Ἀδάμ 아담
ἀδελφή 자매
ἀδελφός 형제
ἀδελφότης 형제된 이
ἄδηλος 구별되지 않는
ἀδημονέω 슬퍼하다
ᾅδης 음부
ἀδιάλειπτος 그치지않는
ἀδιαλείπτως 쉬지 않고
ἀδικέω 잘못하다
ἀδίκημα 옳지 못한 것
ἀδικία 불의
ἄδικος 올바르지 못한
ἀδόκιμος 실패한
ἀδυνατέω 못하다
ἀδύνατος 약한
ᾄδω 노래하다
ἀεί 항상
ἀετός 독수리
ἄζυμος 누룩없는
Ἀζώρ 아소르
ἀήρ 공중
ἀθανασία 죽지 아니함
ἀθέμιτος 위법의
ἄθεσμος 무법한
ἀθετέω 거절하다
ἀθέτησις 폐지
Ἀθῆναι 아덴
Ἀθηναῖος 아덴 사람의
ἀθλέω 경기하다
ἀθῷος 무죄한
αἰγιαλός 해변
Αἰγύπτιος 애굽의
Αἴγυπτος 애굽
Αἰθίοψ 에디오피아 사람
αἷμα 피
Αἰνέας 애니아
αἰνέω 찬송하다
αἶνος 찬양
αἱρέομαι 택하다
αἵρεσις 당파
αἴρω 치워버리다
αἰσχροκερδής 부정직한 소득을 탐하는
αἰσχρός 부끄러운
αἰσχύνη 부끄러움

αἰσχύνω 부끄럽다
αἰτέω 구하다
αἴτημα 요구
αἰτία 원인
αἴτιος 근거
αἰφνίδιος 뜻밖의
αἰχμαλωσία 사로잡힌자
αἰχμαλωτίζω 사로잡히다
αἰών 세대
αἰώνιος 영원한
ἀκαθαρσία 부정
ἀκάθαρτος 더러운
ἄκακος 순진한
ἄκανθα 가시나무
ἀκάνθινος 가시의
ἄκαρπος 결실하지못하는
ἀκατακάλυπτος 쓴 것 을 벗은
ἀκατάκριτος 죄를 정하 지 아니한
ἀκαταστασία 소요
ἀκατάστατος 불안한
ἀκέραιος 순결한
ἀκοή 소문
ἀκολουθέω 따르다
ἀκούω 듣다
ἀκρασία 방탕
ἀκριβόω 자세히 묻다
ἀκριβῶς 자세히
ἀκρίς 메뚜기
ἀκροατής 듣는 자
ἀκροβυστία 무할례
ἀκρογωνιαῖος 모퉁잇돌
ἄκρον 끝
Ἀκύλας 아굴라
ἀκυρόω 폐하다
ἀλάβαστρος 옥합
ἀλαζονεία 자랑
ἀλαζών 자랑하는 자
ἀλαλάζω 울부짖다
ἄλαλος 말 못하는
ἅλας 소금
ἀλείφω 기름을 붓다
ἀλέκτωρ 닭
Ἀλεξανδρεύς 알렉산드 리아 사람
Ἀλεξανδρῖνος 알렉산드 리아의
Ἀλέξανδρος 알렉산더

ἄλευρον 가루
ἀλήθεια 참
ἀληθεύω 참된 말을 하다
ἀληθής 참된
ἀληθινός 참된
ἀληθω 갈다
ἀληθῶς 정말로
ἁλιεύς 어부
ἁλίζω 짜게 하다
ἀλλά 그러나
ἀλλάσσω 고치다
ἀλληλουϊά 할렐루야
ἀλλήλων 서로
ἅλλομαι 뛰다
ἄλλος 다른
ἀλλότριος 다른 것에 속한
ἀλοάω 탈곡하다
ἄλογος 무리한
ἅλυσις 쇠사슬
ἄλφα 알파
Ἀλφαῖος 알패오
ἅλων 타작마당
ἀλώπηξ 여우
ἅμα 함께
ἁμαρτάνω 죄를 범하다
ἁμάρτημα 죄
ἁμαρτία 죄
ἁμαρτωλός 죄인
ἄμαχος 다투지 않는
ἀμελέω 돌아보지 않다
ἄμεμπτος 흠 없는
ἀμέμπτως 흠 없이
ἀμέριμνος 근심하지 않는
ἀμετάθετος 불변의
ἀμεταμέλητος 후회함이
  없는
ἄμετρος 분수 이상의
ἀμήν 진실로
ἀμίαντος 더럽지 않은
Ἀμιναδάβ 아미나답
ἄμμος 모래
ἀμνός 어린 양
ἄμπελος 포도
ἀμπελών 포도원
ἀμφιέννυμι 입히다
ἀμφότεροι 둘 다
ἄμωμος 흠없는
Ἀμώς 아모스
ἄν (번역 안됨)

ἀνά 위로
ἀναβαθμός 층대
ἀναβαίνω 올라가다
ἀναβλέπω 보다
ἀνάγαιον 다락방
ἀναγγέλλω 말하다
ἀναγεννάω 거듭나게
  하다
ἀναγινώσκω 읽다
ἀναγκάζω 재촉하다
ἀναγκαῖος 가까운
ἀνάγκη 필연
ἀνάγνωσις 읽기
ἀνάγω 이끌다
ἀναδείκνυμι 세우다
ἀναδέχομαι 영접하다
ἀναζάω 다시 살아나다
ἀναζητέω 찾다
ἀνάθεμα 맹세
ἀναθεματίζω 봉헌물;
  저주
ἀναθεωρέω 보다
ἀναιρέω 죽이다
ἀναίτιος 무고한
ἀνακαθίζω 일어나 앉다
ἀνακαινόω 다시 새로워
  지다
ἀνακαίνωσις 새롭게 함
ἀνακαλύπτω (너울을)
  벗기다
ἀνακάμπτω 되돌아오다
ἀνάκειμαι 앉다
ἀνακεφαλαιόω 간추리다
ἀνακλίνω 눕히다
ἀνακράζω 부르짖다
ἀνακρίνω 상세히 연구해
  보다
ἀνακύπτω 바로 서다
ἀναλαμβάνω 올려지다
ἀναλόω 파괴하다
ἀναλύω 돌아가다
ἀναμιμνήσκω 상기하다
ἀνάμνησις 기념
Ἀνανίας 아나니아
ἀνάπαυσις 쉼
ἀναπαύω 생기를 되찾다
ἀνάπειρος 장애가 있는
ἀναπέμπω 올려 보내다
ἀναπίπτω 기대어 앉다

ἀναπληρόω 가득 채우다
ἀναπολόγητος 변명의
  여지 없이
ἀνάπτω 불 피우다
ἀνασείω 휘젓다
ἀνασπάω 가까이 이끌다
ἀνάστασις 일으킴
ἀναστατόω 어지럽게
  하다
ἀναστρέφω 뒤엎다
ἀναστροφή 행동
ἀνατέλλω 떠오르다
ἀνατίθημι 언급하다
ἀνατολή 떠오름
ἀνατρέπω 뒤엎다
ἀνατρέφω 기르다
ἀναφαίνω 나타나다
ἀναφέρω 올라가다
ἀναχωρέω 물러나다
Ἀνδρέας 안드레
ἀνέγκλητος 책망할 것
  없는
ἀνεκτός 참을 만한
ἄνεμος 바람
ἀνεξιχνίαστος 파악할
  수 없는
ἀνεπίλημπτος 책망할
  것 없는
ἀνέρχομαι 오르다
ἄνεσις 자유
ἀνετάζω 심문하다
ἄνευ ~없이
ἀνευρίσκω (소재를) 찾다
ἀνέχομαι 견디다
ἀνήκω 마땅하다
ἀνήρ 남편
ἀνθίστημι 대적하다
ἄνθος 꽃
ἀνθρακιά 숯불
ἀνθρωπάρεσκος 사람
  을 기쁘게 하는 자
ἀνθρώπινος 사람
ἀνθρωποκτόνος 살인자
ἄνθρωπος 사람
ἀνθύπατος 총독
ἀνίημι 풀다
ἄνιπτος 씻지 않은
ἀνίστημι 일으켜 세우다
Ἄννας 안나스

ἀνόητος 미련한
ἄνοια 어리석음
ἀνοίγω 열다
ἀνοικοδομέω 다시 짓다
ἀνομία 불법
ἄνομος 불법적인
ἀνόμως 율법 없이
ἀνορθόω 다시 세우다
ἀνόσιος 거룩하지 않은
ἀνοχή 관용
ἀντάλλαγμα 교환물
ἀνταποδίδωμι 갚다
ἀνταπόδομα 갚음
ἀνταποκρίνομαι 대답
　하다
ἀντεῖπον 반박하다
ἀντέχω 헌신하다
ἀντί (속격) 대신에
ἀντίδικος 고발자
ἀντίκειμαι 반대하다
ἀντιλαμβάνω 돕다
ἀντιλέγω 반박하다
ἀντιλογία 논박
ἀντιμισθία 보상
Ἀντιόχεια 안디옥
ἀντιπαρέρχομαι 피하
　여 지나가다
ἀντιτάσσω 대적하다
ἀντίτυπος ~에 일치하는
ἀντίχριστος 적그리스도
ἀντλέω 뜨다
ἄνυδρος 물 없는
ἀνυπόκριτος 거짓이없는
ἀνυπότακτος 복종하지
　않는
ἄνω 아귀
ἄνωθεν 위로부터
ἀνώτερος 앞선
ἀνωφελής 쓸모없는
ἀξίνη 도끼
ἄξιος 합당한
ἀξιόω 가치있다 여기다
ἀξίως 합당하게
ἀόρατος 보이지 않는
ἀπαγγέλλω 보고하다
ἀπάγω 이끌어 내다
ἀπαίρω 치워버리다
ἀπαιτέω 다시 달라 하다
ἀπαλλάσσω 화해하다

ἀπαλλοτρίοω 멀어지다
ἀπαλός 연한
ἀπαντάω 만나다
ἀπάντησις 만남
ἅπαξ 한 번
ἀπαρνέομαι 부인하다
ἀπαρχή 첫 열매
ἅπας 모두
ἀπατάω 속이다
ἀπάτη 사기
ἀπείθεια 불순종
ἀπειθέω 불순종하다
ἀπειθής 불순종하는
ἀπειλέω 위협하다
ἀπειλή 위협
ἄπειμι 떠난
ἀπεκδέχομαι 고대하다
ἀπεκδύομαι 벗어버리다
ἀπέναντι 맞은편
ἀπέρχομαι 가버리다
ἀπέχω 멀다
ἀπιστέω 믿지 아니하다
ἀπιστία 믿지 아니함
ἄπιστος 믿음 없는
ἁπλότης 신실함
ἁπλοῦς 순결한
ἀπό ~로부터
ἀποβαίνω 나오다
ἀποβάλλω 내버리다
ἀποβολή 손상
ἀπογραφή 호구조사
ἀπογράφω 호적하다
ἀποδείκνυμι 구경거리로
　만들다
ἀποδεκατόω 십일조를
　드리다
ἀπόδεκτος 받을 만한
ἀποδέχομαι 환영하다
ἀποδημέω 떠나다
ἀποδίδωμι 갚다
ἀποδοκιμάζω 버리다
ἀποδοχή 받아들임
ἀπόθεσις 제거
ἀποθήκη 곳간
ἀποθνήσκω 죽다
ἀποκαθίστημι 회복하다
ἀποκαλύπτω 드러나다
ἀποκάλυψις 계시
ἀποκαραδοκία 간절한

　기대
ἀποκαταλλάσσω 화목
　하게 되다
ἀπόκειμαι 보관하다
ἀποκεφαλίζω 목을 베다
ἀποκόπτω 잘라 내다
ἀποκρίνομαι 대답하다
ἀπόκρισις 대답
ἀποκρύπτω 숨기다
ἀπόκρυφος 감추인
ἀποκτείνω 죽이다
ἀποκυέω 낳다
ἀποκυλίω 굴려내다
ἀπολαμβάνω 데리고
　가다
ἀπόλαυσις 누림
ἀπολείπω 두다
ἀπόλλυμι 파괴하다
Ἀπολλῶς 아볼로
ἀπολογέομαι 대답하다
ἀπολογία 변론
ἀπολούω 씻다
ἀπολύτρωσις 속량
ἀπολύω 풀어주다
ἀποπλανάω 미혹하다
ἀποπλέω 배타고 가다
ἀποπνίγω 기운을 막다
ἀπορέω 혼란스럽다
ἀποσπάω 뽑다
ἀποστασία 배반함
ἀποστάσιον 이혼증서
ἀποστέλλω 보내다
ἀποστερέω 속여 빼앗다
ἀποστολή 사도의 직무
ἀπόστολος 사도
ἀποστρέφω 돌이키다
ἀποσυνάγωγος 회당에
　서 쫓겨난
ἀποτάσσω 작별하다
ἀποτελέω 완성에 이르다
ἀποτίθημι 벗다
ἀποτινάσσω 떨어내다
ἀποτομία 준엄함
ἀποτόμως 엄하게
ἀποφέρω 끌고 가다
ἀποφεύγω 피하다
ἀποφθέγγομαι 담대히
　말하다
ἀποχωρέω 떠나가다

ἀποχωρίζω 갈라서다
ἀπρόσκοπος 거리낌이 없는
ἅπτω 대다
ἀπωθέω 밀쳐 내다
ἀπώλεια 낭비
ἄρα 그렇다면
ἄρα 그런즉
Ἀραβία 아라비아
Ἀράμ (이스라엘 사람) 아람
ἀργός 무익한
ἀργύριον 돈
ἄργυρος 은
ἀργυροῦς 은으로 만든
Ἄρειος 아레오바고
ἀρέσκω 기쁘게 하다
ἀρεστός 기쁘게 하는
ἀρετή 덕
ἀριθμέω 세다
ἀριθμός 수
Ἀριμαθαία 아리마대
Ἀρίσταρχος 아리스다고
ἀριστάω 식사를 하다
ἀριστερός 왼손의
ἄριστον 오찬
ἀρκετός 족한
ἀρκέω 만족하다
ἅρμα 수레
ἀρνέομαι 부인하다
ἀρνίον 어린 양
ἀροτριάω (밭을) 갈다
ἁρπαγή 강탈
ἁρπάζω 끌고가다
ἅρπαξ 탈취자
ἀρραβών 보증금
ἄρρωστος 병든
ἀρσενοκοίτης 남색하는 자
ἄρσην 남자
Ἄρτεμις 아데미
ἄρτι 지금
ἄρτος 빵
ἀρτύω (소금으로) 맛을 내다
ἀρχάγγελος 천사장
ἀρχαῖος 오랜
ἀρχή 처음
ἀρχηγός 창시자
ἀρχιερεύς 대제사장
Ἄρχιππος 아킵보

ἀρχισυνάγωγος 회당장
ἀρχιτρίκλινος 연회장
ἄρχω 시작하다
ἄρχων 통치자
ἄρωμα 향품
ἀσάλευτος 움직일수없는
Ἀσάφ 아삽
ἄσβεστος 꺼지지 않는
ἀσέβεια 불경건
ἀσεβέω 불경건하게 행동하다
ἀσεβής 경건하지 못하게
ἀσέλγεια 방종
Ἀσήρ 아셀
ἀσθένεια 연약함
ἀσθενέω 병들다
ἀσθενής 약한
Ἀσία 아시아
ἀσκός 가죽 부대
ἀσπάζομαι 문안하다
ἀσπασμός 인사
ἄσπιλος 흠 없는
ἀσσάριον 앗사리온
Ἄσσος 앗소
ἀστεῖος 아름다운
ἀστήρ 별
ἀστήρικτος 굳세지 못한
ἄστοργος 무정한
ἀστοχέω 벗어나다
ἀστραπή 번개
ἀστράπτω 번쩍이다
ἄστρον 별
ἀσύνετος 미련한
ἀσφάλεια 확실함
ἀσφαλής 확실한
ἀσφαλίζω 굳게 지키다
ἀσφαλῶς 단단히
ἀσχημονέω 합당하지 못하게 행동하다
ἀσχημοσύνη 부끄러운 행동
ἀσωτία 방탕
ἀτάκτως 무질서하게
ἄτεκνος 자식이 없는
ἀτενίζω 주목하다
ἄτερ ~없이
ἀτιμάζω 능욕하다
ἀτιμία 수치
ἄτιμος 존경받지 못하는

ἀτμίς 연기
ἄτοπος 어긋난
αὐθάδης 자기 맘대로 하는
αὐθαίρετος 자원하는
αὐλέω 피리 불다
αὐλή 관정
αὐλητής 피리 부는 자
αὐλίζομαι 밤을 지내다
αὐξάνω 자라다
αὔξησις 자람
αὔξω 자라다
αὔριον 내일
αὐστηρός 엄한
αὐτάρκεια 넉넉함
αὐτόματος 스스로
αὐτός (바로) 그
αὐτοῦ 여기
ἀφαιρέω 없애버리다 제거하다
ἀφανίζω 멸망하다
ἀφεδρών 화장실
ἄφεσις 용서
ἁφή 힘줄
ἀφθαρσία 썩지 아니함
ἄφθαρτος 썩지 아니하는
ἀφίημι 떠나다
ἀφιλάργυρος 돈을 사랑하지 아니하는
ἀφίστημι 떠나다
ἄφνω 홀연히
ἀφόβως 담대히
ἀφοράω 조사하다
ἀφορίζω 분리시키다
ἀφορμή 기회
ἀφρίζω (입에) 거품을 흘리다
ἀφροσύνη 우매함
ἄφρων 어리석은
ἄφωνος 조용한
Ἀχάζ 아하스
#N/A
ἀχάριστος 은혜를 모르는
ἀχειροποίητος 손으로 짓지 아니한
Ἀχίμ 아킴
ἀχρεῖος 무익한
ἄχρι ~까지
ἄχυρον 쭉정이
ἄψινθος 쑥

Β β

Βαβυλών 바벨론
βάθος 깊음
βαθύς 깊은
Βαλαάμ 발람
βαλλάντιον 전대
βάλλω 던지다
βαπτίζω 세례를 주다
βάπτισμα 세례
βαπτισμός 세례
βαπτιστής 세례자(요한)
βάπτω 빠뜨리다
Βαραββᾶς 바라바
βάρβαρος 원주민
βαρέω 내리누르다
βαρέως 무겁게
Βαρθολομαῖος 바돌로매
Βαρναβᾶς 바나바
βάρος 수고
Βαρσαββᾶς 바사바
βαρύς 무거운
βασανίζω 괴롭히다
βασανισμός 고난
βάσανος 고통
βασιλεία 나라
βασίλειος 왕궁
βασιλεύς 왕
βασιλεύω 왕으로 다스리다
βασιλικός 왕의
βασίλισσα 여왕
βαστάζω 들다
βάτος 가시덤불
βδέλυγμα 가증한 것
βδελύσσομαι 가증히 여기다
βέβαιος 견고한
βεβαιόω 견고하게 하다
βεβαίωσις 확정
βέβηλος 망령된
βεβηλόω 범하다
Βεελζεβούλ 바알세불
Βενιαμίν 베냐민
Βερνίκη 버니게
Βέροια 베뢰아
Βηθανία 베다니
Βηθλέεμ 베들레헴
Βηθσαϊδά 벳새다
Βηθφαγή 벳바게

βῆμα 재판 자리
βία 위력
βιάζω 침입하다
βιβλαρίδιον 작은 두루마리
βιβλίον 책
βίβλος 책
Βιθυνία 비두니아
βίος 생계
βιωτικός 일상
βλάπτω 해를 받다
βλαστάνω 소출을 내다
βλασφημέω 신성모독하다
βλασφημία 모독
βλάσφημος 모독하는
βλέπω 보다
βοάω 외치다
Βόες 보아스
βοήθεια 도움
βοηθέω 돕다
βόθυνος 구덩이
βολίζω 재다
βορρᾶς 북쪽
βόσκω 먹다
βουλευτής 공회원
βουλεύω 모의하다
βουλή 목적
βούλημα 의도
βούλομαι ~하고자 하다
βουνός 작은 산
βοῦς 소
βραβεῖον 상
βραδύνω 지체하다
βραδύς 느린
βραχίων 팔
βραχύς 짧은
βρέφος 아이
βρέχω 비를 내리다
βροντή 우레
βροχή 비
βρυγμός 이를 갊
βρῶμα 먹을 것
βρῶσις 먹는 것
βυθίζω 가라앉다
βυρσεύς 무두장이
βύσσινος 세마포의

Γ γ

Γαβριήλ 가브리엘
γαζοφυλάκιον 보물

Γάϊος 가이오
γάλα 젖
Γαλατία 갈라디아
Γαλατικός 갈라디아의
γαλήνη 잔잔함
Γαλιλαία 갈릴리
Γαλιλαῖος 갈릴리 사람
Γαλλίων 갈리오
Γαμαλιήλ 가말리엘
γαμέω 장가들다
γαμίζω 결혼시키다
γάμος 혼인
γάρ 왜냐하면
γαστήρ 자궁
γέ 그러나
γέεννα 지옥
Γεθσημανί 겟세마네(기름 골짜기라는 의미)
γείτων 친구
γελάω 웃다
γεμίζω (가득)채우다
γέμω 가득하다
γενεά 세대
γενεαλογία 족보
γενέσια 생일축하
γένεσις 계보
γένημα 열매
γεννάω 낳다
γέννημα 자식
Γεννησαρέτ 게네사렛
γεννητός 낳은
γένος 혈통
Γερασηνός 거라사에서 온
γεύομαι 맛보다
γεωργός 농부
γῆ 땅
γηράσκω 늙다
γίνομαι ~이다
γινώσκω 알다
γλυκύς 달콤한
γλῶσσα 혀
γλωσσόκομον 돈궤
γνήσιος 진실함
γνώμη 의견
γνωρίζω 알리다
γνῶσις 지식
γνωστός 아는
γογγύζω 원망하다
γογγυσμός 원망

Γολγοθᾶ 골고다
Γόμορρα 고모라
γόμος 짐
γονεύς 부모
γόνυ 무릎
γονυπετέω 꿇어 엎드리다
γράμμα 글
γραμματεύς 서기관
γραφή 성경
γράφω 쓰다
γρηγορέω 깨어 있다
γυμνάζω 연단하다
γυμνός 벗은
γυμνότης 적신
γυνή 여인
γωνία 어귀

Δ δ

δαιμονίζομαι 귀신들리다
δαιμόνιον 귀신
δάκρυον 눈물
δάκτυλος 손가락
δαμάζω 제어하다
Δαμασκός 다메섹
δανείζω 꾸어주다
δαπανάω 허비하다
Δαυίδ 다윗
δέ 그러나
δέησις 기도
δεῖ ~해야 한다
δειγματίζω 폭로하다
δείκνυμι 보이다
δεικνύω 지시하다
δειλός 무서워하는
δεινῶς 몹시
δειπνέω 먹다
δεῖπνον 연회
δέκα 열(10)
δεκαοκτώ 열여덟(18)
δεκαπέντε 열다섯(15)
Δεκάπολις 데가볼리
δεκατέσσαρες 열넷(14)
δέκατος (서수)열 번째
δεκατόω 십분의 일을 취하다
δεκτός 받을 만한
δελεάζω 유인하다
δένδρον 나무
δεξιός 오른손의
δέομαι 청하다

Δέρβη 더베
δερμάτινος 가죽의
δέρω 때리다
δεσμεύω 묶다
δέσμιος 죄수
δεσμός 속박
δεσμοφύλαξ 간수
δεσμωτήριον 감옥
δεσμώτης 죄수
δεσπότης 주인
δεῦρο 오라
δεῦτε 오라
δεύτερος 둘째의
δέχομαι 영접하다
δέω 결박하다
δή 그러므로
δῆλος 명백한
δηλόω 드러낸다
Δημᾶς 데마
Δημήτριος 데메드리오
δῆμος 백성
δημόσιος 공개적인
δηνάριον 데나리온
διά (속)통하여 대)때문에
διαβαίνω 건너가다
διαβεβαιόομαι ~에 대해 주장하다
διαβλέπω 밝히 보다
διάβολος 마귀
διαγγέλλω 전파하다
διαγίνομαι 지나가다
διαγινώσκω 판결하다
διαγογγύζω 수군거리다
διάγω 생활하다
διάδημα 왕관
διαδίδωμι 나누다
διαζώννυμι 두르다
διαθήκη 언약
διαίρεσις 다양성
διαιρέω 나누다
διακονέω 수종들다
διακονία 섬김
διάκονος 하인
διακόσιοι 이백(200)
διακρίνω 분별하다
διάκρισις 비판
διαλαλέω 논의하다
διαλέγομαι 대화하다
διάλεκτος 말

διαλογίζομαι 논의하다
διαλογισμός 논쟁
διαμαρτύρομαι 증언하다
διαμένω 머무르다
διαμερίζω 나누다
διάνοια 생각
διανοίγω 열다
διαπεράω 건너가다
διαπονέομαι 싫어하다
διαπορεύομαι 지나가다
διαπορέω 심히 당황하다
διαπρίω 격분하다
διαρήσσω 찢다
διαρπάζω 약탈하다
διασαφέω 설명하다
διασκορπίζω 뿌리다
διασπάω 깨뜨리다
διασπείρω 흩어 놓다
διασπορά 흩어짐
διαστέλλω 지시하다
διαστολή 차별
διαστρέφω 왜곡하다
διασῴζω 구하다
διαταγή 명령
διατάσσω 처리하다
διατηρέω 마음에 두다
διατίθημι 맡기다
διατρίβω 시간 보내다
διαφέρω (가치가) 더 귀하다; 가지고 지나가다
διαφημίζω 전파하다
διαφθείρω 망치다
διαφθορά 썩음
διάφορος 다른
διαχειρίζω 죽이다
διδακτικός 가르치기를 잘하는
διδακτός 가르침 받은
διδασκαλία 교훈
διδάσκαλος 선생님
διδάσκω 가르치다
διδαχή 가르치심
δίδραχμον 2 드라크마
Δίδυμος 디두모
δίδωμι 주다
διεγείρω 깨우다
διερμηνεύω 설명하다
διέρχομαι 다니다
διετία 2년 기한의

διηγέομαι 알리다
διηνεκής 항상
διϊσχυρίζομαι 장담하다
δίκαιος 의로운
δικαιοσύνη 의
δικαιόω 의롭다고 하다
δικαίωμα 요구조건
δικαίως 의롭게
δικαίωσις 의롭다 함
δικαστής 재판관
δίκη 정의
δίκτυον 그물
διό 그러므로
διοδεύω 지나가다
διόπερ 그러므로
διορύσσω 구멍을 뚫다
διότι 그러므로
διπλοῦς 두 배로
δίς 두 번
διστάζω 의심하다
δίστομος 양날
διχοστασία 분열
διχοτομέω 두 동강을 내다
διψάω 목마르다
δίψυχος 두 마음을 품은
διωγμός 박해
διώκω 박해하다
δόγμα 칙령
δοκέω 생각하다
δοκιμάζω 조사하다
δοκιμή 증명
δοκίμιον 시험을 겪는
δόκιμος 인정받은
δοκός 대들보
δόλος 속임
δόμα 선물
δόξα 영광
δοξάζω 영광 돌리다
Δορκάς 도르가
δόσις 줌
δουλεία 노예됨
δουλεύω 종이 되다
δούλη 여종
δοῦλος 종
δουλόω 노예삼다
δοχή 잔치
δράκων 용
δραχμή 드라크마
δρέπανον 낫

δρόμος 길
δύναμαι 할 수 있다
δύναμις 힘
δυναμόω 할 수 있게 하다
δυνάστης 주권자
δυνατέω 강하다
δυνατός 힘있는
δύνω 해가 지다
δύο 둘
δυσβάστακτος 견디기 힘든
δυσκόλως 어렵게
δυσμή 서쪽
δώδεκα 열 두 번째
δῶμα 지붕
δωρεά 선물
δωρεάν 거저
δωρέομαι 주다
δώρημα 선물
δῶρον 선물

Ε ε
ἐάν 만일
ἐάνπερ 만일 ~하면
ἑαυτοῦ 그 자신
ἐάω ~하게 하다
ἑβδομήκοντα 칠십
ἕβδομος 일곱 번째
Ἑβραῖος 히브리인
Ἑβραϊστί 히브리어로
ἐγγίζω 가깝다
ἐγγράφω 쓰다
ἐγγύς 가까이
ἐγείρω 일어나다
ἐγκαινίζω 세우다
ἐγκακέω 낙심하다
ἐγκαλέω 고소하다
ἐγκαταλείπω 남기다
ἐγκεντρίζω 접붙이다
ἔγκλημα 고소
ἐγκόπτω 지체하다
ἐγκράτεια 절제
ἐγκρατεύομαι 절제하다
ἐγκρύπτω 집어 넣다
ἐγώ 나
ἑδραῖος 굳건한
Ἐζεκίας 히스기야
ἐθνικός 외국의
ἔθνος 이방인
ἔθος 관습

εἰ 만일
εἶδον 보다
εἶδος 용모
εἰδωλόθυτος 우상의 제물
εἰδωλολάτρης 우상 숭배자
εἰδωλολατρία 우상 숭배
εἴδωλον 우상
εἰκῇ 헛되이
εἴκοσι 이십(20)
εἰκών 형상
εἰλικρίνεια 진실함
εἰλικρινής 순수한
εἰμί ~이다
εἴπερ ~도
εἶπον 말하다
εἰρηνεύω 화목하다
εἰρήνη 평화
εἰρηνικός 평화로운
εἰς ~안으로
εἷς 하나(1)
εἰσάγω 끌어들이다
εἰσακούω 듣다
εἴσειμι 들어가다
εἰσέρχομαι 들어가다
εἴσοδος 들어감
εἰσπορεύομαι 들어가다
εἰσφέρω 가지고 들어오다
εἶτα 따라서
εἴτε 또는
εἴωθα 관례로 ~을 한다
ἐκ ~에서
ἕκαστος 각각
ἑκατόν 백(100)
ἑκατονταπλασίων 백 배
ἑκατοντάρχης 백부장
ἐκβάλλω 내쫓다
ἔκβασις 출구
ἐκδέχομαι 기대하다
ἐκδημέω 따로 있다
ἐκδίδωμι세를 위해 내주다
ἐκδιηγέομαι 자세히 말하다
ἐκδικέω 정의를 실현하다
ἐκδίκησις 원한을 풀어줌
ἔκδικος 보응하는
ἐκδύω 벗어 버리다
ἐκεῖ 그곳에서
ἐκεῖθεν 그곳으로부터

ἐκεῖνος 저것
ἐκεῖσε 그것에
ἐκζητέω 추구하다
ἐκθαμβέω 혼비백산하다
ἐκκαθαίρω 깨끗이 하다
ἐκκεντέω 꿰뚫다
ἐκκλάω 꺾어내다
ἐκκλείω 막다
ἐκκλησία 회중
ἐκκλίνω 이탈하다
ἐκκόπτω 잘라내다
ἐκλέγομαι 선택하다
ἐκλείπω 실패하다
ἐκλεκτός 선택된
ἐκλογή 선택
ἐκλύω 지치다
ἐκμάσσω 닦다
ἐκμυκτηρίζω 조롱하다
ἑκουσίως 기꺼이
ἔκπαλαι 오랫동안
ἐκπειράζω 시험에 빠뜨
  리다
ἐκπέμπω 내보내다
ἐκπίπτω ~로부터 떨어지다
ἐκπλέω 항해하다
ἐκπλήσσω 깜짝 놀라다
ἐκπνέω 숨지다
ἐκπορεύομαι 나가다
ἐκριζόω 뿌리뽑다
ἔκστασις 경악
ἐκτείνω 뻗치다
ἐκτελέω 끝마치다
ἐκτενῶς 열심히
ἐκτίθημι 드러내다
ἐκτινάσσω 털다
ἐκτός 외부
ἕκτος 여섯째
ἐκτρέπω 돌리다
ἐκτρέφω 영양을 공급하다
ἐκφέρω 내오다
ἐκφεύγω 달아나다
ἔκφοβος 공포에 떠는
ἐκφύω 돋아나다
ἐκχέω 쏟아지다
ἐκψύχω 마지막 숨을 쉬다
ἑκών 기꺼이
ἐλαία 올리브 나무나 열매
ἔλαιον 올리브 기름
ἐλάσσων 낮은

ἐλαττόω 쇠하다
ἐλαύνω 몰다
ἐλαφρός 가벼운
ἐλάχιστος 지극히 작은
Ἐλεάζαρ 엘르아살
ἐλεάω 긍휼을 베풀다
ἐλέγχω 드러내다
ἐλεεινός 측은한
ἐλεέω 긍휼히 여기다
ἐλεημοσύνη 구호품
ἐλεήμων 자비로운
ἔλεος 긍휼
ἐλευθερία 자유
ἐλεύθερος 자유로운
ἐλευθερόω 자유롭게 하다
Ἐλιακίμ 엘리야김
Ἐλιούδ 엘리웃
Ἐλισάβετ 엘리사벳
ἑλίσσω 말아올리다
ἕλκος 상처
ἑλκύω 끌다
ἕλκω 끌다
Ἕλλην 헬라인
Ἑλληνίς 헬라 여인
Ἑλληνιστής 헬라파 사람
Ἑλληνιστί 헬라어로
ἐλλογέω 외상거래를 하다
ἐλπίζω 기대하다
ἐλπίς 소망
ἐμαυτοῦ 나 자신
ἐμβαίνω 오르다
ἐμβάπτω 담그다
ἐμβλέπω 관찰하다
ἐμβριμάομαι 비통히 여
  기다
ἐμμένω 머무르다
ἐμός 나의
ἐμπαίζω 조롱하다
ἐμπαίκτης 조롱하는 자
ἐμπίπλημι 채우다
ἐμπίπτω 떨어지다
ἐμπλέκω 관계되다
ἐμπορεύομαι 장사하다
ἔμπορος 상인
ἔμπροσθεν 앞에
ἐμπτύω 침뱉다
ἐμφανής 분명한
ἐμφανίζω 보이게 하다
ἔμφοβος 무서워하는

ἐν ~안에
ἐναγκαλίζομαι 팔에 안다
ἔναντι 전에
ἐναντίον 앞에
ἐναντίος 반대의
ἐνάρχομαι 시작하다
ἔνατος 아홉 번째
ἐνδείκνυμι 보이다
ἔνδειξις 표
ἕνδεκα 열하나(11)
ἑνδέκατος 열한 번째
ἐνδημέω 거주하다
ἐνδιδύσκω 옷 입히다
ἔνδικος 올바른
ἐνδοξάζομαι 영광을 받다
ἔνδοξος 존경받는
ἔνδυμα 외투
ἐνδυναμόω 강하게 하다
ἐνδύω 입다
ἐνέδρα 음모
ἐνεδρεύω 노리다
ἕνεκα ~때문에
ἐνέργεια 사역
ἐνεργέω 활동하다
ἐνέργημα 효과
ἐνεργής 유효한
ἐνευλογέω 축복하다
ἐνέχω 악의를 품다
ἐνθάδε 여기로
ἔνθεν 여기서부터
ἐνθυμέομαι 반성하다
ἐνθύμησις 생각
ἔνι ~이 있다
ἐνιαυτός 해
ἐνίστημι 이르다
ἐνισχύω 기운차리다
ἐννέα 아홉(9)
ἔννοια 생각
ἔννομος 합법적인
ἐνοικέω 거하다
ἑνότης 연합
ἐνοχλέω 괴롭히다
ἔνοχος 책임 있는
ἔνταλμα 계명
ἐνταφιάζω 매장 준비하다
ἐνταφιασμός 장례 준비
ἐντέλλω 명령하다
ἐντεῦθεν 여기서부터
ἔντευξις 간구

ἔντιμος 존경받는
ἐντολή 계명
ἐντός 안에
ἐντρέπω 존중하다
ἔντρομος 무서워하는
ἐντροπή 수치
ἐντυγχάνω 호소하다
ἐντυλίσσω 감싸다
ἐνυπνιάζομαι 꿈꾸다
ἐνώπιον 앞에서
Ἐνώχ 에녹
ἕξ 여섯(6)
ἐξαγγέλλω 선포하다
ἐξαγοράζω 구하다
ἐξάγω 인도해 내다
ἐξαιρέω 빼내다
ἐξαίφνης 갑자기
ἐξακολουθέω 따르다
ἐξακόσιοι 육백(600)
ἐξαλείφω 지워버리다
ἐξανατέλλω 싹이 돋아
  나다
ἐξανίστημι 깨우다
ἐξαπατάω 속이다
ἐξαπορέω 매우 당황하다
ἐξαποστέλλω 내보내다
ἐξαρτίζω 다 갖추다
ἐξαυτῆς 곧
ἐξεγείρω 깨우다
ἔξειμι 나가다
ἐξέρχομαι 나가다
ἔξεστιν 권한을 얻다
ἐξετάζω 조사하다
ἐξηγέομαι 묘사하다
ἐξήκοντα 육십(60)
ἑξῆς 그 후에
ἐξίστημι 놀라게 하다
ἔξοδος 탈출
ἐξομολογέω 고백하다
ἐξορύσσω 파내다
ἐξουθενέω 멸시하다
ἐξουσία 권한
ἐξουσιάζω ~에 대한 권한
  을 발휘하다
ἔξω 밖으로
ἔξωθεν 외부
ἐξωθέω 쫓아내다
ἐξώτερος 가장 멀리 떨
  어진

ἔοικα 마치 ~처럼
ἑορτή 명절
ἐπαγγελία 서약
ἐπαγγέλλομαι 약속하다
ἐπάγγελμα 약속
ἐπάγω 가져오다
ἐπαινέω 찬양하다
ἔπαινος 찬양
ἐπαίρω 들어 올리다
ἐπαισχύνομαι 부끄러워
  하다
ἐπαιτέω 구걸하다
ἐπακολουθέω 따르다
ἐπάν ~때
ἐπανάγω (바다로) 나가다
ἐπαναπαύομαι 쉬다
ἐπανέρχομαι 돌아오다
ἐπανίστημι 대적하다
ἐπάνω 위에
ἐπαρκέω 구제하다
ἐπαρχεία 도
ἐπαύριον 내일
Ἐπαφρᾶς 에바브라
Ἐπαφρόδιτος 에바브로
  디도
ἐπεγείρω 선동하다
ἐπεί ~때
ἐπειδή ~때
ἐπεῖδον 돌보다
ἔπειμι 다가오는
ἔπειτα 그 후
ἐπενδύομαι 덧입다
ἐπέρχομαι 오다
ἐπερωτάω 간구하다
ἐπέχω 굳게 잡다
ἐπηρεάζω 협박하다
ἐπί ~위에
ἐπιβαίνω 오르다
ἐπιβάλλω 두다
ἐπιβαρέω 짐지우다
ἐπιβιβάζω ~에 올려 놓다
ἐπιβλέπω 응시하다
ἐπίβλημα 헝겊 조각
ἐπιβουλή 음모
ἐπίγειος 땅에 속한
ἐπιγινώσκω 알다
ἐπίγνωσις 지식
ἐπιγραφή 글
ἐπιγράφω 써넣다

ἐπιδείκνυμι 보이다
ἐπιδέχομαι 영접하다
ἐπιδημέω 마을에 방문하다
ἐπιδίδωμι 주다
ἐπιείκεια 너그러움
ἐπιεικής 순한
ἐπιζητέω ~을 탐색하다
ἐπίθεσις 얹음
ἐπιθυμέω 열망하다
ἐπιθυμία 욕심
ἐπικαλέω 부르다
ἐπικατάρατος 저주받은
ἐπίκειμαι 몰려오다
ἐπιλαμβάνομαι 잡다
ἐπιλανθάνομαι 소홀히
  하다
ἐπιλέγω 부르다
ἐπιλύω 설명하다
ἐπιμελέομαι 돌보다
ἐπιμένω 머물다
ἐπιούσιος 생존을 위한
ἐπιπίπτω ~위에 떨어지다
ἐπιποθέω 그리워하다
ἐπιπόθησις 그리워함
ἐπιρίπτω 걸치다
ἐπίσημος 저명한
ἐπισκέπτομαι 찾다
ἐπισκιάζω 그늘지게 하다
ἐπισκοπέω 주의하다
ἐπισκοπή 방문
ἐπίσκοπος 감독
ἐπίσταμαι 이해하다
ἐπίστασις 압박
ἐπιστάτης 선생
ἐπιστέλλω 편지로 알리다
ἐπιστηρίζω 힘있게 하다
ἐπιστολή 공문
ἐπιστρέφω 돌이키다
ἐπισυνάγω 함께 모으다
ἐπισυναγωγή 모임
ἐπιταγή 명령
ἐπιτάσσω 명령하다
ἐπιτελέω 끝내다
ἐπιτίθημι ~위에 두다
ἐπιτιμάω 책망하다
ἐπιτρέπω 허락하다
ἐπίτροπος 지배인
ἐπιτυγχάνω 얻다
ἐπιφαίνω 보이다

ἐπιφάνεια 나타남
ἐπιφέρω 내리다
ἐπιφωνέω 소리 지르다
ἐπιφώσκω 날이 새다
ἐπιχειρέω 시도하다
ἐπιχορηγέω 공급하다
ἐπιχορηγία 유래
ἐπιχρίω (마구) 바르다
ἐποικοδομέω ~위에 세
   우다
ἐποπτεύω 감시하다
ἐπουράνιος 하늘의
ἑπτά 일곱
ἑπτάκις 일곱 번
Ἔραστος 에라스도
ἐραυνάω 찾다
ἐργάζομαι 일하다
ἐργασία 실행
ἐργάτης 일꾼
ἔργον 행위
ἐρεθίζω 성가시게 하다
ἐρημία 사막
ἔρημος 한적한 곳
ἐρημόω 황폐하게 하다
ἐρήμωσις 황폐
ἐριθεία 다툼
ἔριον 양털
ἔρις 분쟁
ἔριφος 새끼 염소
ἑρμηνεία 해석
ἑρμηνεύω 설명하다
Ἑρμῆς 헤르메스
ἑρπετόν 파충류
ἐρυθρός 붉은
ἔρχομαι 가다
ἐρωτάω 청하다
ἐσθής 의복
ἐσθίω 먹다
ἔσοπτρον 거울
ἑσπέρα 저녁
Ἑσρώμ 헤스론
ἔσχατος 마지막
ἔσω 안에
ἔσωθεν 속에서
ἐσώτερος 안쪽
ἑταῖρος 동료
ἑτεροδιδασκαλέω 다
   른 교훈을 가르치다
ἕτερος 다른

ἔτι 아직
ἑτοιμάζω 준비하다
ἕτοιμος 갖춘
ἑτοίμως 손쉽게
ἔτος 해
εὖ 잘
Εὕα 하와
εὐαγγελίζω 복음을 선포
   하다
εὐαγγέλιον 좋은 소식
εὐαγγελιστής 전도자
εὐαρεστέω 기쁘게 하다
εὐάρεστος 기쁘게 하는
εὐγενής 집안이 좋은
εὐδοκέω 기뻐하다
εὐδοκία 결심
εὐεργεσία 선행
εὔθετος 알맞은
εὐθέως 즉시
εὐθυδρομέω 직행하다
εὐθυμέω 안심하다
εὐθύνω 바르게 하다
εὐθύς 즉시
εὐκαιρέω 휴식을 취하다
εὐκαιρία 좋은 기회
εὔκαιρος 기회가 좋은
εὐκαίρως 알맞게
εὔκοπος 쉬운
εὐλάβεια 하나님을 두려
   워함
εὐλαβής 경건한
εὐλογέω 축복하다
εὐλογητός 찬송 받을
εὐλογία 축복
εὐνουχίζω 거세하다
εὐνοῦχος 거세당한 사람
εὐοδόω 번창하다
εὐπρόσδεκτος 받을 만한
εὑρίσκω 찾다
εὐσέβεια 경건함
εὐσεβέω 경배하다
εὐσεβής 경건한
εὐσεβῶς 경건하게
εὔσπλαγχνος 자비로운
εὐσχημόνως 단정하게
εὐσχήμων 훌륭한
εὐτόνως 격렬하게
εὐφραίνω 즐거워하다
Εὐφράτης 유브라데

εὐφροσύνη 기쁨
εὐχαριστέω 감사하다
εὐχαριστία 감사
εὐχή 맹세
εὔχομαι 기도하다
εὔχρηστος 유용한
εὐωδία 향수
εὐώνυμος 왼쪽
ἐφάπαξ 한번에
Ἐφέσιος 에베소 사람
Ἔφεσος 에베소
ἐφημερία (제사장의) 분
   임조
ἐφικνέομαι 오다
ἐφίστημι 다가가다
ἐχθές 어제
ἔχθρα 적의
ἐχθρός 적대적인
ἔχιδνα 독사
ἔχω 가지다
ἕως ~까지

Ζ ζ

Ζαβουλών 스불론
Ζακχαῖος 삭개오
Ζαχαρίας 사가랴
ζάω 살다
Ζεβεδαῖος 세베대
ζεστός 뜨거운
ζεῦγος 쌍
Ζεύς 제우스
ζέω 부글거리다
ζῆλος 열심
ζηλόω 질투하다
ζηλωτής 열심이 있는 자
ζημία 손해
ζημιόω 잃다
ζητέω 찾다
ζήτημα 문제
ζήτησις 논쟁
ζιζάνιον 가라지
Ζοροβαβέλ 스룹바벨
ζόφος 어둠
ζυγός 멍에
ζύμη 누룩
ζυμόω 발효시키다
ζωγρέω 생포하다
ζωή 생명
ζώνη 전대
ζώννυμι 묶다

ζωογονέω 생명을 유지
하다
ζῷον 짐승
ζωοποιέω 생명을 주다

Η η
ἤ 또는
ἡγεμονεύω 통치하다
ἡγεμών 통치자
ἡγέομαι 지도하다
ἡδέως 기쁘게
ἤδη 이제
ἡδονή 기쁨
ἡδύοσμον 박하
ἥκω 이르렀다
ἠλί 엘리
Ἡλίας 엘리야
ἡλικία 성숙함
ἡλίκος 얼마나 큰
ἥλιος 태양
ἧλος 못
ἡμέρα 낮
ἡμέτερος 우리의
ἥμισυς 절반
ἡνίκα ~때
Ἡρῴδης 헤롯
Ἡρῳδιανοί 헤롯 당원들
Ἡρῳδιάς 헤로디아
Ἡσαΐας 이사야
Ἡσαῦ 에서
ἥσσων ~보다 못한
ἡσυχάζω 조용히 하다
ἡσυχία 조용함
ἡσύχιος 조용한
ἡττάομαι 패배하다
ἥττημα 손실
ἦχος 소리

Θ θ
Θαδδαῖος 다대오. 타다
이우스
θάλασσα 바다
θάλπω 보살피다
θαμβέω 놀라다
θάμβος 놀람
θάνατος 죽음
θανατόω 죽이다
θάπτω 매장하다
θαρρέω 자신을 가지다
θαρσέω 용기를 갖다
θαῦμα 이상한 일

θαυμάζω 깜짝 놀라다
θαυμαστός 기이한
θεάομαι 보다
θέατρον 극장
θεῖον 유황
θεῖος 신적인
θέλημα 뜻
θέλω 원하다
θεμέλιον 주추
θεμέλιος 주추
θεμελιόω 세우다
θεός 하나님
Θεόφιλος 데오빌로
θεραπεία 치유
θεραπεύω 고치다
θερίζω 추수하다
θερισμός 추수
θεριστής 추수꾼
θερμαίνω 쬐다
θέρος 여름
Θεσσαλονικεύς 데살로
니가 사람
Θεσσαλονίκη데살로니가
θεωρέω 응시하다
θηλάζω 젖먹이다
θῆλυς 여성
θηρίον 짐승
θησαυρίζω 쌓아두다
θησαυρός 보배합
θιγγάνω 만지다
θλίβω 좁다
θλῖψις 환난
θνήσκω 죽다
θνητός 죽을
θορυβέω 소동을 일으키다
θόρυβος 소란
θρηνέω 슬퍼하다
θρησκεία 종교
θριαμβεύω 개선행진을
이끌다
θρίξ 털
θροέω 놀랍다
θρόνος 왕좌
Θυάτειρα 두아디라
θυγάτηρ 딸
θυγάτριον 어린 딸
θυμίαμα 분향
θυμός 화
θύρα 문

θυρίς 창문
θυρωρός 문지기
θυσία 제사
θυσιαστήριον 제단
θύω 희생하다
Θωμᾶς 도마
θώραξ 호심경

Ι ι
Ἰάϊρος 야이로
Ἰακώβ 야곱
Ἰάκωβος 야고보
ἵαμα 병고침
ἰάομαι 낫다
ἴασις 병낫게 함
ἴασπις 벽옥
Ἰάσων 야손
ἰατρός 의사
ἴδε 자!
ἴδιος 본
ἰδιώτης 알지 못하는 자
ἰδού 보라
ἱερατεία 제사장
ἱεράτευμα 제사장
Ἰερεμίας 예레미야
ἱερεύς 제사장
Ἰεριχώ 여리고
ἱερόν 성전
ἱερός 거룩한 것
Ἱεροσόλυμα 예루살렘
Ἱεροσολυμίτης 예루살
렘 사람
Ἱερουσαλήμ 예루살렘
ἱερωσύνη 제사장 직분
Ἰεσσαί 이새
Ἰεχονίας 여고냐
Ἰησοῦς 예수
ἱκανός 자격있는
ἱκανόω 자격을 주다
Ἰκόνιον 이고니온
ἱλάσκομαι 속죄하다다
ἱλασμός 속죄
ἱλαστήριον 화목제물
ἵλεως 은혜로운
ἱμάς (신발)끈
ἱματίζω 옷을 입다
ἱμάτιον 겉옷
ἱματισμός 옷
ἵνα ~하기 위하여
ἱνατί 어찌하여

Ἰόππη 욥바
Ἰορδάνης 요단
ἰός 독
Ἰουδαία 유대
Ἰουδαῖος 유대인
Ἰουδαϊσμός 유대교
Ἰούδας 유다
Ἰούλιος 율리오
Ἰοῦστος 유스도
ἱππεύς 기병
ἵππος 말
ἴρις 무지개
Ἰσαάκ 이삭
Ἰσκαριώθ 가룻
ἴσος 동등한
ἰσότης 동등함
Ἰσραήλ 이스라엘
Ἰσραηλίτης 이스라엘 사람
ἵστημι 서다
ἰσχυρός 강한
ἰσχύς 힘
ἰσχύω 능히 ~하다
Ἰταλία 이탈리아
ἰχθύδιον 작은 물고기
ἰχθύς 생선
ἴχνος 발자취
Ἰωαθάμ 요담
Ἰωάννα 요안나
Ἰωάννης 요한
Ἰωβήδ 요벳
Ἰωνᾶς 요나
Ἰωράμ 요람
Ἰωσαφάτ 여호사밧
Ἰωσῆς 요세
Ἰωσήφ 요셉
Ἰωσίας 요시야

Κ κ

κἀγώ 나도
καθαίρεσις 헐어내림
καθαιρέω 내려주다
καθάπερ ~같이
καθαρίζω 깨끗하게 하다
καθαρισμός 정결
καθαρός 청결한
καθέδρα 의자
καθέζομαι 앉다
καθεξῆς 차례대로
καθεύδω 자다
καθηγητής 교사

καθῆκω 알맞다
κάθημαι 앉다
καθίζω 앉다
καθίημι 내려보내다
καθίστημι 맡다
καθό ~한 정도로
καθότι ~같이
καθώς ~같이
καί 그리고
Καϊάφας 가야바
Κάϊν 가인
Καϊνάν 가이난
καινός 새로운
καινότης 새로움
καίπερ 그러나
καιρός 때
Καῖσαρ 가이사
Καισάρεια 가이사랴
καίτοι 그래도
καίω 불붙이다
κἀκεῖ 그리고 거기에
κἀκεῖθεν 그리고 거기(서부터)
κἀκεῖνος 이것이야말로
κακία 악함
κακολογέω 비방하다
κακοπαθέω 불행을 겪다
κακοποιέω 잘못하다
κακοποιός 행악자
κακός 나쁜
κακοῦργος 범죄자
κακουχέω 학대하다
κακόω 해를 주다
κακῶς 나쁘게
κάλαμος 줄기
καλέω 부르다
καλός 좋은
κάλυμμα 수건
καλύπτω 덮다
καλῶς 잘
κάμηλος 낙타
κάμινος 화로
καμμύω (눈을)감다
κάμνω 피곤하다
κάμπτω 무릎을 꿇다
κἄν 그리고 만일
Κανά 가나
Καναναῖος 가나나인
κανών 규칙

καπνός 연기
Καππαδοκία 갑바도기아
καρδία 중심
καρδιογνώστης 마음을 아시는 이
καρπός 열매
καρποφορέω 열매를 맺다
κάρφος 티
κατά 아래로
καταβαίνω 내리다
καταβάλλω 내려 던지다
καταβολή 기초
καταγγέλλω 엄숙히 선포하다
καταγελάω 놀리다
καταγινώσκω 정죄하다
κατάγνυμι 꺾다
κατάγω 끌어내리다
καταδικάζω 정죄하다
καταδουλόω 노예로 삼다
καταδυναστεύω 압박하다
καταισχύνω 모욕을 주다
κατακαίω 태우다
κατακαλύπτω 씌우다
κατακαυχάομαι 뽐내다
κατάκειμαι 눕다
κατακλάω 조각을 내다
κατακλείω 가두어 버리다
κατακλίνω (기대어 앉아) 먹다
κατακλυσμός 홍수
κατακολουθέω 따라가다
κατάκριμα 형벌
κατακρίνω 정죄하다
κατάκρισις 정죄
κατακυριεύω 주인 노릇 하다
καταλαλέω ~에 반대하다
καταλαλιά 나쁜 말
καταλαμβάνω 붙잡다
καταλείπω 버리고 가다
καταλλαγή 화해
καταλλάσσω 화목하게 하다
κατάλυμα 여인숙
καταλύω 떨어뜨리다
καταμαρτυρέω 불리한

증언을 하다
καταναρκάω 짐지우다
κατανοέω 면밀히 살피다
καταντάω ~에 이르다
καταξιόω 가치 있다고 여
기다
καταπατέω 밟히다
κατάπαυσις 쉼
καταπαύω 멈추다
καταπέτασμα 휘장
καταπίνω 삼키다
καταπίπτω 떨어지다
καταπονέω 억제하다
καταποντίζω 바다에 던
지다
κατάρα 저주
καταράομαι 저주하다
καταργέω 무효로 하다
καταρτίζω 준비하다
κατασείω 움직이다
κατασκάπτω헐어 버리다
κατασκευάζω 준비하다
κατασκηνόω 살게 하다
κατασκήνωσις 살 곳
καταστέλλω 제지하다
καταστρέφω 뒤집어엎다
καταστροφή 파멸
κατάσχεσις 소유
κατατίθημι 내려놓다
καταφέρω 가지고 내려
오다
καταφεύγω 도망하다
καταφιλέω 입맞추다
καταφρονέω 깔보다
καταχέω ~위에 내리붓다
καταχράομαι 다 쓰다
κατέναντι ~앞에서
κατενώπιον 앞에
κατεξουσιάζω 권세부
리다
κατεργάζομαι 성취하다
κατέρχομαι 내려오다
κατεσθίω 삼키다
κατευθύνω 인도하다
κατέχω 고수하다
κατηγορέω 고발하다
κατηγορία 고발
κατήγορος 원고
κατηχέω 가르치다

κατισχύω 이기다
κατοικέω 살다
κατοικητήριον 거처
κάτω 밑에
καῦμα 열
καυματίζω 태우다
καυσόω 타버리다
καύσων (타는 듯한) 더위
καυχάομαι 자랑하다
καύχημα 자랑
καύχησις 자랑
Καφαρναούμ 가버나움
Κεγχρεαί 겐그레아
κεῖμαι 눕다
κείρω 털을 깎다
κελεύω 명령하다
κενός 빈
κενοφωνία 잡담
κενόω 비우다
κέντρον 가시
κεντυρίων 백부장
κεραία 뿔
κεραμεύς 토기장이
κεράμιον 토기
κεράννυμι 혼합하다
κέρας 뿔
κερδαίνω 이익을 얻다
κέρδος 이득
κεφάλαιον 액수
κεφαλή 머리
κῆνσος 세금
κῆπος 정원
κήρυγμα 선포
κῆρυξ 전령
κηρύσσω 선포하다
Κηφᾶς 게바
κιβωτός 나무 상자
κιθάρα 수금
κιθαρίζω 수금을 연주하다
κιθαρῳδός 수금 연주자
Κιλικία 길리기아
κινδυνεύω 위태롭다
κίνδυνος 위험
κινέω 움직이다
κλάδος 가지
κλαίω 눈물 흘리다
κλάσις 찢음
κλάσμα 조각
Κλαύδιος 글라우디오

κλαυθμός 울음
κλάω 떼어 내다
κλείς 열쇠
κλείω 닫다
κλέπτης 도둑
κλέπτω 도둑질하다
κλῆμα 가지
κληρονομέω 물려받다
κληρονομία 상속
κληρονόμος 상속자
κλῆρος 제비
κλῆσις 부름
κλητός 부름을 받은
κλίβανος 화덕
κλίμα 지방
κλίνη 침상
κλινίδιον 침대
κλίνω 놓다
κλοπή 도둑질
κλύδων 거친 물결
κοδράντης (로마 동전)
코드란스
κοιλία 자궁
κοιμάω 자다
κοινός 공통된
κοινόω 속되게 하다
κοινωνέω 공유하다
κοινωνία 교제
κοινωνός 동료
κοίτη 침대
κόκκινος 붉은
κόκκος 씨
κολάζω 처벌하다
κόλασις 벌
κολαφίζω 때리다
κολλάω 합치다
κολλυβιστής 환전상
κολοβόω 감하다
κόλπος 품
κολυμβήθρα 못
κομάω 긴 머리를 하다
κομίζω 가져오다
κονιάω 회칠하다
κονιορτός 먼지
κοπάζω (바람이) 잦다
κοπιάω 지치다
κόπος 노력
κόπτω 자르다
κοράσιον 소녀

κορέννυμι 가득 채우다
Κορίνθιος 고린도 사람
Κόρινθος 고린도
Κορνήλιος 고넬료
κοσμέω 정비하다
κοσμικός 세상적인
κόσμιος 훌륭한
κόσμος 세상
κουστωδία 경비병
κόφινος 광주리
κράβαττος 자리
κράζω 소리지르다
κρανίον 두개골
κράσπεδον옷의 가장자리
κραταιόω 강하게 하다
κρατέω 손에 넣다
κράτιστος 지극히 숭고한
κράτος 권능
κραυγάζω 소리지르다
κραυγή 외침
κρέας 고기
κρείσσων 더 나은
κρείττων 더 나은
κρεμάννυμι 매달다
κρημνός 가파른 언덕
Κρής 그레데(크레테) 사람
Κρήτη 그레데
κρίθινος 보리로 만든
κρίμα 심판
κρίνον 백합화
κρίνω 판단하다
κρίσις 심판
Κρίσπος 그리스보
κριτήριον 법원
κριτής 재판관
κρούω 두드리다
κρυπτός 감추인
κρύπτω 숨기다
κρύσταλλος 수정
κρυφαῖος 은밀한
κτάομαι 가지다
κτῆμα 소유
κτῆνος 가축
κτίζω 창조하다
κτίσις 창조
κτίσμα 피조물
κυβερνήτης 키잡이
κυκλόθεν 주위에
κυκλόω 둘러싸다

κύκλῳ 주위에
κυλλός 장애를 가진
κῦμα 파도
κυνάριον 강아지
Κύπριος 구브로인
Κύπρος 구브로
κύπτω (허리나 몸을)굽히다
Κυρηναῖος 구레네 사람
κυρία 여주인
κυριακός 주님께 관한
κυριεύω 주가 되다
κύριος 주인
κυριότης 통치권
κυρόω 확인하다
κύων 개
κωλύω 금하다
κώμη 마을
κῶμος 술마시기
κωφός 말 못하는

Λ λ

λαγχάνω (제비뽑아) 받다
Λάζαρος 나사로
λάθρᾳ 가만히
λαῖλαψ 광풍
λαλέω 말하다
λαλιά 말
λαμβάνω 취하다
λαμπάς 횃불
λαμπρός 빛나는
λάμπω 비치다
λανθάνω 숨기다
Λαοδίκεια 라오디게아
λαός 무리
λατομέω 돌을 뜨다
λατρεία 섬김
λατρεύω 섬기다
λάχανον 채소
λεγιών 군단
λέγω 말하다
λείπω 부족하다
λειτουργέω 복무하다
λειτουργία 직무
λειτουργός 일꾼
λεμά 아람어)왜?
λέντιον 아마포
λέπρα 한센씨병
λεπρός 악성 피부병으로
    고통받는
λεπτός 렙돈

Λευί 레위
Λευίτης 레위인
λευκαίνω 희게 하다
λευκός 하얀
λέων 사자
ληνός 포도주 짜는 틀
ληστής 강도
λίαν 매우
λίβανος 유향
λιβανωτός 향로
λιθάζω 돌던지다
λίθινος 돌로 만든
λιθοβολέω 돌던지다
λίθος 돌
λικμάω 가루로 만들다
λιμήν 항구
λίμνη 호수
λιμός 굶주림
λίνον 삼베
λίτρα 근(무게 단위)
λογεία 수집
λογίζομαι 세다
λογικός 합리적인
λόγιον 말씀
λογισμός 논의
λόγος 말하기
λοιδορέω 욕하다
λοιδορία 욕설
λοίδορος 욕하는 사람
λοιμός 역병
λοιπός 남아 있는
Λουκᾶς 누가
Λούκιος 루기오
λουτρόν 목욕
λούω 씻다
Λύδδα 룻다
Λυδία 루디아
λύκος 이리
λυπέω 슬퍼하다
λύπη 슬픔
Λυσίας 루시아
Λύστρα 루스드라
λύτρον 몸값
λυτρόω 대가를 지불다
λύτρωσις 구속
λυχνία 등경
λύχνος 등잔
λύω 풀다
Λώτ 롯

M μ

Μαγδαληνή 막달레네
μάγος 박사
μαθητεύω 제자되다
μαθητής 제자
Μαθθαῖος 마태
Μαθθάτ 맛닷
Μαθθίας 맛디아
μαίνομαι 정신 나가다
μακαρίζω 축복하다
μακάριος 복된
μακαρισμός 축복
Μακεδονία 마게도냐
Μακεδών 마게도냐 사람
μακράν 멀리
μακρόθεν 멀찍이
μακροθυμέω 참다
μακροθυμία 인내
μακρός 긴
μαλακία 연약함
μαλακός 부드러운
μάλιστα 무엇보다도
μᾶλλον 더욱
μαμωνᾶς 부
Μανασσῆς 므낫세
μανθάνω 배우다
μάννα 만나
μαργαρίτης 진주
Μάρθα 마르다
Μαρία 마리아
Μαριάμ 미리암
Μᾶρκος 마가
μαρτυρέω 증언하다
μαρτυρία 증언
μαρτύριον 증거
μαρτύρομαι 증언하다
μάρτυς 목격자
μαστιγόω 채찍질하다
μάστιξ 채찍
μαστός 젖가슴
μάταιος 헛된
ματαιότης 허무
μάτην 목적없이
Ματθάν 맛단
Ματταθίας 맛다디아
μάχαιρα 검
μάχη 전투
μάχομαι 다투다
μεγαλειότης 위대하심

μεγαλύνω 키우다
μεγαλωσύνη 위엄
μέγας 위대한
μεγιστάν 상당히 높은 사람
μεθερμηνεύω 번역하다
μέθη 술취함
μεθίστημι 축출하다
μεθοδεία 술책
μεθύσκω 술취하다
μέθυσος 술 취한 자
μεθύω 술취하다
μέλας 검은
μέλει ~에 신경쓰다
μελετάω 처리하다
μέλι 꿀
μέλλω ~하려고 한다
μέλος 지체
Μελχί 멜기
Μελχισέδεκ 멜기세덱
μέμφομαι 흠잡다
μέν ~한 반면에
μενοῦνγε 오히려
μέντοι 그러나
μένω 남아있다
μερίζω 나누다
μέριμνα 근심
μεριμνάω 염려하다
μερίς 부분
μερισμός 나눔
μέρος 부분
μεσημβρία 정오
μεσίτης 중재자
μεσονύκτιον 밤중
Μεσοποταμία 메소포타미아
μέσος 가운데
μεσουράνημα 하늘 꼭대기
Μεσσίας 메시아
μεστός ~으로 가득 찬
μετά 속격)함께
μεταβαίνω 떠나다
μετάγω 인도하다
μεταδίδωμι 나누다
μετάθεσις 제거
μεταίρω 떠나다
μετακαλέω 부르다
μεταλαμβάνω 자기 몫을 가지다

μεταλλάσσω 바꾸다
μεταμέλομαι 마음을 고치다
μεταμορφόω 변화하다
μετανοέω 회개하다
μετάνοια 회개
μεταξύ ~사이에
μεταπέμπω 부르러 보내다
μεταστρέφω 변하다
μετασχηματίζω 바꾸다
μετατίθημι 이동하다
μετέχω 함께 나누다
μετοικεσία 이주
μετοικίζω 이주시키다
μέτοχος 함께 나누는
μετρέω 재다
μέτρον 측량
μέτωπον 앞면
μέχρι ~까지
μή 아니
μηδαμῶς 결코 ~아니
μηδέ 그리고 ~아니
μηδείς 어느 누구도
μηκέτι 더이상 ~아니
μῆκος 길이
μηνύω 알리다
μήποτε 않게
μήπω 아직 ~아니
μήτε ~도 아니며
μήτηρ 어머니
μήτι ~도 아니다
μήτρα 자궁
μιαίνω 더럽혀 지다
μίγνυμι 섞다
μικρός 작은
Μίλητος 밀레도
μιμέομαι 본받는다
μιμητής 본받는 자
μιμνήσκομαι 상기하다
μισέω 미워하다
μισθαποδοσία 보상
μίσθιος 일꾼
μισθός 품삯
μισθόω 고용하다
μισθωτός 삯꾼
Μιχαήλ 미가엘
μνᾶ 므나
μνεία 기억
μνῆμα 기념물

μνημεῖον 무덤
μνημονεύω 기억하다
μνημόσυνον 기념
μνηστεύω 약혼하다
μόδιος 약 8
μοιχαλίς 음녀
μοιχάω 과 간음을 범하다
μοιχεία 음란
μοιχεύω 간음하다
μοιχός 간음자
μόλις 겨우
μολύνω 훼손하다
μονή 거처
μονογενής 유일한
μόνος 다만
μονόφθαλμος 한 눈을
  가진
μορφή 모양
μόρφωσις 화신(化身)
μόσχος 송아지
μόχθος 노력
μῦθος 이야기
μύλος 방아
μυριάς 대단히 많은
μυρίος 1만
μύρον 향유
Μυσία 무시아
μυστήριον 비밀
μωμάομαι 흠잡다
μωραίνω 어리석게되다
μωρία 어리석음
μωρός 어리석은
Μωϋσῆς 모세

Ν ν

Ναασσών 나손
Ναζαρά 나사렛
Ναζαρέθ 나사렛
Ναζαρηνός나사렛 출신의
Ναζωραῖος 나사렛 사람
Ναθαναήλ 나다나엘
ναί 예
ναός 성전
νάρδος 나드
ναυαγέω 파선하다
ναύτης 선원
νεανίας 청년
νεανίσκος 청년
νεκρός 죽은
νεκρόω 죽게 하다

νέκρωσις 죽음
νέος 새로운
νεότης 어림
νεύω 고개를 끄덕이다
νεφέλη 구름
Νεφθαλίμ 납달리
νήθω 길쌈하다
νήπιος 어린
νῆσος 섬
νηστεία 금식
νηστεύω 금식하다
νῆστις 먹지 않은
νηφάλιος 절제하는
νήφω 정신을 차리다
νικάω 이기다
Νικόδημος 니고데모
Νικολαΐτης 니골라당
νῖκος 이김
Νινευΐτης 니느웨 사람
νίπτω 씻다
νοέω 알다
νόημα 생각
νομή 목장
νομίζω 생각하다
νομικός 율법사
νομίμως 법대로
νομοδιδάσκαλος 율법
  교사
νομοθετέω 율법을받다
νόμος 율법
νόσος 병
νοσφίζω 감추다
νότος 남쪽
νουθεσία 훈계
νουθετέω 훈계하다
νοῦς 마음
νύμφη 며느리
νυμφίος 신랑
νυμφών 결혼식장
νῦν 지금
νυνί 지금
νύξ 밤
νυστάζω 졸다
Νῶε 노아
νωθρός 둔한

Ξ ξ

ξενία 숙소
ξενίζω 손님으로 받다
ξένος 나그네

ξηραίνω 건조하다
ξηρός 마른
ξύλινος 나무의
ξύλον 나무
ξυράω 깎다

Ο ο

ὁ (관사)그
ὀγδοήκοντα 팔십
ὄγδοος 팔일
ὅδε 이것
ὁδηγέω 인도하다
ὁδηγός 인도자
ὁδοιπορία 여행
ὁδός 길
ὀδούς 이
ὀδυνάω 근심하다
ὀδύνη 고통
ὀδυρμός 슬픔
Ὀζίας 웃시야
ὅθεν ~데서
ὀθόνη 깔개
ὀθόνιον 아마
οἶδα 알다
οἰκεῖος 식구
οἰκέτης 집 하인
οἰκέω 살다
οἰκητήριον 거주
οἰκία 집
οἰκιακός 가족
οἰκοδεσπότης 집안을
  다스리는 자
οἰκοδομέω 짓다
οἰκοδομή 건물
οἰκονομία 관리직
οἰκονόμος 청지기
οἶκος 집
οἰκουμένη 거주하는땅
οἰκτιρμός 동정심
οἰκτίρμων 동정하는
οἰκτίρω 동정심 갖다
οἰνοπότης 술고래
οἶνος 포도주
οἴομαι 생각하다
οἷος ~와 같이
ὀκνηρός 게으른
ὀκτώ 8
ὄλεθρος 파멸
ὀλιγόπιστος 믿음이 작은
ὀλίγος 적은

ὁλοκαύτωμα 번제물
ὁλόκληρος 완전한
ὅλος 모든
ὅλως 전혀
ὁμιλέω 이야기하다
ὄμμα 눈
ὀμνύω 맹세하다
ὁμοθυμαδόν 마음을 같이하여
ὁμοιοπαθής 같은 성정을 가진
ὅμοιος 같은
ὁμοιότης 같음
ὁμοιόω 비교하다
ὁμοίωμα 형상
ὁμοίως 그렇게
ὁμολογέω 시인하다
ὁμολογία 천명
ὁμοῦ 함께
ὅμως 그러나
ὄναρ 꿈
ὀνειδίζω 욕하다
ὀνειδισμός 모욕
Ὀνήσιμος 오네시모
Ὀνησίφορος 오네시보로
ὀνικός 당나귀가 끄는
ὄνομα 이름
ὀνομάζω 이름하다
ὄνος 나귀
ὄντως 과연
ὄξος 신 포도주
ὀξύς 빠른
ὀπή 틈
ὄπισθεν 후에
ὀπίσω 다음
ὅπλον 무기
ὁποῖος 어떤 종류의
ὅπου ~한 곳에서는
ὀπτασία 환상
ὅπως ~하기 위하여
ὅραμα 환상
ὅρασις 환상
ὁράω 보다
ὀργή 분노
ὀργίζω 노하다
ὀργυιά 길
ὀρέγω 사모하다
ὀρεινός 산골
ὀρθός 바른

ὄρθρος 새벽
ὀρθῶς 바르게
ὁρίζω 결정하다
ὅριον 지역
ὁρκίζω 명하다
ὅρκος 서약
ὁρκωμοσία 맹세
ὁρμάω 내리닫다
ὁρμή 충격
ὄρνεον 새
ὄρνις 암탉
ὄρος 산
ὀρύσσω 파다
ὀρφανός 부모를 여읜
ὀρχέομαι 춤추다
ὅς (관계대명사)~하는 바
ὁσάκις ~때마다
ὅσιος 거룩한
ὁσιότης 성결
ὀσμή 냄새
ὅσος 무엇이든지
ὀστέον 뼈
ὅστις ~한 모든 사람
ὀστράκινος 진흙으로 된
ὀσφῦς 허리
ὅταν ~때마다
ὅτε ~때
ὅτι ~한 바
οὐ 아니
οὗ ~곳
οὐαί 화로다
οὐδέ ~도 아니고
οὐδείς 누구도
οὐδέποτε 결코 ~이 아닌
οὐδέπω 아직 ~이 아닌
οὐθείς 아무것도 아닌
οὐκέτι 더이상 ~아니
οὖν 그러므로
οὔπω 아직 ~아니
οὐρά 꼬리
οὐράνιος 하늘의
οὐρανόθεν 하늘로부터
οὐρανός 하늘
οὖς 귀
οὐσία 재산
οὔτε 그리고 ~아니다
οὗτος 이것
οὕτως 이렇게
οὐχί ~아니

ὀφειλέτης 채무자
ὀφειλή 의무
ὀφείλημα 빚
ὀφείλω ~해야 한다
ὄφελον ~하기를 원한다
ὄφελος 유익
ὀφθαλμοδουλία 눈가림
ὀφθαλμός 눈
ὄφις 뱀
ὄχλος 무리
ὀψάριον 물고기
ὀψέ 하루 중 늦은 시간
ὄψιος 늦은
ὄψις 외모
ὀψώνιον 급료

Π π
παγίς 덫
πάγος 파고스
πάθημα 고통; 정욕
πάθος 욕망
παιδαγωγός 수호자
παιδεία 교육
παιδευτής 교사
παιδεύω 교육하다
παιδίον 아이
παιδίσκη 여종
παῖς 노예
παίω 치다
πάλαι 옛적에
παλαιός 낡은
παλαιόω 낡아지다
παλιγγενεσία 새롭게 됨
πάλιν 또
Παμφυλία 밤빌리아
πανοπλία 전신무장
πανουργία 간계
πανταχοῦ 사방으로
παντελής 완전히
πάντοθεν 사방에서
παντοκράτωρ 전능한
πάντοτε 항상
πάντως 반드시
παρά (속격)~에서 여격함께 대격)'옆에
παραβαίνω 범하다
παράβασις 범죄
παραβάτης 어기는 사람
παραβιάζομαι 강요하다
παραβολή 비유

παραγγελία 명령
παραγγέλλω 명령을 내리다
παραγίνομαι 오다
παράγω 지나가다
παράδεισος 낙원
παραδέχομαι받아들이다
παραδίδωμι 배반하다
παράδοσις 전통
παραζηλόω 시기하게 하다
παραθήκη 맡긴 것
παραινέω 충고하다
παραιτέομαι 거절하다
παρακαλέω 위로하다
παράκειμαι 함께 있다. 참석하다
παράκλησις 격려
παράκλητος 조력자
παρακοή 불순종
παρακολουθέω 신실하게 따르다
παρακούω 듣기를 거부하다
παρακύπτω 굽히다
παραλαμβάνω 데려오다
παραλέγομαι 연안을 지나다
παραλογίζομαι 속이다
παραλυτικός 중풍 걸린
παραλύω 약해지다
παραμένω 머무르다
παραμυθέομαι 응원하다
παραπικρασμός 도발
παραπορεύομαι 지나가다
παράπτωμα 잘못
παρασκευάζω 준비하다
παρασκευή 준비일
παρατηρέω 눈을 떼지 않다
παρατίθημι 내놓다
παραφέρω 데리고 가다
παραχειμάζω 겨울을 지내다
παραχρῆμα 곧
πάρειμι 오다
παρεισέρχομαι 들어오다
παρεκτός ~제외하고

παρεμβολή 야영지
παρεπίδημος 체류인
παρέρχομαι 지나가다
παρέχω 일으키다
παρθένος 처녀
παρίημι 약해진
παρίστημι 보내다
παροικέω 가까이 살다
παροικία 체류
πάροικος 외국인의
παροιμία 비유
πάροινος 술에 중독된
παροξύνω 자극하다
παροξυσμός 심한 불일치
παροργίζω 노엽게 하다
παρουσία 오심
παρρησία 확신
παρρησιάζομαι 자유로이 말하다
πᾶς 모든
πάσχα 유월절
πάσχω 경험하다
πατάσσω 치다
πατέω 밟다
πατήρ 아버지
πατριά 가족
πατριάρχης 족장
πατρίς 고향
πατρῷος 아버지의
Παῦλος 바울
παύω 멈추다
Πάφος 바보
παχύνω 우둔해지다
πέδη 족쇄
πεζῇ 걸어서
πειθαρχέω 순종하다
πείθω 설득하다
πεινάω 주리다
πεῖρα 시련
πειράζω 노력하다
πειρασμός 유혹
πέλαγος 깊음
πέμπτος 다섯째
πέμπω 보내다
πενθερά 장모
πενθέω 애통하다
πένθος 애통
πεντακισχίλιοι 오천
πεντακόσιοι 오백

πέντε 다섯
πεντήκοντα 오십
πεντηκοστή 오순절
πεποίθησις 확신
πέραν 저편
πέρας 끝
Πέργαμος 버가모
Πέργη 버가
περί 속격)관하여
περιάγω 두루 다니다
περιαιρέω 치우다
περιαστράπτω 두루 비치다
περιβάλλω (옷)입다
περιβλέπω 둘러보다
περιβόλαιον 덮개
περίεργος 마술을 행하는
περιέρχομαι 돌아다니다
περιέχω 잡다
περιζώννυμι 띠를 띠다
περικαλύπτω 얼굴을 가리다
περίκειμαι 둘러서다
περικεφαλαία 투구
περιλάμπω 두루 비추다
περιλείπομαι 남아있다
περίλυπος 매우 고민하는
περιπατέω 걷다
περιπίπτω 곤두박질치다
περιποιέω 얻다
περιποίησις 얻음
περισσεία 넘침
περίσσευμα 가득참
περισσεύω 자라다
περισσός 지나는
περισσότερος 더 나은
περισσοτέρως 더욱
περισσῶς 더욱
περιστερά 비둘기
περιτέμνω 잘라내다
περιτίθημι 주위에 놓다
περιτομή 할례
περιφέρω 데리고 다니다
περίχωρος 이웃의
πέρυσι 일 년 전에
πετεινόν 새
πέτομαι 날아가다
πέτρα 반석
Πέτρος 베드로

πετρώδης 돌이 많은
πηγή 근원
πηδάλιον 배의 키
πηλίκος 이렇게 큰
πηλός 진흙
πήρα 배낭
πῆχυς 규빗(약 18인치)
πιάζω 잡다
πικραίνω 괴롭히다
πικρία 씀
πικρός 쓴
πικρῶς 심히
Πιλᾶτος 빌라도
πίμπλημι 채우다
πίναξ 쟁반
πίνω 마시다
πιπράσκω 팔다
πίπτω 넘어지다
πιστεύω 믿다
πιστικός 진짜의
πίστις 믿음
πιστός 충성된
πλανάω 오도하다
πλάνη 탈선
πλάνος 사기꾼
πλάξ 돌판
πλάσσω 만들다
πλατεῖα 넓은 길
πλάτος 너비
πλατύνω 확대하다
πλέκω 엮다
πλεονάζω 증가하다
πλεονεκτέω 이용하다
πλεονέκτης 탐하는 자
πλεονεξία 탐욕
πλευρά 옆구리
πλέω 항해하다
πληγή 구타
πλῆθος 군중
πληθύνω 더 많아지다
πλήκτης 싸움꾼
πλήν 그럼에도 불구하고
πλήρης 가득 찬
πληροφορέω 이루어지다
πληροφορία 확신
πληρόω 이루어지다
πλήρωμα 완성
πλησίον 가까이
πλοιάριον 작은 배

πλοῖον 배
πλόος 항해
πλούσιος 부요한
πλουσίως 풍성히
πλουτέω 부요하다
πλουτίζω 풍족하가 되다
πλοῦτος 재물
πλύνω 씻다
πνεῦμα 성령
πνευματικός 신령한
πνευματικῶς 영적으로
πνέω 불다
πνίγω 숨막히게 하다
πνικτός 목매어 죽인(죽은)
πνοή 바람
πόθεν 어디서
ποιέω 행하다
ποίημα 작품
ποιητής ~하는 사람
ποικίλος 여러가지의
ποιμαίνω 양을 치다
ποιμήν 목동
ποίμνη 떼
ποίμνιον 무리
ποῖος 어느
πολεμέω 싸우다
πόλεμος 전쟁
πόλις 도시
πολιτάρχης 시의 관리
πολιτεία 시민권
πολιτεύομαι 살다
πολίτης 시민
πολλάκις 자주
πολύς 많은
πολυτελής 매우 값진
πολύτιμος 가치가 매우 높은
πόμα 마실 것
πονηρία 악함
πονηρός 악한
πόνος 고통
Πόντιος 본디오
Πόντος 본도
Πόπλιος 보블리오
πορεία 여행
πορεύομαι 가다
πορθέω 약탈하다
πορισμός 이득의 수단
πορνεία 음란

πορνεύω 성적으로 부도덕한 일을 행하다
πόρνη 창녀
πόρνος 간음하는 자
πόρρω 먼
πόρρωθεν 멀리(서)
πορφύρα 자색 옷
πορφυροῦς 자주
ποσάκις 몇 번이나
πόσις 마실 것
πόσος 얼마나 큰
ποταμός 강
ποταπός 어떠한
ποτέ 전에
πότε 언제
ποτήριον 잔
ποτίζω 마실 것을 주다
πού ~정도
ποῦ 어디
πούς 발
πρᾶγμα 일
πραιτώριον 지방 총독 관저
πράκτωρ 관리
πρᾶξις 행동
πρασιά 무리지어
πράσσω 행하다
πραΰς 온유한
πραΰτης 온유
πρέπω 적당하다
πρεσβεία 사절
πρεσβεύω 사신이 되다
πρεσβυτέριον 장로 회의
πρεσβύτερος 장로
πρεσβύτης 늙은이
πρίν 전에
Πρίσκα 브리스가
Πρίσκιλλα 브리스길라
πρό ~전에
προάγω 앞서 가다
προαμαρτάνω 전에 죄를 짓다
προβαίνω 나아가다
προβάλλω 앞으로 던지다
πρόβατον 양
προγινώσκω 미리 알다
πρόγνωσις 미리 앎
πρόγονος 부모
προγράφω 미리 쓰다

πρόδηλος 분명한
προδότης 반역자
προεῖπον 미리 말하다
προενάρχομαι 먼저 시작하다
προεπαγγέλλω 전에 약속하다
προέρχομαι 나아가다
προετοιμάζω 예비하다
πρόθεσις 계획
προθυμία 기꺼움
πρόθυμος 마음에 원하는
προκαταγγέλλω 미리 알다
πρόκειμαι 노출되다
προκοπή 발전
προκόπτω 발전하다
προλαμβάνω 미리 행하다
προλέγω 미리 말하다
προνοέω ~을 돌보다
πρόνοια 공급
προοράω 미리 보다
προορίζω 미리 결정하다
προπέμπω 길을 떠나 보내다
προπετής 경솔한
προπορεύομαι 앞서가다
πρός ~에게로
προσάγω 데리고 오다
προσαγωγή 접근
προσαίτης 거지
προσαναπληρόω 공급하다
προσανατίθημι의논하다
προσδέχομαι 기다리다
προσδοκάω 기다리다
προσδοκία 기대
προσέρχομαι 나아오다
προσευχή 기도
προσεύχομαι 기도하다
προσέχω 주의하다
προσήλυτος 개종자
πρόσκαιρος 잠시
προσκαλέω 부르다
προσκαρτερέω ~을 고집하다
προσκολλάω 꼭 달라붙다

πρόσκομμα 헛디딤
προσκόπτω 때리다
προσκυλίω 굴리다
προσκυνέω 경배하다
προσλαλέω ~에게 말하다
προσλαμβάνω 데리고 가다
προσμένω 함께 있다
προσοχθίζω 분노하다
προσπίπτω ~앞에 엎드리다
προσρήσσω 부딪치다
προστάσσω 명령하다
προστίθημι 더하다
προστρέχω ~에게 달려가다
προσφέρω ~에게 데려가다
προσφορά 바침
προσφωνέω 부르다
προσωπολημψία 차별
πρόσωπον 얼굴
πρότερος 이전에
προτίθημι 계획
προτρέχω 앞으로 달려가다
προϋπάρχω전에는 ~이다
πρόφασις 위장
προφέρω 앞에 가져오다
προφητεία 예언
προφητεύω 예언하다
προφήτης 선지자
προφητικός 예언의
προφῆτις 여선지자
προχειρίζω 임명하다
πρύμνα 선미
πρωϊνός 새벽의
πρῷρα 뱃머리
πρωτοκαθεδρία 윗자리
πρωτοκλισία 높은 자리
πρῶτος 처음
πρωτότοκος 처음 난
πταίω 발을 헛디디다
πτερύγιον 꼭대기
πτέρυξ 날개
πτοέω 무섭게 하다
πτύον (까부르는)키
πτύω 뱉다
πτῶμα 주검

πτῶσις 무너짐
πτωχεία 가난
πτωχός 가난한
πυκνός 잦은
πύλη 문
πυλών 입구
πυνθάνομαι 묻다
πῦρ 불
πυρά 불
πύργος 망대
πυρέσσω 열병을 앓다
πυρετός 열병
πυρόω 불붙이다
πυρράζω 붉어지다
πυρρός 불같이 붉은
πύρωσις 불 시험
πωλέω 팔다
πῶλος 망아지
πώποτε 아무 때든지
πωρόω 둔해 지다
πώρωσις 둔함
πώς 다소
πῶς 어떻게

Ρ ρ

Ῥαάβ 라합
ῥαββί 랍비
ῥαββουνί 선생님
ῥαβδίζω 막대기로 때리다
ῥάβδος 지팡이
ῥαβδοῦχος 경찰
ῥάκος 헝겊
ῥαντίζω 뿌리다
ῥαντισμός 물 뿌림
ῥαπίζω 치다
ῥάπισμα 손바닥으로 침
ῥαφίς 바늘
ῥῆμα 말씀
ῥήσσω 던지다
ῥίζα 뿌리
ῥιζόω 뿌리 박다
ῥίπτω 던지다
Ῥοβοάμ 르호보암
ῥομφαία 크고 폭 넓은 칼
Ῥοῦφος 루포
ῥύμη 거리
ῥύομαι 구원하다
ῥυπαρός 남루한
ῥύσις 혈루증
Ῥωμαῖος 로마의

Ῥώμη 로마
Σ σ
σαβαχθάνι 사박다니
Σαβαώθ 군대
σάββατον 안식일
Σαδδουκαῖος 사두개인
Σαδώκ 사독
σάκκος 베옷
Σαλά 살라
Σαλαθιήλ 스알디엘
σαλεύω 흔들리다
Σαλήμ 살렘
Σαλμών 살몬
σάλπιγξ 나팔
σαλπίζω 나팔 불다
Σαλώμη 살로메
Σαμάρεια 사마리아
Σαμαρίτης 사마리아인
Σαμαρῖτις 사마리아 여자
Σαμουήλ 사무엘
σανδάλιον 샌들
Σαούλ 사울
σαπρός 썩은
Σάρδεις 사데
σάρδιον 홍보석
σαρκικός 육체의
σάρκινος 육체적으로
σάρξ 몸
σαρόω 청소하다
Σάρρα 사라
Σατανᾶς 사탄
σάτον 사트론(13리터)
Σαῦλος 사울
σβέννυμι (불을) 끄다
σεαυτοῦ (네) 스스로
σέβασμα 예배의 대상
Σεβαστός 존경받는
σέβω 경배하다
σεισμός 지진
σείω 흔들리다
σελήνη 달
σεληνιάζομαι 미치다
σεμνός 존경할 만한
σεμνότης 위엄
σημαίνω 보이다
σημεῖον 표
σήμερον 오늘
σής 좀
σιαγών 뺨

σιγάω 잠잠하다
σιγή 침묵
σιδηροῦς 쇠
Σιδών 시돈
Σιδώνιος 시돈 지역
Σίλας 실라
Σιλουανός 실루아노
Σιλωάμ 실로암
Σίμων 시몬
Σινᾶ 시내산
σίναπι 겨자
σινδών 세마포
σιτευτός 살진
σῖτος 밀
Σιών 시온
σιωπάω 침묵 지키다
σκανδαλίζω 넘어뜨리다
σκάνδαλον 걸림돌
σκάπτω 파다
σκάφη 배
σκέλος 다리
σκεῦος 그릇
σκηνή 천막
σκῆνος 천막
σκηνόω 살다
σκήνωμα 거주
σκιά 그늘
σκιρτάω 뛰다
σκληροκαρδία 굳은 마음
σκληρός 굳은
σκληρύνω 마음이 굳다
σκολιός 구부러진
σκοπέω 돌보다
σκορπίζω 뿌리다
σκορπίος 전갈
σκοτεινός 어두운
σκοτία 어둠
σκοτίζω 어두워지다
σκότος 흑암
σκοτόω 어두워지다
σκυθρωπός 슬픈
σκύλλω 괴롭히다
σμύρνα 몰약
Σμύρνα 몰약
Σόδομα 소돔
Σολομών 솔로몬
σός 너의
σουδάριον 수건
σοφία 지혜

σοφίζω 지혜롭게 만들다
σοφός 지혜로운
Σπανία 스페인
σπαράσσω 경련 일으키다
σπαργανόω 천으로 싸다
σπαταλάω 사치스럽게
살다
σπάω (칼을) 빼다
σπεῖρα 군대
σπείρω (씨)뿌리다
σπένδω 봉헌하다
σπέρμα 씨
σπεύδω 서두르다
σπήλαιον 동굴
σπίλος 점
σπιλόω 더럽히다
σπλαγχνίζομαι 불쌍히
여기다
σπλάγχνον 애타는 마음
σπόγγος 해면
σποδός 재
σπόριμος 서있는 곡식
σπόρος 씨
σπουδάζω 열심내다
σπουδαῖος 열렬한
σπουδαίως 열심히
σπουδή 부지런함
σπυρίς 광주리
στάδιον 스타디온(약 192
미터)
στάσις 민란
σταυρός 십자가
σταυρόω 십자가에 못박다
σταφυλή 포도
στάχυς 이삭
στέγη 지붕
στέγω 참다
στεῖρα 척박한
στέλλω 피하다
στεναγμός 탄식
στενάζω 탄식하다
στενός 좁은
στενοχωρέω 제한하다
στενοχωρία 고난
στερεός 견고한
στερεόω 강하게 하다
Στεφανᾶς 스데바나
στέφανος 관
Στέφανος 관

στεφανόω 명예를 주다
στῆθος 가슴
στήκω 서다
στηρίζω 세우다
στοά (지붕이 있는)화랑
στοιχεῖον 기초 원리
στοιχέω ~과 일치하다
στολή 긴 옷
στόμα 입
στρατεία 싸움
στράτευμα 군대
στρατεύω 군복무 하다
στρατηγός 경비대장
στρατιά 군대
στρατιώτης 군인
στρέφω 돌리다
στρηνιάω 사치하다
στρουθίον 참새
στρώννυμι 펴다
στυγνάζω 놀래다
στῦλος 기둥
σύ 너
συγγένεια 친족
συγγενής 친척
συγκάθημαι 함께 앉다
συγκαθίζω 함께 앉다
συγκακοπαθέω 함께
　더불어 고난을 받다
συγκαλέω 모으다
συγκεράννυμι 조직하다
συγκλείω 구속하다
συγκληρονόμος 공동
　상속자
συγκοινωνέω ~와 함께
　참여하다
συγκοινωνός 참여자
συγκρίνω 연관짓다
συγχαίρω 함께 즐거워하다
συγχέω 혼란스럽게 하다
συζάω 함께 살다
συζεύγνυμι 결합시키다
συζητέω 논쟁하다
συζωοποιέω 함께 살리다
συκῆ 무화과나무
σῦκον 무화과
συκοφαντέω 괴롭히다
συλλαλέω 더불어 말하다
συλλαμβάνω 붙잡다
συλλέγω 모으다

συμβαίνω 만나다
συμβάλλω 대화하다
συμβασιλεύω 함께 다스
　리다
συμβιβάζω 연결시키다
συμβουλεύω 충고하다
συμβούλιον 의논
Συμεών 시므온
συμμαρτυρέω 확인하다
συμμέτοχος 동료 공유자
σύμμορφος 같은 모양을
　가진
συμπαθέω 동정하다
συμπαραλαμβάνω 데
　리고 가다
συμπάσχω함께 고난 받다
συμπέμπω 함께 보내다
συμπληρόω 이루어지다
συμπνίγω 숨막히게 하다
συμπορεύομαι (더불어)
　함께 가다
συμπόσιον 패거리
συμφέρω 유익하다
σύμφορος 유익
συμφωνέω 합심하다
σύν 함께
συνάγω 모으다
συναγωγή 집회소
συναθλέω 협력하다
συναθροίζω 함께 모으다
συναίρω 회계를 결산하다
συναιχμάλωτος 함께
　갇힌 자
συνακολουθέω 따르다
συναναβαίνω 함께 올라
　가다
συνανάκειμαι (식사 자
　리에)함께 하다
συναναμίγνυμι 함께 섞
　이다
συναντάω 만나다
συναντιλαμβάνομαι
　도와주다
συναπάγω 같이 데리고
　가 버리다
συναποθνῄσκω 함께
　죽다
συναρμολογέω 연결하다
συναρπάζω 붙잡다

σύνδεσμος 끈
σύνδουλος 동료 노예
συνεγείρω 함께 일으키다
συνέδριον 공회
συνείδησις 양심
σύνειμι 함께 있다
συνεισέρχομαι 함께 들
　어가다
συνέκδημος 여행 동반자
συνεργέω 함께 사역하다
συνεργός 동료 일꾼
συνέρχομαι 함께 오다
συνεσθίω 함께 먹다
σύνεσις 지혜
συνετός 지혜로운
συνευδοκέω 찬성하다
συνευωχέομαι 함께 잔
　치하다
συνέχω 에워싸다
συνήθεια 풍습
συνθάπτω 함께 매장하다
συνθλάω 함께 부서지다
συνθλίβω 함께 밀다
συνίημι 이해하다
συνίστημι 함께 서 있다.
　권하다
σύνοιδα 지식을 나누다
συνοράω 깨닫다
συνοχή 감옥
συντάσσω 명령하다
συντέλεια 완료
συντελέω 끝내다
συντηρέω 보전하다
συντίθημι 동의하다
συντόμως 잠깐 동안
συντρέχω (함께)달려오다
συντρίβω 깨뜨리다
Συρία 수리아
σύρω 끌고 오다
συσπαράσσω 경련 일으
　키다
συσταυρόω 더불어 십자
　가에 못 박히다
συστέλλω 함께 덮다
συστρατιώτης 전우
συστρέφω 모으다
συστροφή 무질서한 모임
συσχηματίζω 순응하다
Συχέμ 세겜

σφαγή 도살
σφάζω 도살하다
σφόδρα 매우
σφραγίζω 인치다
σφραγίς 인장
σχεδόν 거의
σχῆμα 태도
σχίζω 찢다
σχίσμα 분열
σχοινίον 끈
σχολάζω 비어있다
σῴζω 구원하다
σῶμα 몸
σωματικός 신체적
σωρεύω 쌓다
Σωσθένης 소스데네
σωτήρ 구주
σωτηρία 구원
σωτήριος 구원을 주는
σωφρονέω 분별력있는
σωφροσύνη 타당함
σώφρων 지각 있는

Τ τ
Ταβιθά 다비다
ταλαιπωρία 비참
ταλαίπωρος 비참한
τάλαντον 달란트
ταμεῖον 골방
τάξις 질서
ταπεινός 겸손한
ταπεινοφροσύνη 겸손
ταπεινόω 낮아지다
ταπείνωσις 겸손함
ταράσσω 뒤흔들다
τάραχος 소동
Ταρσεύς 다소 사람
Ταρσός 다소
τάσσω 정해두다
ταῦρος 소
τάφος 무덤
τάχα 혹
ταχέως 급히
ταχινός 임박한
τάχος 금방
ταχύς 빠른
τέ 그리고
τεῖχος 성벽
τεκνίον (작은) 아이
τέκνον 아이

τέκτων 건축가
τέλειος 온전한
τελειότης 완전함
τελειόω 마치다
τελείωσις 완성
τελευτάω 죽다
τελέω 마치다
τέλος 끝
τελώνης 세리
τελώνιον 세관
τέρας 경이
Τέρτυλλος 더둘로
τέσσαρες 4
τεσσαρεσκαιδέκατος
　　열넷째의
τεσσεράκοντα 사십
τεσσερακονταετής 사
　　십 년
τέταρτος 넷째
τετρααρχέω 영토 4분의
　　1의 영주가 되다
τετραάρχης 분봉왕
τετρακισχίλιοι 사천
τετρακόσιοι 사백
τετράπους 네 발 짐승
τέχνη 기술
τεχνίτης 직공
τηλικοῦτος 그렇게 큰
τηρέω 지키다
τήρησις 감금
Τιβεριάς 디베랴
τίθημι 두다
τίκτω 낳다
τίλλω 따다
τιμάω 존경하다
τιμή 값
τίμιος 존경받는
Τιμόθεος 디모데
τιμωρέω 처벌하다
τίς 의문)누가
τὶς 부정)어떤 사람
τίτλος 칭호
Τίτος 디도
τοιγαροῦν 그래서
τοίνυν 그러면
τοιοῦτος 이처럼
τόκος 이자
τολμάω 감히 ~하다
τόπος 장소

τοσοῦτος 이만한
τότε 이때에
τοὐναντίον 도리어
τράγος 수염소
τράπεζα 탁상
τραυματίζω 상하게 하다
τράχηλος 목
τραχύς 험한
τρεῖς 셋
τρέμω 떨다
τρέφω 먹이다
τρέχω 달리다
τριάκοντα 30
τριακόσιοι 3000
τρίβολος 엉겅퀴
τρίβος 길
τρίς 세 번
τρίτος 셋째
τρόμος 떨림
τρόπος 태도
τροφή 음식
Τρόφιμος 드로비모
τρύβλιον 그릇
τρυγάω 거두다
τρυφή 잔치벌임
Τρῳάς 드로아
τρώγω 먹다
τυγχάνω (우연히)얻다
τύπος 모형
τύπτω 때리다
Τύρος 두로
τυφλός 맹인
τυφλόω 눈멀게 하다
τυφόω 잘난 체하다
Τυχικός 두기고

Υ υ
ὑάλινος 유리로 된
ὕαλος 유리
ὑβρίζω 모욕하다
ὕβρις 재난
ὑβριστής 난폭자
ὑγιαίνω 건강하다
ὑγιής 건강한
ὑδρία 물항아리
ὕδωρ 물
ὑετός 비
υἱοθεσία 입양
υἱός 아들
Ὑμέναιος 후메네오

ὑμέτερος 너희의
ὑμνέω 찬미하다
ὕμνος 찬송
ὑπάγω 떠나다
ὑπακοή 순종
ὑπακούω 순종하다
ὑπαντάω 만나다
ὑπάντησις 만나러 옴
ὕπαρξις 소유
ὑπάρχω 실재하다
ὑπεναντίος 적대하는
ὑπέρ 속격) 위하여
ὑπεραίρω 자만하다
ὑπεράνω 위에
ὑπερβάλλω 능가하다
ὑπερβολή 특별한 정도로
ὑπερεκπερισσοῦ 훨씬
  더 많이
ὑπερέχω ~보다 낫다
ὑπερήφανος 오만한
ὑπερλίαν 지극히
ὑπέρογκος 자랑하는
ὑπεροχή 탁월함
ὑπερπερισσεύω 아주
  많다
ὑπερῷον 상층
ὑπήκοος 순종하는
ὑπηρετέω 섬기다
ὑπηρέτης 하인
ὕπνος 잠
ὑπό 속)~에 의하여
ὑπόδειγμα 모범
ὑποδείκνυμι 보이다
ὑποδέχομαι 받다
ὑποδέω 밑에 매다
ὑπόδημα 샌들
ὑποζύγιον 짐지는 짐승
ὑποκάτω 밑에
ὑπόκρισις 위선
ὑποκριτής 위선자
ὑπολαμβάνω 생각하다
ὑπομένω 견디다
ὑπομιμνήσκω 되새기다
ὑπόμνησις 생각함
ὑπομονή 인내
ὑπονοέω 생각하다
ὑποπλέω아래를 항해하다
ὑποπόδιον 발등상
ὑπόστασις 실체

ὑποστέλλω 물러서다
ὑποστρέφω 돌아오다
ὑποταγή 굴복
ὑποτάσσω 굴복시키다
ὑποτίθημι 아래 놓이다
ὑποτύπωσις 표본
ὑποφέρω 견디다
ὑποχωρέω 물러가다
ὑπωπιάζω 눈을 멍들게
  하다
ὕσσωπος 우슬초
ὑστερέω 부족하다
ὑστέρημα 결핍
ὑστέρησις 가난함
ὕστερος 최후에
ὑψηλός 높은
ὕψιστος 가장 높은
ὕψος 높이
ὑψόω 들어 올리다
ὕψωμα 높음

Φ φ

φάγος 대식가
φαίνω 나타나다
φανερός 보이는
φανερόω 드러내다
φανερῶς 밝히
φανέρωσις 나타냄
φάντασμα 유령
Φαραώ 바로
Φαρές 베레스
Φαρισαῖος 바리새인
φαρμακεία 마법
φάρμακος 점술가
φάσκω 주장하다
φάτνη 여물통
φαῦλος 나쁜
φέγγος 빛
φείδομαι 아끼다
φειδομένως 아껴서
φέρω 지다
φεύγω 피하다
Φῆλιξ 벨릭스
φήμη 소문
φημί 말하다
Φῆστος 베스도
φθάνω 먼저 도착하다
φθαρτός 멸망할
φθέγγομαι 말하다
φθείρω 파괴하다

φθόγγος 소리
φθόνος 시기
φθορά 부패
φιάλη 대접
Φιλαδέλφεια 빌라델비
  아. 필라델피아
φιλαδελφία 형제 사랑
φιλανθρωπία 인류에 대
  한 사랑
φιλάργυρος 돈을 좋아
  하는
φιλέω 사랑하다
φίλημα 입맞춤
Φίλιπποι 빌립보
Φίλιππος 빌립
φιλοξενία 환대
φιλόξενος 환대하는
φίλος 친구
φιλοτιμέομαι 야망을 가
  지다
φιμόω 입막음하다
φλογίζω 불사르다
φλόξ 불꽃
φοβερός 무서운
φοβέω 무서워하다
φόβος 두려움
Φοινίκη 베니게
φοῖνιξ 종려나무
φονεύς 살인자
φονεύω 살인하다
φόνος 살인
φορέω 옷을 입다
φόρος 세금
φορτίζω 짐지다
φορτίον 짐
φραγελλόω 채찍질하다
φραγμός 산울타리
φράσσω 막다
φρέαρ 우물
φρήν 이해
φρονέω 생각하다
φρόνημα 사고방식
φρόνησις 사고방식
φρόνιμος 지혜로운
φρουρέω 감시하다
Φρυγία 브루기아
φυλακή 감옥
φύλαξ 경계병
φυλάσσω 지키다

φυλή 민족
φύλλον 잎사귀
φύραμα (반죽)덩어리
φυσικός 본래
φυσιόω 자랑하다
φύσις 본성
φυτεύω 심다
φύω 자라다
φωλεός 굴
φωνέω 부르다
φωνή 소리
φῶς 빛
φωστήρ 빛
φωτεινός 밝은
φωτίζω 비추다
φωτισμός 계몽

Χ χ

χαίρω 기뻐하다
χάλαζα 우박
χαλάω 내려놓다
χαλεπός 사나운
χαλιναγωγέω재갈물리다
χαλινός 굴레
χαλκολίβανον 질좋은
　주석
χαλκός 구리
χαμαί 땅에
Χανάαν 가나안
χαρά 기쁨
χάραγμα 표
χαρίζομαι 탕감하다
χάριν ~을 위하여
χάρις 은혜
χάρισμα 선물
χαριτόω 호의를 베풀다
Χαρράν 하란
χεῖλος 입술
χειμών 겨울
χείρ 손
χειραγωγέω 손에 끌리다
χειροποίητο 손으로 만든
χειροτονέω 임명하다
χείρων 더 나쁜
χήρα 과부
χιλίαρχος 천부장
χιλιάς 천
χίλιοι 천
χιτών 속옷
χιών 눈(雪)

χλαμύς 망토
χλωρός 녹색
χοϊκός 흙에 속한
χοῖνιξ 곡식의 양
χοῖρος 돼지
χολή 쓸개
Χοραζίν 고라신
χορηγέω 제공하다
χορτάζω 채우다
χόρτος 풀
χοῦς 흙
χράομαι 사용하다
χρεία 필요
χρεοφειλέτης 빚진 자
χρήζω 필요 있다
χρῆμα 돈
χρηματίζω 경고하다
χρῆσις 관계
χρηστός 친절한
χρηστότης 선함
χρῖσμα 기름 부음
Χριστιανός 그리스도인
Χριστός 그리스도
χρίω 기름 붓다
χρονίζω 지연되다
χρόνος 시간
χρυσίον 금
χρυσός 황금
χρυσοῦς 금
χρυσόω 도금하다
χωλός 못 걷는
χώρα 땅
χωρέω 가다
χωρίζω 나누다
χωρίον 땅
χωρίς ~외에

Ψ ψ

ψάλλω 찬송하다
ψαλμός 시편
ψευδάδελφος 거짓 형제
ψευδής 거짓된
ψεύδομαι 거짓말하다
ψευδομαρτυρέω 거짓
　증언하다
ψευδομαρτυρία 거짓
　증인
ψευδόμαρτυς 거짓 증인
ψευδοπροφήτης 거짓
　선지자

ψεῦδος 거짓
ψευδόχριστος 거짓 그
　리스도
ψεύστης 거짓말쟁이
ψηλαφάω 만져보다
ψηφίζω 계산하다
ψῆφος 돌
ψιχίον 부스러기
ψυχή 목숨
ψυχικός 육체적인
ψῦχος 추위
ψυχρός 차가운
ψωμίζω 먹이다
ψωμίον 빵조각

Ω ω

ὦ 오
Ὦ 오
ὧδε 여기
ᾠδή 노래
ὠδίν 산고
ὠδίνω 해산하다
ὦμος 어깨
ὥρα 시간
ὡραῖος 아름다운
ὡς ~같이
ὡσαννά 호산나
ὡσαύτως 그와 같이
ὡσεί ~처럼
ὥσπερ 바로 ~처럼
ὥστε 이런 이유로
ὠτάριον 귀
ὠτίον 귀
ὠφέλεια 유익
ὠφελέω 유익하다
ὠφέλιμος 도움이 되는

|참고문헌|

댄커 F. W. 김한원 역. 『신약성서 그리스어 사전』. 서울: 새물결플러스, 2017.

Arndt, William, Frederick W. Danker, and Walter Bauer. *A Greek-English Lexicon of the New Testament and Other Early Christian Literature*. Chicago: University of Chicago Press, 2000.

Bauer, Walter. Edited by Kurt Aland and Barbara Aland. *Griechisch-Deutsches Wörterbuch Zu Den Schriften Des Neuen Testaments Und Der Frühchristlichen Literatur*. Berlin; New York: Walter de Gruyter, 1988.

Beekes, Robert. Edited by Alexander Lubotsky. *Etymological Dictionary of Greek. Leiden Indo-European Etymological Dictionary Series*. Leiden; Boston: Brill, 2010.

Curtius, Georg. *Principles of Greek Etymology*. Translated by Augustus S. Wilkins and Edwin B. England. Fifth Edition. Vol. 1. London: John Murray, 1886.

Fitzmyer, Joseph A. *An Introductory Bibliography for the Study of Scripture*. Vol. 3. Subsidia Biblica. RomE Pontifico Istituto Biblico, 1990.

Liddell, Henry George, Robert Scott, Henry Stuart Jones, and Roderick McKenzie. *A Greek-English Lexicon*. Oxford: Clarendon Press, 1996.

Metzger, Bruce M. *Lexical Aids for Students of New Testament Greek*. Third Edition. Grand Rapids, MI: Baker Academic, 1998.

Montanari, Franco. Edited by Madeleine Goh and Chad Schroeder. *The Brill Dictionary of Ancient Greek*. Leiden; Boston: Brill, 2015.

Newman, Barclay M., Jr. *A Concise Greek-English Dictionary of the New Testament*. Stuttgart, Germany: Deutsche Bibelgesellschaft; United Bible Societies, 1993.

Sophocles, E. A. *Greek Lexicon of the Roman and Byzantine Periods (From B. C. 146 to A. D. 1100)*. New York: Charles Scribner's Sons, 1900.

Van Voorst, Robert E. *Building Your New Testament Greek Vocabulary*. Grand Rapids, MI: Eerdmans, 1990.

Trenchard, W. C. *Complete Vocabulary Guide to the Greek New Testament*. Revised Edition. Grand RapidS Zondervan, 1998.

Wharton, Edward Ross. *Etyma Graeca: An Etymological Lexicon of Classical Greek*. London: Percival and Co., 1890.

소프트웨어

Logos 성경 소프트웨어 8.11.0.0017 Faithlife. 2020.

Bibleworks 10.0.8.755. Bibleworks LLC. 2018.

Accordance Bible Software 13.0.4. OakTree Software Inc. 2020.